中国法学会2021年度部级法学研究自选课题研究成果

课题编号：CLS（2021）D69

宅基地"三权分置"下
农民权益的法治保障研究

陈 丹 著

西南大学出版社
国家一级出版社 全国百佳图书出版单位

图书在版编目(CIP)数据

宅基地"三权分置"下农民权益的法治保障研究 / 陈丹著. -- 重庆：西南大学出版社, 2022.5
ISBN 978-7-5697-1109-7

Ⅰ.①宅… Ⅱ.①陈… Ⅲ.①农村—住宅建设—土地制度—研究—中国 Ⅳ.①F321.1

中国版本图书馆CIP数据核字(2021)第203847号

宅基地"三权分置"下农民权益的法治保障研究
ZHAIJIDI "SANQUAN FENZHI" XIA NONGMIN QUANYI DE FAZHI BAOZHANG YANJIU

陈　丹　著

责任编辑：畅　洁
责任校对：张　丽
装帧设计：魏显锋
排　　版：李　燕
出版发行：西南大学出版社(原西南师范大学出版社)
　　　　　　地址：重庆市北碚区天生路2号
　　　　　　邮编：400715
印　　刷：重庆市正前方彩色印刷有限公司
幅面尺寸：170mm×240mm
印　　张：17.25
字　　数：310千字
版　　次：2022年5月第1版
印　　次：2022年5月第1次印刷
书　　号：ISBN 978-7-5697-1109-7
定　　价：58.00元

前 言

　　我国经济社会不断向前发展,宅基地制度也始终处在发展和革新过程中。作为具有中国特色的制度,宅基地制度从一开始就是围绕着农民居住权益基本保障的需求来展开制度设计的。伴随着改革开放和市场经济的不断深化发展,发生在传统城乡二元体制格局之上的城市和农村关系的差异化现象加剧,已经成为制约经济社会和谐稳定发展的重要因素。农民的居住权益作为基础性权利的保障制度内容,已经难以满足农民对其手中拥有的为数不多的财产权利载体的市场价值变现的期待,财产权益实现功能在其中所占的价值比重逐步提高。伴随着"三农"问题日益凸显,宅基地制度改革备受社会各界关注,被认为是破解"三农"问题、实现农民财产收入增长的重要路径。

　　2018年1月,中共中央、国务院发布《关于实施乡村振兴战略的意见》,正式提出宅基地的"三权分置",意在确保集体所有权保障功能,释放宅基地使用权的融资功能。宅基地"三权分置"已成为实现乡村振兴、农民财产增收的重要举措。随着我国宅基地"三权分置"改革的逐步深入,逐渐暴露出基础工作仍旧薄弱、改革探索实践不够充分、平衡不同主体间收益措施办法不多等诸多现实难题。2019年"中央一号文件"更是明确要研究起草农村宅基地使用条例。在中央有关政策文件的指引下,各地试点工作开展得如火如荼,改革创新举措层出不穷,宅基地制度改革的方向选择和制度构建也成为学界研讨的热点内容,特别是所涉及的农民财产性权益实现问题更是成为学者们关注的重点论题。本书将宅基地"三权分置"改革与农民权益法治保障作为基本的研究范畴,通过对改革理论与实践发展的观照,提出农民权益法治保障体系的制度构想。

一是宅基地"三权分置"基础理论阐释及其制度创新。宅基地制度改革的关键,在于立足现实基础,对宅基地使用权功能定位的体系化反思和以经济价值利用为目的的制度突围及理性重构。宅基地使用权本意是农民为建设住宅而使用本集体土地的用益物权,其与农村集体经济组织成员资格紧密联系,具有社会福利和社会保障功能,包含宪法所赋予农民生存权的基础内涵。宅基地制度改革旨在解决宅基地闲置和"一户多宅"等制约农民财产性收入增长的现实障碍。本书将通过全面分析宅基地"三权分置"的权利内涵、性质、构造以及界限等基本理论问题,厘清"三权分置"改革的价值依归,证成农民权益实现与改革目标、价值、功能之间的逻辑联系,论证"三权分置"下农民权益保障体系建构的意义。

二是"三权分置"改革中农民权益保护现状与模式选择。通过搜集全国试点地区改革措施推进情况,全面总结宅基地"三权分置"改革现状。重点选取一些试点地区开展实地调研,深入改革一线,剖析实践中的问题、障碍及其背后成因等。运用土地权利保护理论工具检验和观照既有改革模式,探查农民权益实现需求与改革措施实效之间的差距,以宅基地居住保障功能和财产性功能的平衡性为主要标准,检视现有试点模式是否具备复制、推广的合理性。进而运用实证研究方法,将其融入乡村振兴和社会治理的分析框架,提炼"三权分置"改革下农民权益实现和保障的法治建构模式选择,为立法完善提供实证支撑。

三是宅基地"三权分置"与农民权利体系的规范证成。宅基地权利分置为所有权、资格权和使用权,但是如何"分置"这三种权利,仍然缺乏系统性设计。而且对于"三权"的性质、边界以及权能等问题,目前尚未统一认识。首先,需要对改革政策、措施执行情况进行实践考察,待形成成熟模式和经验后再行推广。其次,应对现行规则进行全面梳理,结合司法实践中反映最多、纠纷集中高发的典型案件,总结司法裁判观点。最后,还要对农民权益实现的具体诉求展开类型化分析,反思制度改革模式缺陷、行政监管执行失范、流转合同效力等诸多实践难题,提出合理化建议,为宅基地权利的取得、流转、退出、变现等提供规范指引,证成农民权利的体系构造。

四是宅基地"三权分置"与农民权益的法治保障。赋予和保护农民财产权利,对于破解"三农"问题意义深远。深化农村宅基地"三权分置"改革,就应当赋予农民更多财产权利,保护农民合法权益。首先,应以宅基地所有权归集体所有、耕地红线不突破、农民利益不受损为基本原则,以盘活闲置宅基地、适度放活宅基地使用权、实现农民财产性收入为基本目标。其次,应从宅基地所有权、资格权、使用权三项权利的法治保障路径入手,运用整体性思维,兼及农村社会保障、劳动就业、生态权益等关联和交叉内容,实现农民权益法治保障的全方位和多元化。最后,还要建立农民财产权利自我保护和调适机制,完善集体所有权保障,成员资格认定,使用权流转、行使和司法救济等方面的制度,推动农村土地制度的配套改革。

本书试图通过对宅基地"三权分置"及其牵涉的农民权益法治保障问题展开系统性研究来推动该领域改革的基础理论研究和实践发展。理论增量方面,将农民权利体系化和农民权益保障法治化融入宅基地"三权分置"范畴,有助于夯实宅基地权利配置的理论基础;农民权益保障措施的法治化可为宅基地资格权、使用权的适度放活与体系扩张提供规范指引,为改革新措施出台提供系统的理据支持;将农民权益的法治保障体系建构融入"三权分置"改革视野,探索完善土地产权制度和要素市场化配置机制,以增强改革政策与理论研究的系统性、整体性、协同性。实践推动方面,对宅基地"三权分置"改革中的实践性、紧迫性问题展开研究,有助于掌握最新改革措施和动态,发现实践障碍和难题,分析深层制度原因,为该领域制度的改革深化提供系统性的经验总结和借鉴;为"落实宅基地所有权、稳定农户资格权和农民房屋财产权、适度放活宅基地使用权"提供数据、实例等实践支撑;深入研究宅基地"三权分置"制度体系,明确宅基地所有权、资格权、使用权的内涵意蕴、权能构造及其界限,可以为宅基地使用条例起草工作提供智力支持。

目 录

第一章
"三权分置"改革前宅基地制度变迁与发展基础 ……………1

第一节 宅基地制度的历史传承与现实发展 ……………1
一、"宅基地"概念的历史源流考察 ……………2
二、宅基地制度发展的不同历史阶段 ……………6
三、宅基地制度演进的历史规律 ……………17

第二节 宅基地"三权分置"改革的制度基础 ……………20
一、我国现行宅基地制度的主要内容 ……………20
二、对我国现行宅基地制度的总体评价 ……………32

第三节 乡村振兴战略中的"三权分置"改革方向 ……………39
一、宅基地制度改革总体方向的优先性 ……………40
二、宅基地"三权分置"承载着乡村振兴的必然要求 ……………41

目 录

第二章
宅基地"三权分置"政策的法治内涵与制度创新 ……45

第一节 宅基地"三权分置"改革的现实背景 ……45
一、"三权分置"改革措施提出的现实背景 ……46
二、宅基地制度改革路径之争的不同观点 ……49

第二节 宅基地"三权分置"政策的意蕴解读 ……53
一、宅基地"三权分置"政策文本的阐释 ……53
二、宅基地"三权分置"的理论渊源 ……58

第三节 宅基地"三权分置"中"三权"的法治内涵 ……65
一、宅基地所有权的基础地位 ……65
二、宅基地资格权的法理构造 ……67
三、宅基地使用权的价值平衡 ……72

第四节 宅基地"三权分置"的制度创新及其入法路径 ……77
一、宅基地"三权分置"的制度创新要点 ……77
二、宅基地"三权分置"应予坚持的法律原则 ……81
三、宅基地"三权分置"法治化的路径规划 ……83

目 录

第三章
宅基地"三权分置"下农民权利体系与理论证成 ……89

第一节 宅基地制度改革中的农民主体性 ……89
一、作为改革目的农民主体性表现 ……90
二、农民身份职业分化及其权益诉求的差异化 ……92

第二节 宅基地"三权分置"与农民权利的发展现实 ……96
一、宅基地"三权分置"与农民权利的社会基础 ……97
二、处在不断发展和变化中的农民权利 ……99
三、农民权益实现面临的现实困境 ……101

第三节 "三权分置"改革中农民权利的体系化 ……104
一、宅基地"三权分置"对农民权利发展的驱动 ……104
二、宅基地"三权"的内在关联性 ……110
三、宅基地"三权"对农民权利结构的影响 ……117

第四节 宅基地"三权分置"中农民权利体系的应然建构 ……120
一、宅基地利用发展权 ……121
二、宅基地事务参与权 ……125
三、宅基地社会保障权 ……128

目 录

第四章
宅基地"三权分置"试点改革的模式与经验分析 ……………133

 第一节 宅基地制度试点改革政策梳理………………………133
  一、"三权分置"改革政策确立之前的有关政策文件…………134
  二、"三权分置"改革政策确立之后的有关政策文件…………139
  三、"三权分置"改革中的司法政策适用……………………145

 第二节 宅基地"三权分置"改革试点模式分析……………149
  一、试点改革的典型模式介绍…………………………………149
  二、试点改革地区可资借鉴的经验和做法……………………155
  三、改革模式中的影响因素分析………………………………160

 第三节 制约宅基地"三权分置"试点成效的制度性障碍……162
  一、宅基地"三权分置"试点改革取得的成效………………162
  二、宅基地权益实现障碍背后的制度困局……………………166

目 录

第五章
宅基地"三权分置"中农民权益实现的法律难题 …… 171

第一节 宅基地管理中的法律问题 …… 171
一、宅基地行政管理职权配置及其行使 …… 172
二、闲置宅基地清理和"空心村"治理 …… 178

第二节 宅基地资格权法律问题 …… 180
一、农村集体经济组织成员的表述不明 …… 181
二、集体经济组织成员资格的取得、认定和消灭 …… 182

第三节 宅基地流转的法律问题 …… 189
一、宅基地使用权流转的法律争论 …… 190
二、宅基地隐性流转的现实存在 …… 193
三、宅基地使用权流转的合同效力认定 …… 197
四、宅基地使用权隐性流转诱因及其治理 …… 203

目　录

第六章
宅基地"三权分置"与保障农民权益的法治路径……………211

第一节　农民权益实现目标融入"三权分置"……………212
一、权益主体的立法确定……………213
二、流转权利的权能设置……………215
三、权益实现的保障机制……………216

第二节　农民财产权益与宅基地"适度放活"的法治实现……218
一、作为"三权分置"改革目标和主体的"农民"……………219
二、"适度放活"对农民财产权益实现目标的融入……………223
三、建立农民宅基地"适度放活"的市场化机制……………227

第三节　农民财产权益实现中"适度放活"的法治贯彻………232
一、宅基地"适度放活"法治贯彻的基本遵循……………232
二、宅基地流转中的农民权益法治保障要求……………236
三、宅基地使用权"适度放活"的制度化要求……………241

第四节　宅基地"三权分置"的运行保障和救济机制…………248
一、宅基地使用权流转和退出的法律保障机制……………248
二、宅基地权利实现的救济和保障机制……………251

结　语……………254
参考文献……………257
后　记……………262

第一章
"三权分置"改革前宅基地制度变迁与发展基础

新中国成立后,我国宅基地制度经过数十年的发展演变,发挥了重要的"居者有其屋"的社会保障功能,但是随着市场经济体制改革的深化发展,农村经济日益活跃。在城乡一体化发展背景下,现行宅基地制度已经远远滞后于农村土地开发和利用的现实需求。农民对土地的财产权益实现需求日益彰显,对宅基地的财产价值实现更是充满期待。在当前我国农村土地制度正在实行的"三块地"(农村宅基地、农村承包地和农村建设用地)制度改革中,承包地和宅基地都在探索实行"三权分置",二者有着很多的相似性。但宅基地的"三权分置"却与承包地的"三权分置"在历史传承、制度功能、价值基础、运行逻辑等方面存在着不同之处,不能照搬照抄。因此,"三权分置"改革还是要立足宅基地制度的历史演进和发展现实予以综合考量,从中总结历史经验和教训,为我国宅基地"三权分置"制度改革和立法转化提供有力的理论和现实支撑。

第一节 宅基地制度的历史传承与现实发展

在盛行土地私有制的大陆法系国家,通常都设计了比较完备的地上权制度,并将其作为民事法律制度的一部分,用来调整相应的土地和房屋产权关系。为此,我国有学者曾提出,我国"民法应当建立一个大一统的地上权概念,使之能够涵盖所有性质上属于地上权的土地权利,并在地上权的概念之下进行类型化,这样就会使我国的土地权利制度变得更为系统,便于掌握和适用,同时也便于在国际上进行交流"[1]。但是,在这些奉行地上权制度的国家中,并未确立"宅基地"或者与之类似的概念,所以试图通过其他国家制度经验寻找参考坐标的意义不大。可以说,宅基地是我国特有的制度类型,唯有从我国历史和制度传统中去挖掘其存在的意义和生发的逻辑方可洞悉其中内蕴的理论基础和现实价值。

一、"宅基地"概念的历史源流考察

"宅基地"概念是我国独有的一个法律概念,彰显着深厚的历史传统和文化底蕴。我国在长期的历史发展中确立了"以农立国"的生产性传统,农民群体在社会成员中占据绝大多数,其对土地有着天然的敏感和期待。东汉许慎在《说文》中将"宅"解为"宅,所托居也",即住宅,是人们依托居住的地方,而宅基是指家宅、房舍和田地。具体而言,从字面上看,"宅"或者宅基地是一个安稳且长期的居住场所,宅基地的社会保障功能是自宅基地出现就存在的。中华文明数千年来的历史演进始终未能脱离土地问题,在悠长的历史发展中甚至多次扮演着王朝更迭的催化剂作用。在我国传统农业社会,封建社会长期沿袭"授田制",即:由国家出面将国家所有或控制的土地授予农民,农民由此向国家承担兵役、赋税等国家义务的制度。"农民从国家那里按均等份额获得土地,是农业社会的理想模式。"[2]每次农民战争结束,新王朝建立之初的首要任务就是重新分配土地、平均地权。但土地兼并循环往复,政权更迭与土地制度变革交互进行,农民土地权利缺乏真正意义上的法律保障。当前我国实行土地公有制,分别由国家和集体作为所有权主体。西方国家主要实行的土地私有制,与我国建立在集体所有制基础上的宅基地制度有着根本区别。即便是某些与我国同源同种的社会主义国家(如越南也有宅基地制度),其在制度理念和价值位序上更强调宅基地的经济自愿属性,赋予宅基地较高的市场化和自由化的制度配置,[3]与我国宅基地制度更强的国家计划性和调控性形成鲜明的对比。

---

[1] 杨立新.关于建立大一统的地上权概念和体系的设想[J].河南省政法管理干部学院学报,2007(01):93.
[2] 郝维华.清代财产权利的观念与实践[M].北京:法律出版社,2011:4.
[3] 林超.中越农村宅基地管理制度比较与借鉴[J].世界农业,2018(09):111.

(一)"宅基地"概念生发的历史渊源

着眼于当下宅基地制度改革难题,还是应当回到我国固有的制度和文化传统中去溯求合理性解释。而对现行制度进行解剖和分析,就必须审视制度生发所依托的历史传统,并根植于实践运用,方可挖掘其背后的深层逻辑和运行机理。事实上,直到新中国成立之前,我国都没有宅基地的法律概念,当时农村土地实行的仍然是私有制,地主作为土地所有者。因此,土地革命的最初理想就是把土地权利直接交给农民,农民享有充分的直接支配土地的民事权利,这一点是中国共产党的执政基础之一,也是新中国建立的基础之一。[①]正是基于这一革命理想,新生人民政权实行没收封建地主的土地重新给农民的"耕者有其田"的平分土地改革措施。从历史沿革来看,我国现行土地制度源于1949年新中国成立后的土地改革运动,当时生产力发展水平较低,我国尚不足以步入工业国家之列,农业生产所依赖的土地依然是社会主要的财富形式。而且宅基地对于农民而言更是具有特殊意义,其既是农民居住和生活消费的场所,又是农民重要的生产和生活资料,承载的是农民经济、生活和社会文化等方面的需求,是农村宅基地制度与城市房屋权属制度最显著的区别要素。宅基地作为专门法律概念,是在新中国成立之后才出现的,且最早见于我国1962年9月27日通过的《农村人民公社工作条例(修正草案)》("人民公社六十条")(作为农民修建房屋的专属用地)。而在此之前多使用的是"地基"一词,其并未内含独有的用于农民修建住宅之意。如果将宅基地当作一种自然资源,那么,其作为不动产的不可移动属性就决定了其就地利用与交易规则的特殊性和不可替代性。

(二)"宅基地"概念的现实定义方案

宅基地首先要满足的就是农民的安居需求,是国家对农民社会福利的制度性赋予,以实现居者有其屋的社会保障功能。根据《中华人民共和国土地管理法》(以下简称《土地管理法》)规定,农村土地类型以不同所有权主体来划分,分为国有土地和集体土地;以用途来划分,分为农用地、建设用地和未利用地;以区位来划分,又分为城市土地和农村土地。农村和城市郊区的土地一般属于集体,除法

[①] 孙宪忠.中国农村土地权利研究[M].北京:中国人民大学出版社,2006:449.

律规定属于国家所有的以外。在现行《土地管理法》的用途管制的制度框架下,宅基地是放置在建设用地制度中加以规定的,包括"一户一宅"和"面积不得超标"等具体规则。但是,并未对宅基地的立法概念做出规范和明确的定义表述。按照用途划分标准,宅基地属于农村建设用地的范畴,除此之外,农村建设用地还包括乡镇建设用地、乡镇村公共设施、公益事业用地等。而宅基地的用途相对比较单一,满足的是农民自建住房的需求,属于私益用地。正因为对于宅基地的定位和功能的理解存在着角度不一和内容差异,不仅立法文本未能给出统一定义,而且在学理上也难以穷尽其内涵要求。总体来看,学界对于宅基地概念的界定有三种不同的定义方法。

一是将宅基地等同于房屋地基。所谓"地基",主要是从土地的实用功能角度做出的定义,指的是承受上部结构荷载影响的那一部分土体,而其基础下面承受建筑物全部荷载的土体或岩体则称为地基。地基并非建筑物的组成部分,而是建筑物所依托的土地,建筑物本身的耐久和坚固并不取决于地基面积的大小,而在于地基之下所依托的地质结构是否达到了足够支撑上部建筑物的结构标准。比如:在1956年6月30日第一届全国人民代表大会第三次会议通过的《高级农业生产合作社示范章程》(已失效)第三章规定土地和其他主要生产资料的范围时就表述为"地基",其中第十六条第二款规定:"社员原有的坟地和房屋地基不必入社。"时隔半个多世纪,至今仍然有学者使用此种建筑结构意义上的地基概念来解释宅基地的实际功用,但却忽略了宅基地本身所内含的制度和文化意义。此种定义方法仅从面积四至和实际功用对宅基地做出定义,在表达功能意义方面有合理性,却不足以彰显甚至还会掩盖宅基地制度内蕴的文化特质和本土特色。

二是从深层文化和生活意义角度进行界定。这种定义方法主要是考虑到了"宅基地"与农村居民的日常生活紧密相连,强调的是保障农民生活的功能意蕴。有学者按此方法将宅基地表述为"农村居民住房、辅助用房(厨房、禽舍、厕所等)、沼气池(或太阳灶)和小庭院(或天井)用地,以及房前屋后少量的绿化地"[①]。也有学者对宅基地的生活功能进行了全面细致的列举,将宅基地概念表述为:宅基地是农村集体经济组织为保障农户生活需要,拨给农户建造住房使用的土地。包括

[①] 王家福,黄明川.土地法的理论与实践[M].北京:人民日报出版社,1991:189.

住房地基、仓库、庭院、厕所、畜圈、沼气池、柴草垛等。在这种定义中,宅基地的外延范围进一步扩大,不仅包括直接支撑建筑物的地基,还包括其他功能性构造物的占地,基本上涵盖了农民日常生产和生活所需。随着农业生产发展和农民生活水平提高,农民对于宅基地的功能属性将会有更多和更高的要求,除了物质性使用之外,还会逐渐衍生出审美、生态等方面的需求。从这个角度来理解,宅基地的文化内涵要素将是未来宅基地用途实现中需要给予更多考虑的因素。由此演变出农民对宅基地的占有空间扩大化的需求,宅基地地籍测量和总量面积核定工作将面临更多的不确定性。

三是依据物权化的权利内涵属性进行定义。这种定义方法基本上抛开了宅基地的物化属性,而更加侧重于从其内含的权利本质出发,试图把握宅基地所承载的制度功能和权利内容。宅基地作为《中华人民共和国民法典》(以下简称《民法典》)所界定的集体所有权和宅基地使用权的客体范畴,其上承载的是农民居住保障和财产收入增长的权益实现需求。随着土地利用广度和深度的拓展,对宅基地的经济价值属性和实现效率的要求越来越高,宅基地承载的单纯物化的居住功能显然已经不能完整地表达其应有的制度价值和权益期待。而从权利内容的角度进行界定,主要考察了宅基地上所蕴含的多重权利束,对于权利主体而言分别具有何种制度价值,通过法治化的路径来加以确认并保障其实现,是当下宅基地"三权分置"改革的目标和意旨。宅基地物权属性的确认来自国家法律的制度化建构,受到经济社会发展水平的制约和影响,特别是外部法治环境和权利运行机制。唯有基于法治建构的制度取向,方可厘清宅基地本身的制度内涵,并通过全方位的考量维持其在实践运行中的权利和用途的稳定性与持续性。基于宅基地的实践利用特点,其相关制度与农村承包地尤其是耕地制度具有更多的相似性,二者之间存在着常态性的相互转化。实践中,湖南衡阳、湖北十堰、重庆秀山等一些地方都存在着农民将其宅基地复垦为耕地,并种植各种农作物的现象。[1]而且宅基地"三权分置"改革政策的提出,也是充分参照了承包地的"三权分置",并且都从中分置出来具有资格属性的权利类型,充分说明了二者之间的相似性。

---

[1] 刘锐.土地、财产与治理:农村宅基地制度变迁研究[M].武汉:华中科技大学出版社,2017:78.

二、宅基地制度发展的不同历史阶段

研究宅基地制度的历史变迁及其深层经济和社会动因,分析未来发展趋势,对于正在实行的宅基地"三权分置"改革及其制度构建,维护农村社会稳定、优化农业资源配置和保护农民财产权益均具有非常重要的理论和现实意义。有学者从多重逻辑角度对宅基地制度发展进行总结后认为,"中国宅基地制度从两权合一到分离、再到'三权分置',从无偿福利供给到有偿总量控制、再到还权赋能,这都围绕着居住保障、政治稳定和经济财产等功能而展开。宅基地制度历经宅基地农户私有、集体公有、制度适度调适、腾退机制探索和'三权分置'五大阶段,其制度变迁是多方主体行为互动及其逻辑演化的结果,但主要受国家权威与地方政府的影响"①。此种阶段划分清晰呈现了我国宅基地制度发展的基本脉络,隐含和关联的实际上是农民财产权益实现的权利逻辑。有鉴于此,笔者按照新中国成立后主要制度演进的历史事件为线索,对宅基地制度的产生、确立、调适及改革探索、深化中的核心要素特征加以分析,将我国宅基地制度的演进大致分为五个发展阶段。

(一)农民对宅基地的私人所有阶段(1949—1961年)

我国宅基地制度发端于新中国成立后的土地改革,从新中国成立之初的土地改革到合作化运动进而到农村土地联产承包责任制改革,无不蕴含着与农业生产和城乡发展之间的内在关联。新中国成立后的土地制度改革可以追溯到解放区的土地改革实践,特别是以1947年10月10日中共中央颁布的纲领性文件《中国土地法大纲》为标志。《中国土地法大纲》第六条规定:"乡村中一切地主的土地及公地,由乡村农会接收,连同乡村中其他一切土地,按乡村全部人口,不分男女老幼,统一平均分配,在土地数量上抽多补少,质量上抽肥补瘦,使全乡村人民均获得同等的土地,并归各人所有。"根据该规定,从地主豪绅手中没收土地之后无偿分配给农民,实际上建立的是农民土地所有制,即:农民对土地的私人所有。《中国土地法大纲》对农村土地构建了相对完整的产权模式,有学者将其总结为"土地私有、产权集中、分散经营"。所谓的产权集中,即意味着"土地所有权、使用权和收益权

---

① 杜焱强,王亚星,陈利根.中国宅基地制度变迁:历史演变、多重逻辑与变迁特征[J].经济社会体制比较,2020(05):97.

都集中在了土地所有者手中,谁拥有、谁耕种、谁获益,实现了三种权利的有机统一"。① 当然,此时的土地改革有着明显的政治和军事战略目的,即:解放区的土地改革在战争状态中进行,主要目的在于为战争提供必需的人力和物力支持,这也成为土改期间最紧迫、最直接的国家意志。② 这一制度改革举措极大地鼓舞了作为农民子弟兵的人民解放军的战斗士气,通过"三大战役"决战最终夺取了全国解放的胜利成果。为此,有学者评价《中国土地法大纲》的历史功用,认为其发生在特殊历史时期,"直指并作用于当时中国社会发展变革的重要关节点,通过对旧有土地制度的改革,调动了广大农民群众参与革命的积极性,全面激发了社会领域的活力,从而推动了政治上层建筑的变革,进而为新中国全面的政治制度建设发挥基础性的推动作用"。③

但值得注意的是,1949年新中国成立之初并没有立即消灭私有制。1949年9月新中国成立前夕颁布的《中国人民政治协商会议共同纲领》发挥了临时宪法的作用。其中,第三条提出"有步骤地将封建半封建的土地所有制改变为农民的土地所有制"。第二十七条更是明确规定:"凡已实行土地改革的地区,必须保护农民已得土地的所有权。"这些规定均充分说明了当时实行的是农民的土地所有制,农民对其已经取得的土地享有的是所用权。正因为此时的农村土地依旧为农民所有,宅基地概念的产生尚不具备相应的制度基础。1950年6月30日公布施行的《中华人民共和国土地改革法》作为过渡时期的农村土地基本制度,依旧确认的是农民的土地所有制。该法第一条明确规定:"废除地主阶级封建剥削的土地所有制,实行农民的土地所有制,藉以解放农村生产力,发展农业生产,为新中国的工业化开辟道路。"土地改革运动所针对的是与新民主主义国家性质不符的封建土地所有制,实行"耕者有其田、居者有其屋",没收大地主的土地与房屋,并将其分给无地无房的农民。农民对其分得的土地及其之上的住宅拥有完整的所有权,也包括其所分得的宅基地。既然是私人所有,农民房屋和建房使用的宅基地均是农民私有财产,农民享有完整的处分权,其自由买卖、租赁、继承均受法律保护。④ 事

---

① 张启发.《中国土地法大纲》与中国农村社会变革研究[D].石家庄:河北师范大学,2014:58.
② 李里峰.土改与参军:理性选择视角的历史考察[J].福建论坛(人文社会科学版),2007(11):72.
③ 李佑新,高文学.土地改革对新中国制度建设的历史影响[N].中国社会科学报,2017-04-27(006).
④ 刘同山.农村宅基地制度改革:演进、成就与挑战[J].农林经济管理学报,2018,17(06):713.

实上,在宅基地归农民私人所有的特殊历史时期,基于这种具有公共性的产权制度,由国家权力通过公示方式来界定产权,使得国家权力在农村土地产权制度安排中充分发挥了主导性甚至决定性的作用。[1]这种现实的制度安排对于新生的人民政权而言,其深远的政治意义是产权制度本身带来的经济效益所无法比拟的。

1954年9月20日,第一届全国人民代表大会第一次会议制定并颁布了《中华人民共和国宪法》(以下简称《宪法》)。其中,第八条明确规定:"国家依照法律保护农民的土地所有权和其他生产资料所有权。"由此可见,我国社会主义制度确立之初实行的仍然是农民的土地所有制,但同时也增加了国家有权征收土地的规定,为后面开展的农村土地公有化改革提供了宪法依据。在1953年至1956年间的社会主义改造运动中,农村土地所有制开始第二次变革,即通过农民加入生产合作社并取得社员资格的合作化运动模式最终将农民的土地私有制改造成为集体所有制。这一阶段农村土地所有制经历的变革实际上可以将其理解为"公有化"过程,而处在这个过程中的土地所有权性质依然是农民私人所有。1955年全国掀起农业合作社改造高潮,全国人大做出了土地逐步公有、保留生活资料的决定。至1956年社会主义"三大改造"完成,农村完成合作化运动,建立了农村社员的土地集体所有制。但是从当时的法律文献看,其重心在于保障农民基本居住权,农民用以入社的财产或者说公有化的生产资料范围并不含宅基地。农民住房占地的宅基地依旧为农民私有,农民仍然对其拥有完整的所有权,而且法律也未禁止宅基地的流转等自由处分行为。1956年6月30日,第一届全国人民代表大会第三次会议通过了《高级农业生产合作社示范章程》,其中第三章规定了土地和其他主要生产资料的范围,第十六条第二款规定:"社员原有的坟地和房屋地基不必入社。社员新修房屋需用的地基和无坟地的社员需用的坟地,由合作社统筹解决。"由此规定可见,高级社框架下农村宅基地的权属状态实际上有两种:一种是原有的宅基地,由农民保有所有权,继续保持其私人所有的性质;另一种则是农民新修房屋需用的地基,纳入合作社统筹解决的范围,属于集体所有制的范畴。这种状态一直持续到1957年社会主义改造运动基本完成时,农民对宅基地依旧拥有所有权,受到国家政策和法律的保护。虽然当时尚未出现宅基地使用权的概念,但是也已经开始逐渐展露出萌芽发展的态势。

---

[1] 张勇.宅基地"三权分置"改革:"三权"关系、政策内涵及实现路径[J].西北农林科技大学学报(社会科学版),2020,20(02):63.

(二)宅基地"两权分离"结构的确立(1962—1980年)

1958年,我国农村普遍开始人民公社化运动。此时亟须通过制度化的建构来理顺农村的土地权属关系,宅基地集体所有、农户使用的"两权分离"模式在此阶段得以确定,并且围绕这一基本制度框架衍生出一系列的组织协调和综合管理制度。

1962年9月27日,中共八届十中全会正式通过并颁布了《农村人民公社工作条例(修正草案)》,其中第二十一条规定:"生产队范围内的土地,都归生产队所有。生产队所有的土地,包括社员的自留地、自留山、宅基地等等,一律不准出租和买卖。"根据这一规定,"三级所有、队为基础"的农村土地集体所有制得以确定,其中还规定宅基地不准出租和买卖,但是社员拥有买卖或者租赁房屋的权利。在此基础上,"人民公社六十条"确立了"一宅两制,公地私房"的农村宅基地模式,其中关于宅基地归生产队所有的规定,就使得农村宅基地由原来的农民所有转变为集体所有。作为最早规范宅基地使用权的改革政策文件,在实现宅基地转变为农村集体所有的同时,也标志着宅基地的私人所有制度开始向宅基地使用权制度转变。即便如此,"基于农村宅基地利用法律制度设计的居住权保障功能,不仅未发生改变,而且还进一步给予了强化"[1]。之后,我国陆续出台了一系列具有全国性规范效力的法律文件,对农村的宅基地使用权进行确认和规制。

1963年3月20日,针对全国各地贯彻"人民公社六十条"中出现的解释不清、群众误解的政策偏离问题,中共中央又发布了《关于各地对社员宅基地问题作一些补充规定的通知》,首次提出了"宅基地使用权"的概念,明确宅基地所有权为生产队集体所有,农民对宅基地只有使用权,并且规定了宅基地使用权的取得和流转等制度。[2]至此,我国以党的政策文件形式初步确立了宅基地所有权归农村集体(生产队)、使用权归农户的"两权分离"模式,同时明确了农村宅基地"地随房

---

[1] 刘俊.土地权利沉思录[M].北京:法律出版社,2009:88.
[2] 《中共中央关于各地对社员宅基地问题作一些补充规定的通知》规定:"(1)社员的宅基地,包括有建筑物和没有建筑物的空白宅基地,都归生产队集体所有,一律不准出租和买卖。但仍归各户长期使用,长期不变……(2)宅基地上的附着物,如房屋、树木、厂棚、猪圈、厕所等永远归社员所有,社员有买卖或租赁房屋的权利。房屋出卖以后,宅基地的使用权即随之转移给新房主,但宅基地的所有权仍归生产队所有。(3)社员需建新房又没有宅基地时,由本户申请,经社员大会讨论同意,由生产队统一规划,帮助解决……(4)社员不能借口修建房屋,随便扩大墙院,扩大宅基地,来侵占集体耕地,已经扩大侵占了的必须退出。"

走"的交易模式,农民对宅基地的所有权转变为使用权。农村宅基地制度的核心逻辑开始逐步转移到如何落实和保障集体所有权和集体经济组织成员基本居住权利上来。但是,宅基地的"两权分离"模式也使得其管理制度因其外部性而面临调整的需求,计划经济时代最为严格的自上而下的土地管控局面得以强化,"一宅两制"和"两权分离"就构成了这一时期宅基地制度的基本特征。作为社员的农民个人不得对宅基地进行出租和买卖等自由处分,而在事实上仅保有使用权。1963年8月28日,最高人民法院出台了《关于贯彻执行民事政策几个问题的意见(修正稿)》,其中明确了处理农村宅基地使用权纠纷中宅基地使用权的确认、取得、流转的基本裁判规则,同时强调了"人民公社六十条"的规定在宅基地使用权取得程序中的重要性。1972年又规定,一户如有两片宅基地,空闲的一片即归集体,同时对于新建的住宅(无论是否占用耕地)一律不收地价,由此确定了宅基地使用权的无偿取得制度。[①]随后1975年、1978年《宪法》均对"三级所有、队为基础"的经济体制进行了确认,并且否认个体经济的存在,由此标志着集体所有、农民拥有使用权的宅基地"两权分离"制度获得最高效力的立法确认。

(三)宅基地制度的调适时期(1981—1996年)

虽然经过了1975年和1978年两部《宪法》对农村土地所有制的立法确认,但是农村宅基地使用权制度仍然处在不断发展和变迁之中,改革开放后更是呈现各种新变化,体现出国家立法对农民个体财产保护的不断增强。1978年12月22日,中国共产党第十一届中央委员会第三次全体会议虽然原则上通过了《农村人民公社工作条例(试行草案)》,但是"由于考虑到人民公社制度可能需要改变,没有提交十一届四中全会通过和公布"[②]。该草案规定,农村宅基地一律不准出租和买卖,但是其中第四十八条又做出了相对灵活的规定:按照有利生产、方便生活、合乎卫生、尽量不占耕地的原则,做出建设居民点的统一规划,可以由集体建房,社员居住交房费,也可以由社员自己建房。尽管该草案最终无疾而终,但是其中的一些规定和表述仍然具有一定的指导意义。1979年2月2日,《最高人民法院关于贯彻执行民事政策法律的意见》虽然坚持了"一律不准出租和买卖的原则",但同

---

① 高圣平,刘守英.宅基地使用权初始取得制度研究[J].中国土地科学,2007,21(02):32.
② 邓小平.邓小平文选(第二卷)[M].2版.北京:人民出版社,1994:430-431.

时还规定要照顾历史情况和群众的实际需要,灵活处理农村宅基地等纠纷,一定程度上对符合条件的宅基地调整和变更行为给予司法确认。[①]由此可见,当时最高司法机关对宅基地的调整和变更行为持有的并不是绝对否定的态度,而是体现出对农民个体权利的法律关照,在法律实践层面肯定了宅基地的财产属性。

改革开放以后,农民生活水平不断提高,对于住宅更新、拓展的需求增长,私自占用耕地的现象时有发生。国家开始关注农村土地管理问题,出台宅基地管理和使用相关的政策法规,而对宅基地实行总量控制和适度调适是这一时期的主要特征。其原因主要在于集体经济组织对农民实际占有和使用土地的约束力度有所弱化,农村建设用地现状呈现出失控局面,人地矛盾逐渐突出。一方面,农村建房中乱占耕地、无序扩张等现象严重。对此,1981年4月17日,《国务院关于制止农村建房侵占耕地的紧急通知》重申了农村建房用地应当统一规划和合理布局,社员对于宅基地仅有使用权。1982年2月13日,国务院制定了《村镇建房用地管理条例》,首次提出农村土地用途管制原则和农村宅基地的限额要求,进一步规范利用农村土地建房的行为,其中还明确规定对于符合特定条件的城镇居民允许其申请宅基地使用权。[②]该管理条例的出台标志着农村宅基地申请和利用进入了指标管控时代。出于农村经济发展和建设用地需要的考虑,一些地方在具体的宅基地政策执行中有意放宽了申请对象范围,客观上导致宅基地申请和利用规模呈现井喷态势。1982年10月29日,《中共中央办公厅、国务院办公厅转发书记处农村政策研究室、城乡建设环境保护部〈关于切实解决滥占耕地建房问题的报告〉的通知》中再次强调,要严格控制宅基地的用地规模,坚决刹住滥占耕地违规建房的风气。尽管这一时期的制度调整以政策为准,但上述文件适应了改革开放的现实发展,使得宅基地的财产属性得到一定程度的恢复,客观上加强了宅基地使用权的法律保护。但一些具体条文却是基于粮食安全、耕地保护目的而对宅基地的占有和使用进行限制,在实质上仍然是强化了行政管理。

[①]《最高人民法院关于贯彻执行民事政策法律的意见》中规定:"凡是经过合法手续已进行调整的,按调整的决定处理。如宅基地使用权确有必要变更的,人民法院应根据党和国家的政策法律规定,与有关部门共同研究,妥善处理。"
[②]《村镇建房用地管理条例》第十四条规定:"农村社员,回乡落户的离休、退休、退职职工和军人,回乡定居的华侨,建房需要宅基地的,应向所在生产队申请,经社员大会讨论通过,生产大队审核同意,报公社管理委员会批准;确需要占用耕地、园地的,必须报经县级人民政府批准。批准后,由批准机关发给宅基地使用证明。"1986年6月25日《土地管理法》公布后《村镇建房用地管理条例》被正式废止。

以1986年6月25日《中华人民共和国土地管理法》的颁布为标志,我国土地管理、土地利用和土地权利保护开始迈入一个崭新的严格管控时代。首先,转变分散的多头管理体制为规范化和法制化的集中统一的土地管理体制。其次,对于农村宅基地的出租、转让行为由以往的"一律不准出租、买卖"的禁绝态度变得更为宽容,采取行政审批的方式将具体规则表述为"出卖、出租住房后再申请宅基地的,不予批准",以达到对宅基地的出卖、出租行为进行反向禁止的目的。最后,针对宅基地有偿使用首次提出了试点探索的意见。1990年曾明令禁止批准非农人口宅基地。1991年1月4日发布的《中华人民共和国土地管理法实施条例》(以下简称《土地管理法实施条例》)详细规定了宅基地使用权的申请程序。1995年6月30日,第八届全国人民代表大会常务委员会第十四次会议通过《中华人民共和国担保法》,其中第三十七条将宅基地等集体所有的土地使用权明列为不得抵押的财产。尽管明确了不得抵押的规定,但是该法仍然将宅基地使用权表述为"财产",意味着肯定了宅基地使用权作为财产权利的基本属性。综合前述分析可以看出,在宅基地制度的调适阶段,宅基地使用的主体范围仍旧相当宽泛,有关政策和立法态度就是围绕着集体所有权强化这一主线,对于农民的宅基地处置和收益权给予适当的保障,既不能忽略又不能彻底放开。

(四)宅基地腾退机制探索时期(1997—2012年)

这一时期,在农村经济社会转型发展、农民群体结构变化以及农业产业结构变革发展等多重因素综合作用下,农村与城市的发展差距逐步增大。大量农民进城务工,农村闲置宅基地和空置农房数量逐年攀升,有些房屋甚至因常年无人居住而沦为危房,农村宅基地利用和闲置的整治难题日益突出。为了应对严峻的土地利用和保护形势,我国在这一时期开始实行最严格的土地用途管制制度。

1997年4月15日,《中共中央、国务院关于进一步加强土地管理切实保护耕地的通知》(中发〔1997〕11号)规定要进一步严格建设用地的审批管理,对农地和非农地实行严格的用途管制。该文件明确规定:"农村居民的住宅建设要符合村镇建设规划。有条件的地方,提倡相对集中建设公寓式楼房。农村居民建住宅要严格按照所在的省、自治区、直辖市规定的标准,依法取得宅基地。农村居民每户只能有一处不超过标准的宅基地,多出的宅基地,要依法收归集体所有。"这标志着我国宅基地由单一限制宅基地的获得转向宅基地获得及其退出的双向机制。1998年8月29日,《土地管理法》第一次修正,其中规定:"农村村民一户只能拥有一处宅基地,其宅基地的面积不得超过省、自治区、直辖市规定的标准。"这标志着农村"一户一宅"的原则被正式立法确立,明确规定只有农户才有资格取得宅基地的使用权,而且该原则被认为使农民居住权有了可靠的法律保障。1999年5月6日,《国务院办公厅关于加强土地转让管理严禁炒卖土地的通知》(国办发〔1999〕39号),首次禁止城市居民在农村购置宅基地的行为。2004年8月28日《土地管理法》第二次修正,依然保留了上述"一户一宅"的规定,以及出租、出卖房屋的农户再次申请宅基地不予批准的规定。但是,伴随着城市化发展,城市近郊农房流转行为频繁发生以及农村"小产权房"问题日益凸显,2004年10月21日,国务院又发布了《关于深化改革严格土地管理的决定》(国发〔2004〕28号),明确提出要"加强农村宅基地管理,禁止城镇居民在农村购置宅基地"。2004年11月2日,国土资源部为贯彻落实国务院的文件要求迅速印发了《关于加强农村宅基地管理的意见》,不仅规定城镇居民不能购买农村宅基地,还严禁为城镇居民在农村购买和违法建造的住宅发放土地使用证。即便是城镇居民通过农村危房改造或购买方式取得的农民住宅,也不能取得相关权利证照。

2007年3月16日,第十届全国人民代表大会第五次会议通过并于当年10月1日施行的《中华人民共和国物权法》(以下简称《物权法》)将"宅基地使用权"单列为其中的第十三章,并设置了四个条文对宅基地使用权的性质和范围做出规范。其中,第一百五十二条明确规定:"宅基地使用权人依法对集体所有的土地享有占有和使用的权利,有权依法利用该土地建造住宅及其附属设施。"第一百五十三条规定:"宅基地使用权的取得、行使和转让,适用土地管理法等法律和国家有关规定。"第一百五十四条规定:"宅基地因自然灾害等原因灭失的,宅基地使用权消灭。对失去宅基地的村民,应当重新分配宅基地。"第一百五十五条规定:"已经登记的宅基地使用权转让或者消灭的,应当及时办理变更登记或者注销登记。"尽管《物权法》中对于宅基地使用权仅使用了四个条文,但并不意味着这项制度就是无足轻重的。相反,因为宅基地使用权与农村土地承包经营权解决的是农村居民衣食住行等基本问题,所以其共同构成了维护农业、农村稳定的重要制度。

我国《物权法》采用了宅基地使用权的概念,①固然是对农村村民长期以来将集体所有的土地用来建造住宅及其附属设施的事实情况的法律确认。但同时也要看到,《物权法》虽然将宅基地使用权明确为法定的用益物权种类,但其权能内容仅规定了占有和使用,而唯独没有收益权能。这一立法现实不仅与传统民法理论中的用益物权属性存在差异,而且与实践中的建设用地使用权和土地承包经营权相比明显存在着权能残缺的问题。在其实践运用层面,也没有明确农户享有宅基地转用和出租的权利,也就是说,宅基地使用权只能用于农民建造自住房屋,并且不得将其作为抵押担保的财产。从农民财产权益发展的现实诉求来看,这种立法思路与农民的权益期待存在着较大差距。当然,从另外的角度来看,这固然有着保障农民居住权和保持农村社会结构稳定的考虑,但没有让农民体会到应有的获得感。正是基于这类权益诉求实现的考量,同时也为了落实《物权法》之中关于宅基地使用权的用益物权属性和内容的规定,2008年10月15日,中国共产党第十七届中央委员会第三次全体会议通过了《中共中央关于推进农村改革发展若干重大问题的决定》(中发〔2008〕16号),重申了要"完善农村宅基地制度,严格宅基地管理,依法保障农户宅基地用益物权"。2010年3月2日,《国土资源部关于进一步完善农村宅基地管理制度切实维护农民权益的通知》(国土资发〔2010〕28号)提出选择合适地区开展宅基地有偿使用试点,使得宅基地有偿使用成为改革关注的重点内容,开启了宅基地制度的多样化改革试点工作。

(五)宅基地制度多样化改革时期(2013年至今)

2012年11月党的十八大召开后,中央政策层面关于深化农村土地制度改革的意图日渐明显。2013年11月12日,中国共产党第十八届中央委员会第三次全体会议通过了《中共中央关于全面深化改革若干重大问题的决定》,明确提出要保障农户宅基地用益物权,改革完善农村宅基地制度,确立了"慎重稳妥推进农民住房财产权抵押、担保、转让,探索农民增加财产性收入渠道"等改革目标和宅基地

---

① 严格意义上说,我国的宅基地使用权按照历史发展可以区分为"城镇宅基地使用权"和"农村宅基地使用权"两种不同形式。城镇宅基地是指新中国成立后因历史原因形成的城镇私有住房及经批准在城镇建造的住房,但是城镇宅基地使用权问题已逐渐淡化甚至早已成为历史。因此,本书讨论的宅基地使用权及其相关权利问题仅涉及农村的宅基地。

制度改革试点要求。该文件中有关农村宅基地制度改革方向和宏观设想的内容,被认为是中央提出宅基地"三权分置"政策的思想萌芽。[1]2013年12月23日,习近平总书记在中央农村工作会议上首次在国家层面提出农地"三权分置"改革。2014年1月19日,中共中央、国务院印发《关于全面深化农村改革加快推进农业现代化的若干意见》(2014年"中央一号文件"),指出要赋予农民更多财产权利,推进城乡要素平等交换和公共资源均衡配置,让农民平等参与现代化进程、共同分享现代化成果。2014年11月,中共中央办公厅、国务院办公厅又印发了《关于引导农村土地经营权有序流转发展农业适度规模经营的意见》,提出将农村集体土地所有权、承包权、经营权"三权分置",进一步深化农村土地制度改革。

在全面深化改革时代背景下,以宅基地使用权为核心内容的宅基地制度改革进入多元化发展阶段。实践中,根据改革推进的主导力量和主体的不同,可以梳理出四类典型的改革模式:一是地方政府主导模式。以福建晋江、四川泸县等地区试行的宅基地制度改革为典型。其主要特点是采取易地搬迁方式,转移土地发展权,在农村宅基地和城镇住宅之间实现置换,保障农户合法居住权益的同时将农民户籍转变为城镇户籍,从而实现农民的市民化。二是市场交易主导模式。2016年浙江义乌率先在全国确立了宅基地"三权分置"改革模式,从中分置出来的资格权助力于对使用权进行制度性解绑,从而获得了更加有利的市场价值转化的机会。在具体操作层面,义乌的主要做法就是引入市场机制,通过委托专业的房地产开发企业来完成农民的住宅修建和社区建设。在交易过程中,参与主体可以通过市场提供的价格导引来进行协商议价,达成更加有效的住宅建设和搬迁方案,从而既保证了交易的自由度,又充分发挥了市场机制的正向激励作用。三是村集体主导模式。农村集体经济组织作为代行土地所有权主体和村民自治组织的表现形式,在村级宅基地分配和利用过程中具有较强的控制力。集体经济组织通过内部的组织权威和强制性动员措施,对作为内部成员的农民进行有效的动员,以实现集体意图和组织目标。而且作为集体共同意志的凝聚和表达机制,集体经济组织能够发挥其代表作用,运用市场机制来对其中可能的利益空间进行极

---

[1] 周小平,高远瞩.改革开放40年中国农村宅基地管理政策演进与前瞻——基于宅基地相关政策的文本分析[J].河海大学学报(哲学社会科学版),2018,20(05):1.

力争取,在法律和政策空间内帮助农户争取更大的财产性利益。在具体的宅基地置换操作中,集体经济组织还可以通过出面补偿农户原有的宅基地面积,赋予农户充分的自由选择权,通过购买或者置换新宅基地以自建或者统建。四是地方政府与村集体双主导模式。以江西余江的宅基地制度改革为典型。该模式的主要特点就是实现了地方政府权威性和村集体经济组织的半强制激励促进机制的融合,提高了宅基地资源的整合程度和配置效率。而余江的改革举措中最为关键的措施就是通过村民事务理事会来发挥这种双向融合和制度联结的作用。村民事务理事会的理事长多由村干部兼任,理事会成员多由村民代表担任。该模式既能确保上级政策和文件精神得以贯彻,又能融合本集体农户的合理诉求。"农村理事会无论是在村内宅基地的调查摸底环节,还是在村级制度形成环节及落实环节,均能有效降低政府与农民博弈的交易成本,实现两者的合作双赢,有效地促成了政府主导作用与农民主体作用的良性互动。"[①]

总的来看,以宅基地"三权分置"为代表的多样化改革是该阶段的重要特征。其中的宅基地置换、宅基地资本化补偿等多样化改革模式(重庆市"地票交易"、天津市"宅基地换房"和"余江宅改"等)均表现出了较强的制度创新,设立与之适应的宅基地组织制度和管理制度等,融合了对农民财产权进行保护的制度价值取向。从2013年《中共中央关于全面深化改革若干重大问题的决定》提出"赋予农民更多财产权利""保障农户宅基地用益物权"等政策表达起,中央在2014年至2016年间反复强调了"完善宅基地权益保障""保障农民宅基地权益"等,均体现了国家最高决策层对农民财产权益实现的重视和关切,是对宅基地财产价值日益凸显的积极回应。同时,我们也注意到,2015年到2016年连续两年的中央文件均提出"探索农民住房保障新机制",同时提出进城落户农民可在本集体经济组织内部自愿退出或转让宅基地的方案。由此可见,中央并未放弃宅基地的社会保障属性,而是希望通过更进一步深化的制度改革来实现农民居住保障和财产增收功能的相辅相成。2018年1月2日,《中共中央、国务院关于实施乡村振兴战略的意见》(2018年"中央一号文件")正式提出要探索宅基地的所有权、资格权、使用权"三权

[①] 陈胜祥.制度嵌入的逻辑——农村宅基地制度试点改革"余江模式"解析[M].北京:经济管理出版社,2017:169.

分置"。①2019年1月3日,《中共中央、国务院关于坚持农业农村优先发展做好"三农"工作的若干意见》(2019年"中央一号文件")又提出了拓展宅基地试点并开展闲置宅基地复垦试点。其中关于制定农村宅基地管理指导意见、研究起草农村宅基地使用条例的表述,都可以视作是对宅基地"三权分置"改革已经进入制度化建设阶段的明确要求。而在2019年8月26日第三次修正的《土地管理法》中则将宅基地审批权下放至乡镇,并将国土部门宅基地改革的职责转移至农业农村部,使得宅基地管理体制更加优化和顺畅。

三、宅基地制度演进的历史规律

如前所述,我国宅基地制度的历史演进无不受到国家大政方针变化的深刻影响,特别是改革开放以来,经济和社会制度领域的法律和制度变革层出不穷。在这种以变革为主的发展洪流之中,作为这个制度体系构成的宅基地制度也不能故步自封。但是,我们也要看到宅基地制度演进中存在的路径依赖及其背后涉及的深层次体制和机制问题,以及在对历史过往经验的反思和总结之中思考如何发展出未来改革发展的新路径和新举措,如何切实有效地保障和实现农民权益。鉴于宅基地制度对于农村社会的特殊意义和功能地位,我们应当坚持多元化的论证思路,多角度、全方位地进行分析和阐释,而不仅仅拘泥于历史逻辑本身。

(一)实用主义的生发逻辑

无数历史事件汇总聚合形成的经验性知识告诉我们,对于我国这样历史悠久的农业大国而言,人们的生存权乃至发展权的基础性路径已经在土地利用及其制度发展之间形成了无法割裂的稳固联系。农村土地制度承载着农村社会生存、就业、住房保障的基本功能,不仅事关农村社会最基本的生存权和住房权保障,而且也是国家政权合法性的基础。②因此,新中国成立以来,党和国家的政策和法律都

---

① 2018年"中央一号文件"在提及"深化农村土地制度改革"时,明确提出"完善农民闲置宅基地和闲置农房政策,探索宅基地所有权、资格权、使用权'三权分置',落实宅基地集体所有权,保障宅基地农户资格权和农民房屋财产权,适度放活宅基地和农民房屋使用权,不得违规违法买卖宅基地,严格实行土地用途管制,严格禁止下乡利用农村宅基地建设别墅大院和私人会馆。"该段内容完整表达了宅基地制度未来改革的走向,被认为是中央政策层面正式确认了宅基地"三权分置"的改革政策。
② 孙建伟.城乡统筹背景下宅基地置换法律问题实证研究:以上海市为例[M].北京:知识产权出版社,2018:71.

是以农村社会对于土地占有、使用和收益等权利实现和保障为前提。实际上,在过去的历史时期中,对农村土地制度改革的路径不外乎实行农村土地的资本化和集体化两种路径。但是西方发达国家的历史经验告诉我们,如果我们也走上土地资本化的道路,势必会在原本就很弱小的小农经济基础上诱发一轮又一轮的圈地运动,给农村基层社会稳定带来负面影响。如果选择土地集体化的途径,那么至少在理论上可以证成一个基本判断:"生产资料的集体所有制能够解决资本主义分化的问题,而集体化农业能够把农民的小生产转化为高效率的大规模农业经营。"[①]

(二)制度变迁与实践倒逼

首先,要将制度演进的发展规律融入制度变迁理论予以观照。纵观我国土地制度的演进历史,宅基地作为农村土地的重要组成部分,被涵摄在农村土地制度改革之中。有学者对此展开研究后进一步总结:新中国成立以来,中国农村土地制度先后经历了多种变迁方式:强制性激进式—强制性渐进式—诱致性激进式—诱致性渐进式。[②]但是,我们不能将宅基地制度变迁的历程停留在进行概念化总结的表层定义上,而是要透过这种发展现象洞悉其背后的制度机理,特别是在国家威权主义所蕴含的行政权主导性作用发挥的制度逻辑中提炼出符合我国宅基地改革发展和实践需要的制度变迁理论。从过去多年发展历程中总结出来的经验来看,行政权主导的改革政策仍然有其存在的必要性,通过更加具有稳定性和正当性的制度构建,达到稳固的权利实现预期和权益保障机制,似乎更能体现出制度本身的存在意义。而且地方政府在土地发展权益面前往往更加关注地方整体发展利益的实现,但对于农民以及农民集体,则通常倾向将其定性为有碍地方经济社会发展的个体利益和局部利益,并要求个体利益和局部利益服从整体发展。

其次,要全面总结宅基地制度改革实践中的"先行先试"经验。长期以来,很多地方说要尊重农民和农民集体的权益诉求和意见表达,实际上却通过行政强制的方式来推动地方政府征地、建设以及补偿方案的制定和落实,对具体的利益主

---

① 黄宗智.长江三角洲小农家庭与乡村发展[M].北京:中华书局,2000:2.
② 刘广栋,程久苗.1949年以来中国农村土地制度变迁的理论和实践[J].中国农村观察,2007(02):70-80.

体缺乏足够的观照。这样会使个体利益和局部利益主体滋生出强烈的权利剥夺和侵害感,这更加证明了行政权的主导性和强制性过于突出的制度现实。然而,宅基地制度改革中却有着区别于这种行政威权逻辑的变革策略。在"先行先试"的路径探索中,宅基地制度改革政策在制定时就融入了大量的试错性和磨合性的试点安排,充分彰显了"摸着石头过河"的要求。在试点改革落地成熟之后,再适时推动相关改革成果向全国性制度建设转化。比如:宅基地制度改革中提出的"三权分置"政策表达,就是充分吸收了浙江义乌的地方试点经验而将其上升为全国性改革措施。也可以说,这种改革试点成熟后的经验做法向更高层次的规范和制度转化的效果,并非来自政策制定者的预期安排,而是试点中对新问题和新现象不断反思和提炼的解决实效倒逼所致。

(三)制度遗产的历史承继

新中国成立以来,我国宅基地所有制就经历了从私人所有到集体所有,再到农民的有限财产权利的发展变迁过程。在这个过程之中,宅基地制度始终处于一种未能与时俱进的状态,我们说现行的任何制度都是历史上曾经存在过的制度和事实的延续,即便某些具体的制度和规范已经被明令废止,但是其深层次的制度逻辑和法律原则却是现行制度无法彻底割舍的。这是国家法律制度发展中的必然现象,也是进行制度史和法律史研究的重要素材。研究今天的宅基地"三权分置",并不仅仅是对"三权分置"有关政策文本和法律纠纷展开探讨,还要从历史纵深的角度来梳理宅基地乃至农用地制度发展演变的规律。将这些历史性制度规范所蕴含的价值、精神和功能等具有内在本质属性的深层内容予以消化和吸收,方可为现行制度提出思路指引和改进方案。此过程充分体现出这些有益的制度遗产的价值传承和使用效果。事实上,我们今天面临的宅基地权能残缺的现实制度难题,或许早就在历史文献中留存了现成答案,只不过在漫长的演进历程中,有些制度因为特定历史事件的发生而被废止,从而导致今天无从查证。今天我们要做的,正是将这些曾经被废止的制度规范重新拾取,并通过历史和比较的研究方法来分析这些历史性制度现实转化的合理性与可行性。比如:当前宅基地"三权分置"改革政策中强调的"适度放活"宅基地使用权,就被有的学者解读为"还权赋能"[①]。此处的"还"字,被赋予了特定的含义,意味着要将原有的或者应该有的权利通过制度性转化的方式归还给原来的权利主体,从而达到游离的权能实现归位的效果。当然,该观点虽然代表的仅是一家之言,但从制度遗产的承继角度来看,将其理解为"还权"确实蕴含了一定的现实合理性的考虑。

第二节 宅基地"三权分置"改革的制度基础

通过对历史上我国宅基地制度演变的历史考察,可以发现,宅基地制度发展并非孤立的社会实践,其是伴随着经济和社会体制变迁而不断深化发展的。但不论宅基地制度外观如何变迁,其立法意旨中的内核始终不变。作为具有中国特色的制度,宅基地制度从一开始就是围绕着农民居住权益基本保障的需求来展开制度设计的。只不过伴随着改革开放政策和市场经济体制改革不断深化发展,建构在城乡二元体制格局之上的城市和农村关系的差异化现象加剧,成为影响社会稳定的重要因素。农民的居住权益保障作为基础性权利诉求,已经难以满足农民对其手中拥有的为数不多的财产权利载体的市场价值变现的期待,财产权益实现功能所占的价值比重逐步提高。而近年来的宅基地制度改革越来越多地融入了农民财产权利的价值取向,更是充分诠释了这一紧迫和现实的发展趋势。当然,必须澄清的是,宅基地"三权分置"改革并非要全盘颠覆现行宅基地制度,而是要在满足农民财产权益实现和保障的基础上,解决和调整其中与改革目标不协调、不相容的制度内容。

一、我国现行宅基地制度的主要内容

对我国宅基地制度进行历史梳理可以发现,我国实际上并不存在单独成文的宅基地制度。作为多层次、多种类规范的集合产物,宅基地制度由各种法律法规中与宅基地相关的制度设置组合构成。相比城市房屋和国有土地使用权制度,我

[①] 韩文龙,谢璐.宅基地"三权分置"的权能困境与实现[J].农业经济问题,2018(05):63.

国农村宅基地制度长期缺乏系统性和规范性的制度建设,体系性不强是其主要弊病所在。特别是受到地方经济和社会发展条件的影响,各地宅基地使用和管理制度存在着较大的差异。但总的来看,不论如何设定宅基地制度框架,宅基地制度大致都包含了权属制度、流转制度和管理制度三大板块。[①]在"三权分置"改革政策仍处于试点阶段且主要制度分歧尚未解决的现实背景下,我国现行法律规定仍然遵循的是宅基地"两权分离"模式。宅基地之上的权利体系表现为宅基地所有权和宅基地使用权为基本构成,并在此基础上形成了以宅基地使用权为核心,以宅基地租赁权为流转权利补充的权益实现机制。

(一)农民集体的所有权制度

所有权在我国现行物权制度体系下,是权能最为完整的物权种类。它是所有权主体依法对自己拥有的财产享有占有、使用、收益、处分权利,并且具有永久性、绝对性和排他性特征。从功能属性的角度来定义,所有权往往被表达为财产所有权,"所有"在某种意义上即"拥有",表达的是作为权利客体的财产对权利主体的从属关系。根据我国《宪法》第十条中有关宅基地属于集体所有的规定,宅基地所有权的主体应为"集体"。我国现行《土地管理法》则进一步确定了宅基地所有权由农民集体享有。[②]宅基地作为稳定农民居住权利的特殊经济资源,其特殊性不仅体现在地位和功能方面的不可替代性,更是在于其作为重要的权利客体,其财产属性却被刻意地赋予制度性的忽略和淡化。严格来说,宅基地并非传统法律意义上的财产,而更多的是一种具有象征性的权利客体。农民集体作为宅基地的所有者,其存在的法律意义最直接地体现在农户申请和取得宅基地的实体性和程序性条件中,而由农民集体作为土地所有权主体做出同意与否的审核决定。除此之外,现行法律中似乎再无宅基地所有权行使的具体规定。这一制度现状直接导致宅基地制度中存在着所有权虚置的现实问题。实践中,宅基地所有权行使的内容主要在于如何实现宅基地增值收益及其合理分配问题上,农民集体在这一分配过程中所行使的权利与其说是一种"权利",倒不如说是本集体成员所承担的某种义

---

① 韩立达,李勇,韩冬.农村土地制度改革研究[M].北京:中国经济出版社,2011:219.
②《土地管理法》第九条规定:"城市市区的土地属于国家所有。农村和城市郊区的土地,除由法律规定属于国家所有的以外,属于农民集体所有;宅基地和自留地、自留山,属于农民集体所有。"

务。"由于宅基地基本上是无偿分配或者仅收取象征性费用,而且一经分配便由农户长期使用,因此在宅基地利用法律关系中,宅基地所有权的体现极其微弱。"[①]这些事实充分说明了宅基地所有权主体——农民集体所面临的诸多制度性尴尬。此外,宅基地所有权主体与其实际行使主体还存在着法律上分离的情况。按照现行《土地管理法》的规定,实际上已经将我国农村集体所有权主体划分为三个层次,即乡(镇)集体(乡镇农村集体经济组织)、村集体(村集体经济组织、村委会)、村内集体(村民小组、村内集体经济组织)。[②]虽然法律规定只是明确规定由这类组织代行集体所有权,但就所有权的实现而言,这种代行的权利实际上体现的就是所有权实现的过程,以及在此过程中所取得的事实上的所有权主体地位。当然,法律规定对集体所有权行使主体做出分层划分的积极意义仍然在于通过权利分层行使的制度设计,更好地赋予农民实现其财产权益的可能性,并在此种改革目标指引下,"更专注于履行经济职能的农村集体经济组织规定为宅基地所有权的行权主体,会更有利于在保证宅基地所有权社会保障权利性质不变的前提下,最大限度的凸显其财产权利性质,更能为后续改革奠定基础"[③]。就此意义可知,无论是所有权主体还是所有权的行使主体,都是宅基地"三权分置"政策在立法转化过程中需要第一时间予以确认和厘清的制度前提。

(二)农户宅基地使用权制度

新中国成立后,我国土地制度及宅基地制度的基本发展脉络就是服从国家、集体整体发展的利益,最大限度地解放和发展社会主义生产力。农民通过将其私有财产(土地、农具等)入社的方式成为农民集体组织中的一员,农民的土地所有权逐步转变为集体的土地所有权。[④]但是,国家法律和政策并未从一开始就确定了宅基地使用权的概念,而是直到家庭联产承包责任制建立并实行改革开放以

[①] 宋志红.乡村振兴背景下的宅基地权利制度重构[J].法学研究,2019,41(03):74.
[②]《土地管理法》第十一条规定:"农民集体所有的土地依法属于村农民集体所有的,由村集体经济组织或者村民委员会经营、管理;已经分别属于村内两个以上农村集体经济组织的农民集体所有的,由村内各该农村集体经济组织或者村民小组经营、管理;已经属于乡(镇)农民集体所有的,由乡(镇)农村集体经济组织经营、管理。"
[③] 杨嘉铭.宅基地所有权权能实现问题研究[J].理论观察,2020(05):122.
[④] 农村合作化运动中,最初采取的互助组和初级社形式很受农民欢迎,一个重要原因就是,农民依然享有相当完整的产权、剩余控制权、剩余索取权以及退出权。但合作化发展到高级社和人民公社阶段,农民的产权基本失效,从而为国家控制集体、农业、农村和农民,转移资源支援工业建设,减少国家和农民打交道的成本提供了有效的制度保障。

后,宅基地使用权才从最初的事实状态成为立法确认的权利类型。

一是宅基地使用权的物权属性确认。我国《民法典》延续了2007年《物权法》的规定,在物权体系中将其定义为用益物权,但是仅规定了权利人对宅基地享有占有和使用的权利,特别是明确了依法建造住宅及其附属设施的权利。[①]这是对宅基地使用权作为专门法律概念的立法确认,从法理上使其与原有的"土地使用权"概念区分开来,因而不能再用土地使用权指称宅基地使用权。[②]但是,法律并未就宅基地使用权人是否享有收益和处分权能做出明确规定,因而与其他典型的用益物权相比,宅基地使用权被认为是一项不完整的用益物权。即便存在着权能配置的立法缺欠,但宅基地使用权被确立为用益物权这一事实,至少从法律规范意义上可以认为是对其财产权利类型的肯认,不仅丰富了既有的财产权利体系,其所赋予的占有和使用的权能同样也构成了宅基地流转的法律基础。按照此种财产权利的立法思路,宅基地使用权很有可能被立法定性为独立的财产权类型,并且类似于农用地"三权分置"中的土地经营权,从而完成其与既有的身份性和福利性的剥离,成为真正意义上能够为农民带来财产性收入的财产权利。当然,笔者在此只是表达了对未来宅基地"三权分置"改革政策立法转化的路径期待。但就制度现实而言,我国宅基地使用权的实现仍然受到了诸多限制。首先,宅基地使用权的使用人只能是农村集体经济组织的成员,也就是说,在其初始取得环节至少应当满足现行《土地管理法》关于申请人的成员资格和身份的要求。其次,宅基地使用权受到法律的严格限制,至少在现行法律尚未对其做出放活条件和拓展要求的前提下,不能以此断定立法是否应当对其事实上的收益权或者处分权给予肯定。最后,按照现行《土地管理法》的要求,"一户一宅"原则仍然不能在现阶段予以任意突破,不能随意改变宅基地存量的稳定状态。

二是宅基地使用权的法律特性。分析宅基地使用权的法律属性或者特征,是厘清宅基地使用权与其他法律权利类型的基本前提。完全的自由土地所有权,不仅意味着可以毫无阻碍、毫无限制地占有土地的可能性,而且也意味着把它出卖的可能性。但是,当前农民对宅基地享有的权利还远远达不到像所有权那样自由

[①]《民法典》第三百六十二条规定:"宅基地使用权人依法对集体所有的土地享有占有和使用的权利,有权依法利用该土地建造住宅及其附属设施。"
[②] 宋才发.农民宅基地所有权及使用权的法律探讨[J].中南民族大学学报(人文社会科学版),2012,32(04):100-101.

和完整的程度。从权利受限性的角度出发,可以总结出宅基地使用权具有五大法律特征,即:分配身份性、取得无偿性、城乡差异性、社会保障性以及政府管制性。这些特征长期客观存在,掩盖了宅基地使用权的私权属性,尽管其受限制的制度状况并没有得到根本改观,但也呈现出私权强化的发展趋势。笔者将其总结为三大法律特性:用益物权性、主体特殊性和权利受限性。(1)用益物权性。2007年通过的《物权法》在认可原有的农村宅基地使用权制度有效性的基础上,对宅基地使用权的用益物权性质进行了确认。该法第三编"用益物权"中单列"宅基地使用权"作为第十三章,正式将宅基地使用权的法律保护纳入私权领域,由此掀开了宅基地使用权法律制度建设的新篇章。《民法典》继续沿用这一规定,使得宅基地使用权的用益物权属性进一步固化稳定。(2)主体特殊性。农村土地除法律规定由国家所有的之外,其他由农民集体所有。基于农村土地资源的有限性和用途的特殊性,尽管农村土地的所有权由集体经济组织来行使,但不允许其任意改变土地用途。宅基地使用权为农民生产和生活中的重要财产,法律规定有权取得宅基地使用权的主体只能是农村集体经济组织的村民,其他人或组织不能成为宅基地使用权的主体。(3)权利受限性。尽管《民法典》采用体系化建构的方式明确了宅基地使用权的物权性质,使其私权属性得以强化,但也出现一些问题。一方面,回避了宅基地使用权的私权性质,导致其功能定位失之偏颇;另一方面,则是对宅基地使用权取得和变动规则"采用了设计引用性法条的立法技术"[1],但所引向的法律规范系统却又是公法规范。[2]2019年修正后的《土地管理法》规定:"农村村民出卖、出租、赠与住宅后,再申请宅基地的,不予批准。"这一规则实际上就是限制农民通过出卖、出租等方式来行使自己对宅基地及其房屋的处分权利,而一旦行使了这些权利,农民将失去再申请宅基地的资格。宅基地使用权行使的限制性不仅存在于实体规范中,还表现为其取得必须经过严格的申请和审批程序,即:提出分配使用权申请、土地所有权人同意、获得行政审批三个步骤。

---

[1] 陈小君.农村土地制度的物权法规范解析——学习《关于推进农村改革发展若干重大问题的决定》后的思考[J].法商研究,2009,26(01):7.
[2] 《物权法》第一百五十三条规定:"宅基地使用权的取得、行使和转让,适用土地管理法等法律和国家有关规定。"而根据现行《土地管理法》第六十二条、第六十三条的规定,作为农村集体所有的土地,在"一户一宅"原则下,宅基地的使用权不得出让、转让或者出租用于非农业建设。事实上这就从公法的角度禁绝了宅基地使用权的处分、流转等民事行为发生的可能。

三是宅基地使用权制度的功能革新。宅基地使用权的用益物权属性获得立法确认已逾十年。随着我国市场经济体制改革的深入推进,宅基地使用权的法律构造更加清晰,财产属性更为突出,流转需求更加紧迫。与其私权属性相悖的现实情况是,农村宅基地使用权长期以来附加了与其权利属性不相融的功能内容,比如维护社会稳定、防止农民盲目流入城市、防止耕地减少等。这些功能内容的客观存在模糊了我国农村宅基地使用权的法律属性,导致其功能价值的实现难以在国家、集体、农民个体之间的权利义务和冲突关系中达到恰如其分的平衡状态。在现行法律体系和框架下,实现宅基地使用权的功能依赖于稳定的规则系统,对于宅基地使用权制度变革并不需要重大的突破性建构,而是应当"基于体系化的视角,明确宅基地使用权的性质,明确宅基地使用权在制度上的立法宗旨和社会功能,在此前提下对各种具体的规则加以梳理和整合"[1]。正如前文所述,农民的宅基地使用权是农民居住用房及其附属设施赖以存在的基础。作为一种财产性权利,宅基地使用权有其独特的财产意义和保障功能。从某种程度上看,宅基地使用权具有很强的资源和资产功能。

就宅基地使用权承载着的资源功能而言,这种资源功能的实现主要是在实践利用环节。特别是市场经济体制改革以来,宅基地使用权资源功能的需求性日益高涨。但由于现行法律制度对于宅基地分配的控制非常严格,宅基地使用权的市场资源功能仍旧难以有效发挥,有待在改革试点中完成对其资源功能的制度性挖掘和释放。另外,宅基地使用权的资产功能仍要兼顾其所承载着的社会保障功能的实现,这在客观上使其资产功能面临着实现的制度瓶颈。宅基地使用权制度的首要任务是要满足农民基本的居住生活需求,这是一种社会保障性质的需求。土地本身具有有限性和稀缺性,宅基地使用权在市场经济领域中的商品属性和财产属性确实具有无可替代的地位。随着城市化进程的推进和农村建设的发展,农村的市场化水平逐渐提高,农民的居住和生活条件得到极大改善,但是农民房屋及其附着的宅基地使用权仍是农民拥有的并且为数不多的重要财产形式。在市场经济条件下,宅基地使用权作为生产要素进入市场虽有一定的客观必然性,但是也要考虑盲目入市可能带来的系统性风险。因此,党的十八届三中全会明确提

---

[1] 王崇敏.宅基地使用权制度现代化构造[D].武汉:武汉大学,2013:41.

出，建立统一开放、竞争有序的市场体系，城乡二元结构是制约城乡发展一体化的主要障碍。

但是，我们也要看到，宅基地资产和资源两大功能的有效发挥仍然离不开城市和农村集体土地之间二元区分隔离困局的破除。如果说在计划经济时代，宅基地作为农民的生活保障资料，其商品和财产属性难以得到彰显，那么在市场经济不断发展和立法已确定宅基地用益物权属性的制度背景下，宅基地作为农民可支配的重要财产，在分配和流通时，也需要引入市场机制来发挥其基础性乃至决定性的作用。从土地用途公法管控的角度看，宅基地作为一种用途特殊的资源，其配置过程离不开对公共性的考虑。而从农民的私权实现目的出发，城市化的重要表现之一就是城市周边的宅基地很可能因被纳入城市规划而获得了巨大升值潜能。因此，如何协调好宅基地的资源开发与资产变现之间的关系，是值得深入思考的现实问题。可以通过体系化和科学化的农村市场服务机制来培育和完善农村的要素市场、产品市场、金融市场等，以更为有效地实现宅基地使用权的市场功能。一方面，必须转变宅基地使用权的传统功能，赋予其在现今市场交换背景下更多的权能内容，实现宅基地使用权的资源和资产功能的市场化；另一方面，还原宅基地使用权的商品属性和财产属性，使农村的宅基地进入市场流转成为可能，真正使之转化为农民的财产性权利，为农民增收提供有力的保障。

四是宅基地使用权的具体权能内容。宅基地使用权是我国所独有的法律概念。大陆法系一些国家通过在民事法律制度中设置"地上权"制度来处理类似问题。"地上权为建造房屋、隧道、沟渠等工作物及培植竹林、树林，使用他人土地之权。租用基地以建筑房屋，与以在他人土地上有房屋为目的，而使用其土地之地上权，其经济的目的相同。"[1]英美法系国家所谓土地之利用，仅指通过创设租赁关系而对土地进行债权性利用，并无土地的物权性利用的相关制度安排。无论是大陆法系的地上权还是英美法系的债权性利用的租赁关系，均与我国当前的宅基地使用权有着本质的区别。最重要的一点就是宅基地使用权的身份性，我国宅基地使用权取得的依据是农村集体经济组织的成员身份，旨在保障其"居者有其屋"的生存权益。而由身份性延伸出的另外两大特征则是宅基地使用权取得的无偿性

---

[1] 史尚宽.物权法论[M].北京：中国政法大学出版社，2000：187.

和无期限性。

就宅基地使用权的具体权能而言,尽管现行立法已经将其定性为用益物权,但在具体权能内容方面仅承认其具有占有和使用的权能[①],未明确其是否具有收益权能。这种局面的形成是由学术界长期以来的认识分歧导致的。由于对宅基地使用权的流转问题存在着不同的认识,主张对宅基地使用权流转进行禁止和限制的学者们往往较少关注其具体的权能;而主张宅基地使用权自由流转的学者们则认为其具体权能应当包括占有、使用、收益和处分四项。笔者认为,基于宅基地使用权与农民房屋所具有的不可分离性,并且其原始取得并非通过市场交易规则而是基于农民这一特定的成员身份,在某种意义上该权利类型应当具有类似于所有权的完整权能,最起码也应当赋予其占有、使用和收益三项权能。而且从农村社会稳定的功能实现角度来说,"维护农村居住土地稳定的基本政策并不能够排除使用权人享有收益的权能"[②]。唯有构建更加完善的宅基地使用权权能,才能更好地发挥其物权效用,实现使用和交换两大市场经济价值,进而达到发展农村经济、促进农村城市化、增加农民收入的目的。

(三)宅基地流转的制度现实

宅基地是我国农民安身立命的重要物质载体,关系到数亿农民的切身利益和社会稳定。而宅基地的利用和流转的内容最终实现的法律效果,将直接决定农民对其权益拥有和实现的切身感受。

首先,需要厘清宅基地流转和宅基地使用权流转的关系。宅基地制度之中最为关键的就是宅基地使用权的流转制度。因为不论是农民的宅基地利用还是房屋所有权的变现行为,均不能脱离宅基地使用权而独立实现。《民法典》延续《物权法》第一百五十二条的规定,将宅基地使用权定义为宅基地使用权人依法利用该土地建造住宅及其附属设施的权利。事实上,脱离农民建房用途和居住需求的"宅基地",可能与其他类型的集体土地并无二致,而剥离了这种特殊需求的土地

[①]《物权法》第一百五十二条规定:"宅基地使用权人依法对集体所有的土地享有占有和使用的权利,有权依法利用该土地建造住宅及其附属设施。"从该条文的文字表述来看,确实只是规定了"占有"和"使用"两项权能,而且对"使用"的概念外延做了限定,即"依法利用该土地建造住宅及其附属设施"。

[②] 朱岩."宅基地使用权"评释:评《物权法草案》第十三章[J].中外法学,2006,18(01):87.

显然是不能再将其定义为"宅基地"的。也就是说,宅基地与宅基地使用权紧密结合、不可分离,如果消除了农民房屋占用土地的事实,或者农民对此空闲土地再无任何建房居住的行为和需求,或者说该地块的用途在客观上发生改变,也就无须再保留其宅基地属性。宅基地与宅基地使用权相互依存,互为其存在和属性的有力证明,甚至在某种意义上还可以将二者等同起来,正如我们通常将财产和财产所有权混同表达一样。正因为如此,为了论述的简洁和方便,笔者将宅基地流转与宅基地使用权流转作为具有同一内涵的概念来定义,后文如无特别说明,二者均为同义概念。在此基础上,我们可以将宅基地流转定义为:农民将其依法取得的宅基地使用权通过转让、出租、互换、赠与等方式转移给他人使用、收益的法律行为。将流转对象的身份是否属于本集体经济组织成员作为判断依据,可以将宅基地流转行为分为内部流转和外部流转两种。由于外部流转是从村内成员流转到村外成员,这有可能改变本集体经济组织内部的土地利用现实和结构,在现行法律和政策依据下,基本上是不承认这种外部流转行为的效力的,特别是禁止向城镇居民流转的行为。而按照流转的内容不同,又可以将宅基地流转分为单独流转和复合流转。所谓单独流转,意味着流转的权利内容仅涉及宅基地使用权,而不涉及其他权利的流转。而复合流转,则是将宅基地使用权与其上的农民房屋作为整体性的权益标的物,转出方须将其宅基地使用权和房屋所有权一并转让给受让方。而我国现行《土地管理法》强调的房地一体流转原则,所指向的也多是这种复合流转的模式。

其次,需要把握我国法律和政策关于宅基地流转的基本态度。通过对我国现行法律和政策进行梳理,可以发现宅基地流转的相关规范表述多分散在部分土地管理法律规定和行政规范性文件之中,除《民法典》抵押权规则中明确禁止将宅基地使用权作为抵押财产之外,并无其他直接和明确的禁止宅基地流转的规定。根据这些规范性文件的文义表述,除能确定对抵押流转方式的明确禁止之外,并不能确定对于其他流转方式的立法态度。结合立法和政策的本意来看,我国对于宅基地使用权的流转采取的应当是限制主义的基本态度。具体的限制内容主要表现在四个方面:一是用途限制。按照我国现行《土地管理法》的规定,农民集体所有的土地(包括宅基地)是不能擅自出让、转让或者出租用于非农业建设的,否则将因为行为违法而受到行政处罚。①而且宅基地作为法律规定了明确用途的农村非经营性建设用地,是不能用于投资开发和非农业建设的。二是方式限制。我国现行法律奉行房地一体流转原则,农民转让宅基地实际上流转的是宅基地使用权以及自建房屋的所有权或者使用权。我国现行《土地管理法》中有关"一户一宅"的规定里并未明确禁止宅基地的流转,②这些规定反映了现行立法对宅基地流转方式的限制,即:通过住宅的出卖、转让或者赠与来达到宅基地事实上流转的法律效果。因为按照相关规定,如果农民转让的是其唯一住宅,必然会面临在农村既无其他房屋可以居住又不能另行申请新宅基地的后果。三是对象限制。目前我国宅基地制度仅认可宅基地内部流转行为的效力,而对于超出本集体经济组织成员范围的外部流转行为,各地存在着不同的规范要求。2007年12月,《国务院办公厅关于严格执行有关农村集体建设用地法律和政策的通知》再次强调:"农村住宅用地只能分配给本村村民,城镇居民不得到农村购买宅基地、农民住宅或'小产权房'。"对此,我们可以理解为,基于遏制土地食利和投机行为的初衷,对宅基地的流转对象做出必要限制,既是出于保护土地资源的目的,又能起到稳定农村社会的现实效果。四是禁止抵押。《民法典》依旧禁止宅基地使用权作为抵押财产,似乎在法典化时代已经成为立法定局,但是并没有把宅基地使用权抵押的规则完善路径彻底封死。结合《民法典》中关于宅基地使用权的立法定义可以看出,对宅基地使用权的取得、行使和转让,实际上通过引致性条款的方式为国家层面的立法突破预留了空间。也就是说,未来宅基地制度的立法转化仍然有可能通过细化规则的方式来将抵押作为宅基地的可流转方式。这正是"三权分置"改革试点地区正在尝试的做法。

(四)宅基地审批和管理制度

改革开放以来,我国宅基地管理制度的内容和要求呈现出扩张和延伸的发展趋势,管理措施更加规范、产权界定趋于明晰、资产功能愈发凸显。2013年11月

---

① 《土地管理法》第八十二条规定:"擅自将农民集体所有的土地通过出让、转让使用权或者出租等方式用于非农业建设,或者违反本法规定,将集体经营性建设用地通过出让、出租等方式交由单位或者个人使用的,由县级以上人民政府自然资源主管部门责令限期改正,没收违法所得,并处罚款。"
② 《土地管理法》第六十二条第五款规定:"农村村民出卖、出租、赠与住宅后,再申请宅基地的,不予批准。"

12日,《中共中央关于全面深化改革若干重大问题的决定》明确提出赋予农民更多财产权利的目标思路,并在此目标基础上,"保障农户宅基地用益物权,改革完善农村宅基地制度,选择若干试点,慎重稳妥推进农民住房财产权抵押、担保、转让,探索农民增加财产性收入渠道"。①2018年提出"三权分置"改革的政策要求。这些表现了宅基地管理和权能构建向精细化和多元化发展的趋势。由于农村宅基地制度涉及的不仅仅是权利人的私权实现,还关涉农村社会稳定和居住保障等政府宏观调控目标实现,因此,从广义上来理解,宅基地的管理制度几乎可以涵盖宅基地的权属、流转、取得、退出等全体系的法律和政策。与前文所述的宅基地流转制度相区别,此处的宅基地管理制度主要涉及的是政府职能和权力行使等内容,是从狭义管理的角度进行理解,并在国土资源部2004年11月2日发布的《关于加强农村宅基地管理的意见》(国土资发〔2004〕234号)中得到了充分体现。

首先,是宅基地管理体制方面。长期以来,我国宅基地管理体制被区分为农业经济宏观调控和土地资源、权属管理两个层次。按照2018年机构改革方案和现行《土地管理法》的规定,农业农村部门被确定为农村宅基地改革和管理的职能部门,拟订深化农村经济体制改革和巩固完善农村基本经营制度的政策。具体包括:负责农民承包地、农村宅基地改革和管理有关工作;负责农村集体产权制度改革,指导农村集体经济组织发展和集体资产管理工作;指导农民合作经济组织、农业社会化服务体系、新型农业经营主体建设与发展。作为与农民权益息息相关的宅基地权属登记职能,则仍然归属于国土资源部门,即现在的自然资源主管部门负责自然资源统一确权登记工作。具体包括:制定各类自然资源和不动产统一确权登记、权籍调查、不动产测绘、争议调处、成果应用的制度、标准、规范;建立健全全国自然资源和不动产登记信息管理基础平台;负责自然资源和不动产登记资料收集、整理、共享、汇交管理等;指导监督全国自然资源和不动产确权登记工作。

其次,是宅基地审批要求及其程序。宅基地管理的目的在于正确引导农村村民住宅建设合理、节约使用土地,切实保护耕地。我国历史上长期实行的宅基地审批程序较为复杂。一方面,是审批流程和权限设置未统一。既有村集体直接审批的,也有从村集体到乡(镇)政府,再到县级政府层层审批的复杂流程设计。这

---

① 参见中国共产党第十八届中央委员会第三次全体会议公报,以及《中共中央关于全面深化改革若干重大问题的决定》。

种审批程序不利于农民宅基地申请审批程序的高效完成,也不利于农民宅基地资源效益的实现,而且因为审批程序不严谨、标准不统一导致各种审批乱象。随着全国宅基地改革试点工作的逐步深入,宅基地审批程序更加规范,有些试点区域(如福建省晋江市、浙江省义乌市)开始试点乡镇审批,极大地提升了审批工作效率。我国2019年修正的《土地管理法》充分吸收和总结了这些地区的试点改革经验,进一步下放了宅基地审批权限,明确了农村村民住宅建设用地由乡(镇)人民政府负责审批。另一方面,是审批过程中对于审批内容和标准的把握尺度。乡(镇)人民政府在对农户提交的宅基地使用的初始申请进行审核时,应当按照现行《土地管理法》相关规定做好如下审批:一是重点审查是否满足集体经济组织成员身份。二是遵循"一户一宅""面积达标"以及户有所居的要求,审查是否符合省级人民政府制定的宅基地面积标准等。[①]按照现行《土地管理法》规定,各省级人民政府在制定本地区宅基地面积标准过程中,还要充分结合本地区城乡规划管理的细则性规范的要求。[②]三是审查农户的宅基地申请,是否符合乡(镇)土地利用总体规划、村庄规划的要求,确保尽量使用原有的宅基地和村内空闲地,绝对禁止占用永久基本农田。原国土资源部发布的《关于加强农村宅基地管理的意见》明确了"三到场"要求,即:实地审查申请人是否符合条件、拟用地是否符合规划等;实地丈量批放的宅基地面积等;农民的住宅建成后,还要实地检查是否按照批准的面积和要求使用土地。

最后,是宅基地权利登记的有关规定。宅基地权利的地籍和权利登记工作是宅基地管理的重要内容,更是宅基地权属纠纷发生后获得公正和有效化解的责任判定依据。依法登记的宅基地所有权和使用权受法律保护,任何单位和个人不得侵犯。其中,至为重要的是宅基地的确权登记,包括所有权和使用权的确权登记。《关于加强农村宅基地管理的意见》明确要求,市、县国土资源管理部门加快农村宅基地土地登记发证工作,做到宅基地土地登记发证到户,内容规范清楚,切实维护农民的合法权益。加强农村宅基地的变更登记工作,变更一宗,登记一宗,充分

[①]《土地管理法》第六十二条规定:"农村村民一户只能拥有一处宅基地,其宅基地的面积不得超过省、自治区、直辖市规定的标准。人均土地少、不能保障一户拥有一处宅基地的地区,县级人民政府在充分尊重农村村民意愿的基础上,可以采取措施,按照省、自治区、直辖市规定的标准保障农村村民实现户有所居。"
[②] 2019年修正的《中华人民共和国城乡规划法》第四十一条第二款规定:"在乡、村庄规划区内使用原有宅基地进行农村村民住宅建设的规划管理办法,由省、自治区、直辖市制定。"

发挥地籍档案资料在宅基地监督管理上的作用,切实保障"一户一宅"法律制度的落实。此外,还要依法、及时调处宅基地权属争议,维护社会稳定。国务院2014年11月24日颁布并于2015年3月1日施行的《不动产登记暂行条例》则明确了宅基地使用权与房屋所有权依照条例规定办理登记,同时明确国务院国土资源主管部门负责指导、监督全国不动产登记工作。国土资源部随后于2016年1月1日公布并实施了《不动产登记暂行条例实施细则》,该实施细则于2019年7月进行了修正,将"国土资源部"修改为"自然资源部"。其中,专门使用了一节内容对"宅基地使用权及房屋所有权登记"进行明确的规范。根据该实施细则,涉及宅基地的登记类型主要有三种:一是首次登记。对本行政区域内未登记的宅基地使用权等不动产,由市、县人民政府组织实施首次登记,并审查申请人提交的登记申请材料。[①]二是转移登记。主要是指因依法继承、分家析产、集体经济组织内部互换房屋等导致宅基地使用权及房屋所有权发生转移的登记,需要提交相应的登记申请材料。[②]三是区分所有权登记。若有申请宅基地上的建筑物区分所有权的需要,则可以参照国有建设用地使用权和建筑物区分所有权的规定办理相应的登记。[③]

二、对我国现行宅基地制度的总体评价

宅基地制度的独特性和逻辑性,使其与其他类型土地制度得以区分开来。而这种特殊性的存在,在客观上不仅让农民无法准确洞悉制度的价值,也使得理论和政策研究者面临百思不得其解的问题。总体而言,宅基地的特殊性主要体现在权利体系、分配和取得机制以及制度功能等方面。

---

① 《不动产登记暂行条例实施细则》第四十一条规定:"申请宅基地使用权及房屋所有权首次登记的,应当根据不同情况,提交下列材料:(一)申请人身份证和户口簿;(二)不动产权属证书或者有批准权的人民政府批准用地的文件等权属来源材料;(三)房屋符合规划或者建设的相关材料;(四)权籍调查表、宗地图、房屋平面图以及宗地界址点坐标等有关不动产界址、面积等材料;(五)其他必要材料。"
② 《不动产登记暂行条例实施细则》第四十二条规定:"因依法继承、分家析产、集体经济组织内部互换房屋等导致宅基地使用权及房屋所有权发生转移申请登记的,申请人应当根据不同情况,提交下列材料:(一)不动产权属证书或者其他权属来源材料;(二)依法继承的材料;(三)分家析产的协议或者材料;(四)集体经济组织内部互换房屋的协议;(五)其他必要材料。"
③ 《不动产登记暂行条例实施细则》第四十三条规定:"申请宅基地等集体土地上的建筑物区分所有权登记的,参照国有建设用地使用权及建筑物区分所有权的规定办理登记。"

(一)特殊的权利体系

宅基地所有权及其衍生权利、宅基地使用权、房屋所有权这些权利类型集中在宅基地之上,共同构成了当前我国宅基地权利的内在结构。相比农村其他土地制度,宅基地的权利结构及其各项权利之间的关系有着更为复杂的特点。

一是宅基地所有权的特殊性。按照传统物权理论,所有权归属于物权范畴,其权能体系最为完善,包括占有、使用、收益和处置,是典型的私权。但是,我国作为社会主义国家,以公有制为所有制基础,国家通过《土地管理法》和《物权法》来对土地制度进行综合调整,已经超出了传统私法的范畴。运用公法规范对宅基地进行管理和控制,同时又通过民事法律中的物权制度来对宅基地权利进行规范和保障,公法规制与私法调整两套体系并行不悖,相辅相成。农村土地的集体所有权属性,决定了宅基地的所有权主体只能是农村集体,而农村集体同时又承载着农村社会基层稳定和权力运行的公法职能,在对宅基地权利进行调整时更多的是出于管理和控制的公法目的。这种管理在通常情况下也仅限于以所有者身份对农民的宅基地使用申请进行审核,而将宅基地分配给农民之后,由于缺乏对宅基地的实际利用情况(包括保值增值、退出收回、闲置不用等)进行必要的跟踪,集体所有权实际上并未得到有效行使,所有权的权能反而更多的是依赖宅基地使用权才得以实现的。但是,对于农民宅基地使用权背后的所有权内容如何实现,以及村集体对存量土地进行再分配时农民是否有权获得收益等问题,在现行法律规定中尚无法得到确定的解决。

二是集体所有权衍生权利的特殊性。有学者提炼总结出的衍生权利包括:宅基地发展权、征收补偿权、法定租赁权等。但严格来讲,这些衍生权利并非严格意义上的法定权利,其更多的是基于现行法律规范和农村土地利用实践而形成的观念性权利。就土地发展权而言,有学者将其定义为变更土地使用性质或者提高土地利用集约度之权。[①]宅基地发展权就是土地发展权的重要内容,其权利主体被认为是农民集体,客体就是宅基地开发容量,内容是宅基地发展权主体所享有的权利和承担的义务。从制度上确立宅基地发展权,主要是基于宅基地增值利益分配和增加农民财产性收入的角度,提高宅基地资源化和集约化的利用效率,从根

---

① 姚昭杰,刘国臻.我国土地权利法律制度发展趋向研究——以土地发展权为例[M].广州:中山大学出版社,2016:3.

本上解决农村宅基地征收补偿纠纷。这一目标的实现也可以通过征收补偿权的法律设定。因为随着农村土地市场价值日益提升，土地价值日益凸显，宅基地的征收补偿费内容变得更加多元和丰富，不仅包括对集体土地用途的补偿，还包括基于土地发展权而产生的土地增值价值的补偿。在既有的所有权和使用权两权分离架构下，农民集体和农民之间共享宅基地征收的增值收益，但是需要集体经济组织按照民主决策程序对分配方案做出决议，否则将有损其他未直接介入宅基地征收过程的集体成员的收益分配和决策的参与权。至于宅基地的法定租赁权，则是宅基地所有权和使用权两权分离架构之下的必然选择，这是因为农民房屋的建成是基于其享有的宅基地使用权。实践中，很多农民将其自建房屋用于出租，也就是事实上将其占用的宅基地交由他人使用。宅基地所有权和使用权的分离状态，使得农民出租房屋的同时也会导致集体土地被连同出租的事实。而且按照现行《土地管理法》规定，农民将自己的房屋出租给他人，客观上可能会使自己面临无房居住的情况，但其并未丧失宅基地使用权，不符合退旧还新的规定，因而无法向集体经济组织申请新的宅基地。况且就此时的申请动机而言，如果农民集体并未从出租行为中获得任何收益，也是不会允许农民再次申请宅基地的。

　　三是宅基地使用权的特殊性。宅基地使用权涉及的制度内容除了上述宅基地归农民集体所有的规定之外，还包括"一户一宅"、流转限制、权能残缺、禁止抵押等方面的具体制度。这些制度内容均融合在我国现行法律法规之中。可以说，正是由于宅基地使用权制度跨越多个部门法领域的显著特征，其在我国法律体系占据着特殊地位，并且表现出综合性法律调整模式的特性。2007年的《物权法》明确规定了宅基地使用权人依法对集体所有的土地享有占有和使用的权利，有权依法利用该土地建造住宅及其附属设施。但同时又规定，宅基地使用权的取得、行使和转让，适用《土地管理法》等法律和国家有关规定。《物权法》在宅基地使用权确定其用益物权地位的同时，未完整地表达出宅基地使用权应有的收益权能，且未就宅基地使用权如何取得、行使和转让做出具体的规范。愿在将来的宅基地立法转化进程中，能够更好地实现物权观念与相关法律制度的衔接，逐步构建一个较为完善而且符合各地实情的宅基地使用权的取得、行使和转让的法律制度体系。

四是房屋所有权的特殊性。农村房屋所有权的特殊之处集中体现为房地一体主义的制度安排。按照我国现行《土地管理法》规定，农村村民出卖、出租、赠与住宅后，再申请宅基地时不予批准。反过来看，该规定至少并未禁绝农村村民出卖其住房的权利。2014年修订的《土地管理法实施条例》第六条第一款规定："因依法转让地上建筑物、构筑物等附着物导致土地使用权转移的，必须向土地所在地的县级以上人民政府土地行政主管部门提出土地变更登记申请，由原土地登记机关依法进行土地所有权、使用权变更登记。"该款规定未像《中华人民共和国城镇国有土地使用权出让和转让暂行条例》第二十三条和第二十四条、《中华人民共和国城市房地产管理法》第三十二条、《物权法》第一百四十六条和第一百四十七条那样明确采用房地一体主义的表述。但是，其中所谓的"因依法转让地上建筑物、构筑物等附着物导致土地使用权转移的"，可理解为土地使用权应当随地上建筑物、构筑物等附着物的转让而转移。再结合现行《土地管理法》第五章的内容，其中的土地使用权既包括国有建设用地使用权，也包括集体建设用地使用权和宅基地使用权。由此可见，《土地管理法实施条例》第六条第一款在国有建设用地使用权、集体建设用地使用权以及宅基地使用权与地上建筑物、构筑物等附着物的关系上，统一确立了"地随房走"的"房地一体"主义规则，故可作为宅基地使用权的转让实行"房地一体"主义的法律依据。[①]2008年2月15日建设部发布的《房屋登记办法》虽然已经失效，但其中的某些制度规定仍然具有一定的参考价值。该办法第八条规定："办理房屋登记，应当遵循房屋所有权和房屋占用范围内的土地使用权权利主体一致的原则。"2007年12月30日，国土资源部颁布的《土地登记办法》(已失效)第四十条规定："因依法买卖、交换、赠与地上建筑物、构筑物及其附属设施涉及建设用地使用权转移的，当事人应当持原土地权利证书、变更后的房屋所有权证书及土地使用权发生转移的相关证明材料，申请建设用地使用权变更登记。"这些历史上存在过的制度规范充分说明，我国在宅基地使用权与住房的关系上采纳房地一体主义确实由来已久，这也是符合我国不动产登记实践的。

---

① 魏华,戴孟勇.论宅基地使用权的转让[J].法律适用,2014(10):24.

(二)特殊的取得制度

宅基地的取得制度的特殊性主要体现在取得方式的有限性、取得主体的身份性以及取得行为的无偿性三个方面。

首先,我国现行法律仅规定了宅基地所有权和使用权的原始取得以及受限制的继受取得。按照民法物权理论,物权取得制度属于物权变动规则的范畴。物权变动的原因可以分为法律行为(如买卖、互易、抛弃等)和法律行为以外的事实(如民法上的先占、添附、时效以及民法以外的公用征收、没收等)两种。而以物权取得是否以原权利人的意思为依据,又可将物权取得进一步划分为原始取得和继受取得。①原始取得不以他人权利和意思为依据,而是依据法律规定直接取得物权。我国对于宅基地的原始取得采取的是以申请为主、法律规定为辅的制度安排。继受取得则以他人已有权利或者意思为依据。我国《宪法》和《民法典》均明确规定了农村宅基地归集体所有。其中,《民法典》物权编在明确规定农村土地归集体所有的前提下,将宅基地使用权定义为用益物权,并做出宅基地使用权的取得适用土地管理的法律和国家有关规定的制度安排。遍览我国既有法律制度体系,尚未有哪一部国家层面的法律文件对宅基地使用权做出全面放开的继受取得制度安排。现行《土地管理法》也只是强调了"一户一宅"的要求,并未禁止农民住宅的转让、出租、赠与等,也没有明确表达出宅基地使用权可以超出特定的流转范围而进行继受取得的意思。因此,就法律的规范文义和立法精神来看,我国宅基地所有权和使用权尚无全面放开继受取得的法律依据。在实践中,继受取得规则也主要是适用于内部流转和法定继承两种情形之下。

其次,宅基地取得的身份性主要体现为取得宅基地使用权的主体范围的限制要求,而且是仅限于具备集体经济组织成员身份的人。宅基地本身是集体所有制的产物,其初始取得应当以集体所有权的确定作为事实基础和法律依据。就宅基地的申请取得方式而言,按照我国现行《土地管理法》的规定,宅基地使用权主体

---

① 理论上说,时效取得也是物权取得的一种方式。所谓时效取得,指的是无权占有人在满足法律规定的条件下占有他人财产或者无主财产,并且这种占有状态持续地经过了法律规定的期间,从而取得该项财产权利的制度。我国现行法律虽然并未承认时效取得,但是在特殊历史时期处理特定历史遗留问题过程中,时效取得方式曾一度得到过最高人民法院的承认。参见1985年3月15日最高人民法院发布的《关于吴天爵等与新宾镇集体饮食服务店房产纠纷案的批复》[法(民)复[1985]17号]。

即为符合申请宅基地资格条件的农民,且必须是农村集体经济组织成员。如果申请者或者受让农民住宅的人并非宅基地所在农村集体经济组织的成员,就无权申请取得或者继受取得位于该集体经济组织的宅基地使用权。无论是农民集体的宅基地所有权还是农民的宅基地使用权的取得,哪怕仅仅是在本集体内部进行流转,也要严格遵循相关法律规定,特别是要满足集体经济组织成员身份的基本条件。不仅原始取得有着这样的要求,继受取得更是如此,都以具备成员身份为基本条件。而作为继受取得宅基地使用权的其他人,尽管其实际占用受让农房的权利未必会受到相应的阻挠,但是,其继受取得农房的占有仅为一种事实状态,而未必能够获得法律的有力保障。一旦发生权属争议,实际占用者往往不能获得宅基地使用权和农房的所有权。也就是说,这种转让行为因其受让者并非本集体经济组织成员而面临法律效力被否定的风险。但是,如果受让者同样也是本集体经济组织的成员,其受让该宅基地使用权和农房所有权正是以出让者和受让者的权利和意思为依据。但如果受让者是其他集体经济组织的成员呢?虽然这种转让行为并未改变宅基地的用途和性质,但是也不能说此种情况的发生就是绝对无解的。对此,笔者在后文的论述中将会围绕宅基地使用权流转范围问题展开深入讨论。但是,无论对既有制度做怎样的拓展和创新,均不能否定宅基地的取得与集体所有权及其代表行使权利的集体经济组织之间特殊的勾连关系,并且基于宅基地制度的居住功能性,在现行宅基地制度中尚不存在将其取得主体拓展和放宽的依据。

最后,无偿性在宅基地使用权的取得制度中表现得较为突出,主要是基于居住保障的均衡而做出的无偿配置安排。宅基地使用权的无偿配置,是指符合条件的本集体经济组织成员如果存在着占用宅基地用于建造自住住房的需求,就要向本集体经济组织提出申请并经当地人民政府核准之后,方可取得宅基地使用权,而无须向集体所有者支付相应对价。当然,这种无偿性仍然以申请者的集体经济组织成员身份为前提,也就是说,只要申请者是集体经济组织的成员,他就有权利取得一块合适面积的宅基地用于满足自己及其家庭建造住房的需要。更加明确地说,作为集体经济组织成员的农民要取得宅基地使用权并不是以其向宅基地所有权主体支付相应对价作为交易条件,其申请取得宅基地的法律行为是无须支付对价的行为。所谓申请者无须支付对价,是指无须向其递交宅基地申请的集体经济组织支付宅基地使用费。然而,这种无偿性是否就意味着申请者不用承担申请和取得权利的各个环节产生的任何费用呢?既然宅基地是农村极度稀缺的经济资源,无偿取得制度本身就与宅基地的稀缺性存在矛盾。表面上看,这种制度既违反了经济规律,又进一步降低了宅基地资源市场化配置的有效性。事实上,正是因为宅基地取得并不以交易对价为条件,农民取得宅基地使用权之后并不一定立即建造住宅,或者在其建好房屋之后,也不一定会在此居住,而是进入城市另谋职业,并在城市置业,进而造成农村大量宅基地闲置和农房空置的现象。可以说,宅基地制度改革正是要解决宅基地资源错配和闲置现实之间的矛盾,释放宅基地权利应有的市场价值,达到增加农民财产收入的现实目标。而从法律权利配置角度考量,在宅基地制度中引入有偿配置制度,必将作为宅基地制度立法转化的必要内容。

(三)特殊的制度功能

我国宅基地从其诞生之初即被融入了社会保障的功能,这是宅基地制度功能最为明显的特殊性。从新中国成立之初到20世纪90年代,城乡居民住房用地的都可以申请集体所有的土地进行建房,即无偿、无期限限制;功能也是一致的,即确保人人有其居所。那时的宅基地使用权是通用于城乡居民之间的一个广义上的概念。[①]一方面,是对农民基本居住权的底线保障。为农民居住权提供基本保障是宅基地制度的首要功能,这种制度安排也是长期以来形成的城乡二元体制的非均衡发展的现实性特点所决定的。宅基地之所以被称为宅基地,正是因为此种居住保障的特殊制度安排和功能属性,否则,宅基地制度就可能名不副实。因此,保持此种特殊制度功能也是我国宅基地制度改革的底线要求。另一方面,是对农村社会和农业生产稳定的保障功能。农业生产作为我国基础产业,承担着全国人民基本生活资料供给的重大使命,因而农村社会稳定直接关系着农业生产的稳定,而稳定农村的关键在于农村人口的稳定,要确保农业生产所需要的劳动力人口充足。因此,包括宅基地在内的农村土地制度承担着稳定农村人口和农业生产的重要功能。但是这种稳定性并不等于强制性,大量农民离乡不离土,到了农业

---

① 孙建伟.涉地农民住房权与生存权保障实证研究[D].上海:华东政法大学,2011:5.

生产繁忙的季节,外出务工农民又会回到农村继续从事农活,只在农闲时外出务工就成为多数农民的选择。这一制度在保证农民不失地、不失所方面展现了深远的政治意义。

当前,我国宅基地的基本居住保障功能随着城乡社会和空间结构的变化以及经济体制改革的深化发展,逐渐呈现出弱化的趋势。"宅基地的社会保障功能已经不适应当前农村经济的发展状况,过分强调宅基地的社会保障属性,会带来乡土经济萎缩、农民收入水平无法提高、城乡收入差距拉大等一系列社会问题。"[1]在此前提下,宅基地制度功能发挥受到外部社会和制度环境的影响,宅基地的资产和财产变现能力日益受到追捧。特别是在乡村振兴战略提出的背景之下,宅基地"三权分置"改革政策的立法转化被赋予了更为多元和丰富的市场价值期待。

第三节 乡村振兴战略中的"三权分置"改革方向

宅基地制度改革被认为是破解"三农"问题、实现农民增收的重要途径。2013年我国开始推动农村"三块地"(农村宅基地、农村承包地和农村建设用地)制度改革。2015年围绕宅基地用益物权进行探索试点。2018年中央正式提出宅基地"三权分置"的改革政策。2018年1月2日,《中共中央、国务院关于实施乡村振兴战略的意见》(即2018年"中央一号文件")明确提出实施乡村振兴战略,并明确了总体要求:"坚持把解决好'三农'问题作为全党工作重中之重,坚持农业农村优先发展,按照产业兴旺、生态宜居、乡风文明、治理有效、生活富裕的总要求,建立健全城乡融合发展体制机制和政策体系,统筹推进农村经济建设、政治建设、文化建设、社会建设、生态文明建设和党的建设,加快推进乡村治理体系和治理能力现代化,加快推进农业农村现代化,走中国特色社会主义乡村振兴道路,让农业成为有奔头的产业,让农民成为有吸引力的职业,让农村成为安居乐业的美丽家园。"

---

[1] 吴迪.宅基地制度改革的考量——以宅基地福利性与财产性矛盾为视角[J].天津师范大学学报(社会科学版),2020(05):46.

2021年4月29日,第十三届全国人民代表大会常务委员会第二十八次会议通过《中华人民共和国乡村振兴促进法》(以下简称《乡村振兴促进法》),以国家法律形式确认了"全面实施乡村振兴战略"。[①]这一国家战略的实施,为宅基地制度改革指明了新的发展方向,同时也赋予了新的内涵和要求。

一、宅基地制度改革总体方向的优先性

宅基地"三权分置"改革作为乡村振兴的重要抓手,被赋予了重大改革使命和社会期望。但是如何具体组织实施,如何把握改革节奏,仍旧需要宏观的战略指引,并且围绕着农民权益法治保障的基本思路来保证各项试点方案的有序推进。但是,由于城郊农村和东部沿海经济发达地区的宅基地市场化和财产化程度较高,其在改革试点中面临的实践问题也更为突出:不排除基层组织利用土地管理制度漏洞大肆牟取利益;既有的宅基地利用存在诸多乱象,超标占用、违规利用的现象也比较常见;旧有宅基地多占不退导致空间利用结构性失调,"空心村"和宅基地闲置问题日益突出。基于乡村振兴战略实施要求,有必要在宅基地"三权分置"改革中解决以上问题,以促成合理的制度建构。

(一)城郊地区优先于边远地区

首先,相对优越的土地开发和市场利用价值使得城郊地区的宅基地备受地方政府的关注。当前宅基地市场价值呈现出较大差异,这种差异性在城郊地区显得格外突出。由于城郊地区的农村与城市距离较近,城市化高速发展的集聚效应能够迅速波及该类区域,对增量用地有着较大的开发占用需求。其次,城郊地区的宅基地违规利用现象更为突出,亟须整顿。城郊地区大量的低价农房吸引着外来进城务工人员,当地农民受到利益驱动,难免会采用一些超常规手段,比如在宅基地上违规建房、违规转让房屋等。而规范化和法治化的城市发展必然需要城市周边和外部环境整治行动的协同配合,这使得城郊地区的宅基地被纳入整治范围。最后,政府财力和物力的有限性决定了在近郊地区的宅基地规划和管理方面将投

[①]《乡村振兴促进法》第一条关于立法目的明确规定:"为了全面实施乡村振兴战略,促进农业全面升级、农村全面进步、农民全面发展,加快农业农村现代化,全面建设社会主义现代化国家,制定本法。"第二条明确了该法适用范围:"全面实施乡村振兴战略,开展促进乡村产业振兴、人才振兴、文化振兴、生态振兴、组织振兴,推进城乡融合发展等活动,适用本法。"

入更多的行政资源和社会成本。基于成本和收益的考量,城郊地区的宅基地利用行为的规范化改造必然会优先进行。

(二)经济发达地区优先于落后地区

一方面,经济发达地区宅基地土地体量小但是具有更加强烈的财产化需求。东部地区是我国改革开放的前沿阵地,经济发展水平最高,集中了全国绝大部分的经济资源,在土地、人口、交通、产业等方面占有绝对的优势,GDP总量更是占到了全国一半以上。东部发达地区的农村经济发展更为活跃,多元化经营需求旺盛,村与村之间发展的差异化比较明显,宅基地财产属性和流转需求强烈,农民对私权变现的期望值更高。

另一方面,宅基地制度改革的活跃程度与当地经济发展水平呈现正相关性。上海、广东、浙江等东部发达省份宅基地的利用、流转和置换行为相对更加活跃。当地农民受到经济发展的驱动,自发地将宅基地集中起来,采取出租、建房的方式进行流转,形成了较为典型的宅基地利用模式,比如:广东模式、义乌模式、天津模式等。当地政府基于城市建设土地需求难以满足的现实考虑,对农村出现的宅基地开发、利用和置换行为采取了默许态度,以缓解城市发展中的土地利用难题。而在经济相对欠发达地区,市场对于土地开发利用的需求相对较小。

二、宅基地"三权分置"承载着乡村振兴的必然要求

2018年"中央一号文件"明确实施乡村振兴战略的同时,提出"探索宅基地所有权、资格权、使用权'三权分置',落实宅基地集体所有权,保障宅基地农户资格权和农民房屋财产权,适度放活宅基地和农民房屋使用权"的改革政策。《乡村振兴促进法》明确规定全面实施乡村振兴战略,开展促进乡村产业振兴、人才振兴、文化振兴、生态振兴、组织振兴,推进城乡融合发展等活动,并对"乡村"概念做出立法界定,明确"乡村"包括乡镇和村庄。[1]乡村振兴战略实施中的宅基地制度改革的核心问题在于"扩权赋能",主要就是通过对宅基地使用权权能进行扩张性配置,进一步增强宅基地的流转功能,实现宅基地资源优化配置,增加农民的财产性

---

[1]《乡村振兴促进法》第二条第二款规定:"本法所称乡村,是指城市建成区以外具有自然、社会、经济特征和生产、生活、生态、文化等多重功能的地域综合体,包括乡镇和村庄等。"

收入,逐步缩小农民和城市居民之间的收入差距,实现城乡一体化发展。试点地区实行的改革措施表明,宅基地腾退、有偿使用等措施可以有效地实现宅基地的市场价值,增加农民的财产性收入,在改善既有乡村面貌、激活乡村产业发展的基础上促进乡村振兴。

(一)兴农和惠农的目标使命使然

当前,我国"三农"问题中最为突出的就是农民问题,且集中表现为农民财产收入增长困难。农村宅基地及其上建造的房屋作为农民至关重要的财产,在现行宅基地制度下被严格限制了流转性,其权能内容不健全,无法通过真正意义上的财产流转方式来为农民带来更高的市场增值收益。目前的法律和政策对于宅基地的流转仅限于在同一集体经济组织成员之间进行,而且不能享有对宅基地使用权及其房屋进行抵押融资的权益。农民不能通过市场价格转让宅基地和农村房屋来获得进城购房的资金支持,这不仅是对农村宅基地资源的浪费,也使得这些资产长期处于有权无利的状态,成为名副其实的沉睡资产。

宅基地所有权、资格权、使用权"三权"分置的目的就是适应农村宅基地功能分化的现实需求。如果"三权分置"改革能够将宅基地已经沉睡的资产属性唤醒,在坚持集体所有制,保障农民基本居住权的前提下,适度放活使用权,通过扩展流转范围和方式,将尽可能地盘活宅基地的财产权和收益权。"所有权＋资格权＋使用权"的权利设计会更好地服务于宅基地各种功能的发挥。[1]但是,如果将农村宅基地全盘市场化、资产化,又会催生其他新的问题,而且还会有财产价值功能掩盖居住保障功能的隐患。农民的住房保障功能将与资格权进行绑定,只有通过福利分配宅基地、建设农村保障性住房、保留资格权等多种形式落实资格权权益,才能继续发挥农村宅基地"稳定器"的作用。此外,随着城乡融合的一体化发展要求日益突出,资本下乡已经常态化。只有盘活闲置、低效的宅基地,充分挖掘其中的非居住性财产功能,使其获得有力的权利保障、稳定投资预期,才能为农村发展赢得更多机会。通过对所有权、资格权、使用权进行分离,放开宅基地的使用权,鼓励社会主体对乡村进行投资,让农民集体以及社会主体共同参与到乡村振兴战略中

---

[1] 雪克来提·肖开提,迪力沙提·亚库甫.乡村振兴战略导向下的宅基地"三权分置"制度改革[J].新疆师范大学学报(哲学社会科学版),2019,40(05):131-137.

来,共同提升乡村的基础设施与经济生产建设的水平。这样农民也可以从中获得更多的市场转换价值,达到利用固定财产来实现财产增收的目标,农村兴旺发达的同时还能帮助农民获得实惠,可谓是一举两得。

(二)城乡要素交换和流转的需求

乡村振兴并不是仅仅依靠农村村民和农民集体孤军奋战式地展开建设,也不是城市向农村进行单向的资源输送。乡村与城市相互流动,相互配合,农村向城市提供劳动力,城市向农村提供先进的管理经验与资金技术等,实现双向交流。宅基地"三权分置"改革是一种经济学的产权解构,能够兼顾福利保障功能和财产功能,在保障农村社会稳定的前提下,放活宅基地使用权流转,可以打破宅基地制度改革的困局。[1]受到制度建设与硬件基础的限制,城市和农村之间的资源要素呈现出明显的互换障碍,这不利于城乡一体和协调发展。农村人口向城市人口转化,大量农民进城务工,导致农村实际居住人口减少,农房空置比重显著增高。这说明农村发展现状对人口特别是优秀人才的吸引力不够,人口从欠发达地区向发达地区、从农村向城市流动的基本格局不变。然而,农村宅基地闲置和农房空置的现实又从另外一个角度说明,农村对于人口和产业具有超强的容纳能力,只要从政策和法律上在人才引进、土地开发、产业扶持等方面适当地给予一定倾斜,实现人口、资金等资源由城市向农村的逆向流动也并非难事。宅基地"三权分置"改革措施的落地将推动城市居民下乡消费、投资等,为农村引入人才、资本等经济资源的同时,还可以将城市文化旅游需求植入农村的文化和旅游资源开发中,为农村带去城市文化的积极要素,反过来又能促进城乡文化的融合发展。

(三)农村产业发展土地供给缺口

乡村振兴战略实施的首要要求就是产业兴旺,而产业兴旺的前提是农村具备产业兴旺发展的空间。随着新农村和乡村振兴战略的实施推进,各种农村基建项目对于农村建设用地的需求逐渐增大。落实乡村振兴战略则需要对农村土地资

---

[1] 董新辉.新中国70年宅基地使用权流转:制度变迁、现实困境、改革方向[J].中国农村经济,2019(06):2-27.

源进行优化配置。中央划定的18亿亩耕地红线不能触碰,[①]而可优化的农村土地资源大部分集中在农村建设用地,其中又以农村宅基地用地占的比例最大。农业农村部的有关调查显示,农村70%的建设用地都是宅基地用地。由此可见,对农村宅基地制度的改革是乡村振兴战略实施的重点内容。宅基地大量空置浪费的现状不利于产业合理布局,要想发挥乡村优势建设优势产业,就必须对宅基地进行"三权分置"改革。"三权分置"改革能够激活宅基地所具有的效能,将所有权、资格权与使用权的权属进行分离,在不动所有权、稳定资格权的前提下对使用权进行分配,通过出租、入股、自营等方式加大对宅基地的利用,确保科学合理的产业布局方案落地,为农村产业兴旺发展打下坚实基础。同时也要看到,农村房屋的建设大都依山、傍水、沿路,缺乏科学统一的规划,乱搭乱建现象严重,布局散乱,卫生状况较差,美观性不足。农民集体将原来的宅基地纳入集体统一规划,有的试点地区推进实施乡村社区集中建设,采取统规统建的方式建设社区化新农村,保障那些让渡了宅基地使用权的农民能够有房可居。此种社区化建设与管理方案,不仅有效解决了农村建设用地匮乏难题,还在节约农村土地资源的同时满足了农民新增住房需求,提升了农民对美好生活的期望值与获得感。

[①] 2016年,经国务院同意,国土资源部印发《全国土地利用总体规划纲要(2006—2020年)调整方案》,对全国及各省(区、市)耕地保有量、基本农田保护面积、建设用地总规模等指标进行调整,并对土地利用结构和布局进行优化。调整后,到2020年,全国耕地保有量为18.65亿亩以上,基本农田保护面积为15.46亿亩以上,建设用地总规模控制在4071.93万公顷(61079万亩)之内。

第二章
宅基地"三权分置"政策的法治内涵与制度创新

宅基地"三权分置"作为专门的政策术语是在2018年"中央一号文件"中被正式提出的。与农用地"三权分置"改革类似,宅基地"三权分置"同样面临着政策要求的法治转化问题。相比于过去的宅基地的所有权和使用权的"两权分离"模式,"三权分置"最重要的一点就是从中分解出来了"资格权",为宅基地使用权的进一步解绑和赋能提供了制度化建构的可能性。对宅基地"三权分置"改革的法治内涵和制度创新内容进行阐释,对于农民财产权益实现的路径规划具有理论铺垫和实践证成的意义。本章在对我国宅基地制度的历史演进和现实发展展开讨论的同时,将会融入政治学、社会学、管理学、经济学和法学的基本原理,剖析宅基地制度的政策逻辑和发展机理,为后文宅基地"三权分置"法治保障的路径证成做好理论铺设。

第一节 宅基地"三权分置"改革的现实背景

将宅基地"三权分置"改革放置于当前我国农村土地制度改革中加以考量,就会发现其主要功能在于农民住房保障和财产权益实现两个层面。2014年12月,习近平总书记先后主持召开中央全面深化改革领导小组第七次会议和中央政治局常委会会议,审议通过《关于农村土地征收、集体经营性建设用地入市、宅基地制度改革试点工作的意见》。2015年2月27日,十二届全国人大常委会第十三次会议审议通过《关于授权国务院在北京大兴区等三十三个试点县(市、区)行政区域暂时调整实施有关法律规定的规定》。浙江义乌地区开展的宅基地"三权分置"改革被直接写入2018年"中央一号文件",正式纳入中央的顶层设计体系,并且作为乡村振兴战略实施的重要抓手。

一、"三权分置"改革措施提出的现实背景

如前所述,宅基地制度改革所要解决和应对的是长期以来城乡二元发展体制下的农村发展滞后以及农民权益保障和实现机制不足的现实问题。而这些现实问题成为当前我们开展宅基地"三权分置"制度改革的现实背景和掣肘因素。改革的目的在于改变现实,而正确看待和认清现实背景与基础则是任何改革措施落地实施的前提。

(一)宅基地资源稀缺与浪费现象并存的现实

自古以来土地问题都是我国重要且敏感的问题之一。我国国土虽然辽阔,但并不意味着宅基地资源就足够充裕。近年来,由于城市建设用地的需要,在城市扩张的过程中占用了大量的农用地,其中也包括对农村宅基地等建设用地的占用。而且由于18亿亩耕地红线的限制,可利用的农用地资源愈发显得稀少。而宅基地资源的现实情况可以概括为:稀缺的同时浪费现象较为严重。

一方面,我国宅基地资源最明显的特点就是宅基地总量大、人均占有量不高。我国陆地面积达960多万平方公里,位居世界第三。但是我国人口众多,第七次全国人口普查数据显示大陆地区人口总体规模为14.1亿人,人均土地面积相对贫乏,是世界平均水平的1/3。且东西走向呈阶梯状分布,优质土地资源并不多,丘陵及山地面积占比高达65%,而适合人类居住生产的平原面积仅有100多万平方公里。再加上我国东部沿海以及西部青藏高原处于地震带上,适用土地资源有限,基础设施建设和维修成本过高。近年来,农村居民住房需求增加,农村人口比重在城市化的推动下呈现逐年降低的趋势。国家统计局发布的数据显示,我国2008年的乡村人口为7.04亿,2018年的乡村人口为5.41亿,十年间减少1.63亿的

乡村人口,而 2018 年城镇人口为 8.64 亿。[①]2008 年实有房屋住宅面积为 227.2 亿平方米,到 2018 年增长至 252.2 亿平方米,十年间增长了 25 亿平方米的住宅面积。[②]农村人口进城务工之后,将其在城市中务工所得带回农村进行房屋建设,客观上推动了农村的住房建设。目前,农村住房占农村建筑比例高达 90%。但是,进城务工人员返乡建造的住房,一年之中用于实际居住的时间并不多。这种候鸟式的城乡人口流动造成农村人减地增的现状,客观上使得宅基地存在着时间和季节上的闲置。宅基地利用效率较为低下,许多优质土地资源被荒废,农村房屋空置率较高,宅基地制度改革势在必行。

另一方面,宅基地财产性功能实现受到制约,实践中违规利用和浪费现象并存。从制度功能实现的角度来说,我国宅基地制度发展至今虽然经历多次革新,但其制度基础始终未能发生突破,其制度功能仍旧停留在设计之初的农民基本生存权和居住权保障层面。时过境迁,宅基地的市场价值和财产功能在市场经济蓬勃发展的趋势之下,悄悄地激发了广大农民对于宅基地财产权益实现的诉求。然而,内生于农民心中的价值期许仍然受到生发于传统城乡二元体制的外部制度和强制性规定的客观制约。这一现实在宅基地价值实现层面表现得尤其突出。一些基本问题和矛盾已经不可能在现有制度框架中得到解决。[③]宅基地"三权分置"政策的法治化正是着眼于破解此类制度困局。随着农村经济发展和农民收入增长,近些年来农村社会的人居环境得到有效改善,农民利用既有的宅基地兴建自住房屋的情况越来越多,而且房屋建设规模日渐扩大,装修品质也有很大提高。但是,宅基地的利用率反而降低了。农村宅基地利用率降低的突出表现就是,传统村落走向衰落,"空心村"现象渐趋严重。从农村户籍人口总量和农村常住人口之间的对比可以发现,宅基地利用率也是不高的。"我国常住人口城市化率,2017 年已经达到 58.52%,8.1 亿人口在城市,农村常住人口只有 5 亿多。而现阶段,我国农村向 9 亿农村户籍人口供给了宅基地,早就具备了取消宅基地分配制度的条件和必要性。将来我国城镇化率将达到 70% 以上,农村宅基地的需求还将进一步缩

---

① 参见国家统计局网站,访问网址:http://data.stats.gov.cn/easyquery.htm? cn=C01&zb=A0301&sj=2019。
② 参见 2018 年中国城乡建设统计年鉴中关于农村房屋面积住宅的统计。
③ 韩康.宅基地制度存在三大矛盾[J].人民论坛,2008(14):38-39.

减。"①而国家统计局发布的第七次人口普查主要数据显示：居住在城镇的人口为90199万人，占63.89%；居住在乡村的人口为50979万人，占36.11%。与2010年相比，城镇人口增加23642万人，乡村人口减少16436万人，城镇人口比重上升14.21个百分点。②在农民进城务工数据统计方面，我国2018年农民工总量为28836万人，在农民工总量中，在乡内就地就近就业的本地农民工11570万人，到乡外就业的外出农民工17266万人；外出农民工中，进城农民工13506万人。③

另外，国家统计局公布的数据显示，截至2016年末，99.5%的农户拥有自己的住房。其中，拥有1处住房的为20030万户，占87.0%；拥有2处住房的为2677万户，占11.6%；拥有3处及以上住房的为196万户，占0.9%；拥有商品房的为1997万户，占8.7%。④该数据揭示了我国当前宅基地利用效率较低的客观现实，由此又直接导致三个并存的悖论现象：一是宅基地的福利性分配和无偿使用造成农村人口减少与农村建设用地规模扩大并存；二是宅基地不能充分流转和正常市场交易造成宅基地资源大量闲置与隐性流转交易并存；三是宅基地非商品化、非资本化和非市场化与试图通过市场化改变的农民财产利益损失并存。如何破解这些资源占有和现实制度层面的难题，正是当前制度改革中应当予以充分考虑的。

(二)农民对宅基地权益实现的主观愿望增强

除了资源利用和制度运行方面的客观性问题，农民主观愿望层面对于宅基地制度改革也起到了推动作用，并对其赋予了较高的期许。特别是要看到，互联网时代对农民宅基地权利诉求发展产生了根本性的影响。⑤在城市商品房市场价值居高不下和持续见涨的背景下，农民对其拥有的自建房屋的市场价值和财产功能实现的期待与日俱增。当前我国的宏观经济发展已不再片面地追求高速度的量的积累，而是更加强调社会公平价值、生态利益等质的内容。特别是如何克服早

---

① 以宅基地改革确立乡村振兴的空间布局[J].国土资源,2018(05):10-19.
② 参见国家统计局2021年5月11日发布的《第七次全国人口普查主要数据情况》,访问网址：http://www.stats.gov.cn/tjsj/zxfb/202105/t20210510_1817176.html,访问时间：2021年5月19日。
③ 参见国家统计局2019年4月29日发布的《2018年农民工监测调查报告》,访问网址：http://www.stats.gov.cn/tjsj/zxfb/201904/t20190429_1662268.html,访问时间：2021年4月23日。
④ 参见国家统计局2018年7月17日发布的《第三次全国农业普查全国和省级主要指标汇总数据》,访问网址：http://www.stats.gov.cn/tjsj/zxfb/201807/t20180717_1610260.html,访问时间：2021年4月23日。
⑤ 祁全明.农村闲置宅基地治理法律问题研究[M].北京：法律出版社,2018:190.

期经济飞跃所带来的城乡差距,如何最大效率利用宅基地资源和避免浪费,如何保护农民的财产性权益,这些问题的解决均具有突出的现实意义。需要直接面对的事实是,新中国成立以来,在计划经济的调控下,国家长期以优先发展城市作为战略重点,乡村作为后盾为城市提供了全方位的发展资源。但作为城市发展的代价,乡村的发展在数十年间存在着发展缓慢、城乡差距不断增大、环境恶化、乡村基础设施建设落后以及农民生活水平不高等现实问题。针对农村发展中的诸多问题,2016年习近平总书记在安徽凤阳小岗村调研时指出:"新形势下深化农村改革,主线仍然是处理好农民和土地的关系。"随后在党的十九大报告以及2018年"中央一号文件"之中提出要以乡村振兴战略作为"三农"问题的总抓手和决胜全面建成小康社会、全面建设社会主义现代化国家的重大历史任务。2018年的中央农村工作会议进一步强调了坚持把解决"三农"问题作为全党工作的重中之重。在2018年"中央一号文件"中还明确提出了"产业兴旺、生态宜居、乡风文明、治理有效、生活富裕"的乡村振兴总要求。核心目标仍然是整合农村人、地、产业、环境等因素为一体,全面激活乡村振兴发展所需的各类要素,包括权益主体和市场平台建设等,实现农村社会的全面小康。而产业兴旺、生态宜居、生活富裕等具体目标的实现又离不开农村土地制度改革。

二、宅基地制度改革路径之争的不同观点

由于我国农村土地制度的特殊性,宅基地制度在农村社会发挥着重要的社会保障作用,所以全国层面的制度改革,必须考虑全国农村整体现实的发展情况。"宅基地制度仍然负载着维护农村社会稳定的公共政策目标,制度变迁的过程仍然显示出在宅基地的保障属性和财产属性之间对于前者的偏重,这在一定程度上忽视了经济发展不平衡所形成的地区差异,窒碍了农村宅基地制度的发展。"[①]但是,若以强制性的制度变迁来激发集体和农民对宅基地财产性利用和变现的能力,可能会带来更多的宅基地治理难题。关于宅基地制度改革路径和方向,在理论和实践中曾进行过激烈的讨论,笔者经提炼整合之后将其总结为以下两种不同的观点。

---

① 高圣平.农村宅基地制度:从管制、赋权到盘活[J].农业经济问题,2019(01):62.

（一）探索宅基地制度市场化改革方向

宅基地制度的市场化改革，顾名思义就是坚持市场配置取向，通过完善宅基地使用权的权能和交易机制，达到提高宅基地利用效率的制度目的。随着我国市场化改革的深入发展，现行宅基地制度与经济制度的市场化改革方向出现不能匹配和兼容的问题。"宅基地的非商品化、非资本化和非市场化，是造成当前市场发展中农民财产利益损失的一个重要因素。"[①]这是因为，在农民房屋所有权已经获得完全承认的制度前提下，如果对宅基地使用权的流转进行限制，实际上是剥夺了农民房屋所有权及其内在财产权益实现的可能，农民无法根据其完整的房屋所有权进行收益和处分。这种财产转化可能性被束缚的制度现状，不仅有违市场竞争的公平理念，而且容易造成农民利益剥夺和受损的结果。想要打通宅基地对农民财产利益实现的关键环节，可以考虑将宅基地作为重要的生产要素纳入市场体系，建立农村宅基地流转和交易的市场机制。为此，有学者认为，应当"允许城市非农业人口取得农村宅基地，允许农民集体和农民个人向城市非农业人口出让或转让宅基地使用权，在全面开放农村宅基地市场的基础上参照传统地上权制度对农村宅基地交易作出全面、系统的规定"[②]。

当然，绝对的市场化也并非促进农村宅基地财产功能实现和农民财产收入增长的灵丹妙药，反而可能会催生更为复杂的新型市场化难题。鉴于宅基地制度特殊的历史渊源和现实的制度功能，相当多的学者实际上坚持的仍然是有限市场化的改革观点。"农村宅基地使用权有限市场化流转改革作为一种制度调整和完善，必然引起农村利益关系调整，导致不同群体之间的利益冲突，影响改革的成效，同时也会为改革措施的完善提供依据。"[③]还有学者从兼顾宅基地固有的社会保障功能出发，对宅基地制度市场化改革可能波及的农村社会保障问题进行了制度推演。"改革农村宅基地制度，实现其财产价值，必然会弱化宅基地生存保障功能，这就要求要完善我国农村社会保障制度。"[④]只有同步完善农村社会保障制度，才能

---

① 韩康,肖钢.积极探索建立有中国特色的农村宅基地市场——启动农村宅基地市场化改革研究[J].理论前沿,2008(13):8.
② 李开国.关于农村宅基地市场化问题的思考——以巴马县波月村宅基地交易为视角[C]//中国不动产法研究(第6卷),北京:法律出版社,2011:119.
③ 崔江红.农村宅基地使用权有限市场化流转改革研究——从利益相关群体利益冲突治理的视角[J].云南社会科学,2017(05):95.
④ 王晓锦.基于地权保护的宅基地市场化改革进路[J].社会科学家,2017(07):61.

在包括宅基地在内的农村土地制度市场化改革浪潮中保持农村社会的稳定和发展，不至于因为剧烈的发展进程而造成既有的利益关系格局发生巨大震荡，从而诱发各种矛盾和冲突。为此，宅基地制度改革应当坚持有限市场化的策略，在制度安排中融入农民的各种社会权益要素，最大限度地稳定农村社会。只有社会公共产品的供给能力日渐增强，农村社会的基础性保障才能获得有力的制度支持，宅基地使用权的社会保障功能也将获得最大限度的解绑，从而承载更多财产性权能实现的要求。

（二）坚守宅基地居住保障功能的底线

宅基地作为历史上我国农民拥有的最后一类私有土地，随着社会主义改造完成，其最终转化成为农村集体所有的土地，并被视为承载着农村社会稳定的基础性屏障。制定农民基于身份可以无偿获得宅基地使用权的政策的初衷就是保障农民的居住权，进而实现"居者有其屋"和维持农村社会稳定的制度目标。但是，随着我国市场经济改革的深入发展，宅基地的居住保障功能逐渐减弱，资产资本功能不断显化和增强。在此基础上，传统的宅基地制度和宅基地功能发展之间逐渐产生冲突，使得宅基地功能面临革新的要求。宅基地的居住和社会保障功能不断弱化的同时，其财产性功能不断增强，显现出强烈的资产属性。[1]究其原因，固然与市场经济发展背景有关，但更多的是受到诸多客观因素的驱动。

一是城市建设和工业发展的土地需求扩张与供给矛盾，客观上提升了宅基地的财产价值。这一点在经济发达地区表现得尤其明显。当前面临的现实情况表现为两个方面：一方面，是城市建设用地需求巨大的缺口不能得到有效填补；另一方面，是耕地保护的制度红线限制了城镇建设用地的增量发展，城市土地市场价格不断攀升，远超农村土地市场价格。价格悬殊的结果，直接催生了大量的宅基地"隐形"利用现象，出租、合作建房或建设"小产权房"转让等乱象丛生，客观上也让农民从中分得了一份宅基地市场化、财产化的增值收益。

二是农村环境显著改善的现实驱动城市居民下乡的同时为宅基地财产功能实现带来了现实可行性。近些年来，国家加大了对农村基础设施和产业扶持等方

---

[1] 张克俊,付宗平.基于功能变迁的宅基地制度改革探索[J].社会科学研究,2017(06):49.

面的投入,农村产业化发展、新农村建设、基础设施改造和环境污染治理等方面取得显著成绩。农村交通出行、购物消费和人居环境得到很大改善,越来越多的城市居民愿意到农村来居住、旅游。这一现实客观上推动了农村宅基地利用需求的多元化发展,催生了"小产权房""合作建房"等具体的宅基地利用形式。但现实中的利用乱象也引起了决策者的关注,为此提出农村必须稳、农村不能乱的要求。特别是在农民的非农就业缺乏稳定性的背景下,必须坚持宅基地居住保障的底线性功能,"通过多种路径促进政策工具的优化组合和创造性使用,稳固宅基地的居住保障功能,显化宅基地的资产资本功能,从而有效保障宅基地功能的充分发挥"[1]。只有坚守宅基地的居住保障功能,才能为农民提供坚实的后盾。从而避免农村土地资源无序流转,最后沦为少数社会群体的特权资源。

　　回顾我国宅基地制度改革历史,可以得出的结论是:不论我国宅基地制度最终做出何种变革,其中内含的农民居住权利保障和财产权益实现这两个维度的制度目标不会发生改变,但其价值位序和优先适用上的具体要求会随着经济和社会的变革而转变。其中,最为显著的转变发生在2015年,中央加紧部署农村"三块地"制度改革,特别是以2019年修订的《土地管理法》为标志,很多地方的改革实践陆续被确认和上升为国家的法律制度。在乡村战略实施背景下,宅基地"三权分置"改革进入新的发展阶段。宅基地"三权分置"至少应当实现三个方面的功能和目标:一是为农村产业发展和布局提供土地供给支持,通过完善宅基地和农村建设用地的转化机制,提高农村建设用地的综合利用和转化效率;二是充分发挥宅基地的居住保障基础功能,做好农村宅基地的综合规划和利用工作,建设美丽宜居乡村,改善农民人居环境,不断提升居住保障水平;三是完善宅基地权利的市场化机制,让农民依托宅基地权利得以参与土地财产收益的分配,增加农民的财产性收入,从根本上提升农民的经济和社会地位。

---

[1] 张军涛,张世政.农民特性、政策工具与宅基地功能——基于江西余江宅基地制度改革的分析[J].农村经济,2019(05):36.

第二节 宅基地"三权分置"政策的意蕴解读

尽管从权利体系和构成的角度看,从"两权分离"到"三权分置"仅仅是在原有的宅基地所有权和使用权基础上额外增加了宅基地资格权,但是权利类型的增加带来的却是内在法权逻辑的复杂化和层次化。在城乡统筹发展过程中,"三权分置"有利于解除城乡互通发展之间的隔阂和障碍,进一步释放农村和农业发展的活力。同时,也要看到"三权分置"的政策表述本身突破了现行法律规则,和既有的物权理论也存在着一定的冲突。要推动该项改革措施的法治化,只有从法理基础层面展开探讨,理顺其中盘根错节的政策和法律关联,才能最终确定其法治化建构的法权逻辑和基本要素。

一、宅基地"三权分置"政策文本的阐释

宅基地"三权分置"改革政策最早可以追溯到浙江省义乌市的宅基地"三权分置"改革试点。义乌市的改革创造性地提出了"资格权"概念,并率先提出宅基地在跨集体经济组织转让中实行"所有权、资格权和使用权相分离"。这一权利运行架构拓展了宅基地使用权和农民房屋的财产化与市场化盘活利用空间。2018年"中央一号文件"正式确认了宅基地"三权分置"改革政策,并将其表述为"探索宅基地所有权、资格权、使用权'三权分置',落实宅基地集体所有权,保障宅基地农户资格权和农民房屋财产权,适度放活宅基地和农民房屋使用权"。该表述构成了宅基地"三权分置"最为权威的政策表达。所谓的"三权分置"指的就是所有权、资格权和使用权"三权"的分置和并行。

(一)落实宅基地集体所有权

我国2019年修正的《土地管理法》明确规定:"农村和城市郊区的土地,除由法律规定属于国家所有的以外,属于农民集体所有;宅基地和自留地、自留山,属于

农民集体所有。"在我国农村土地归集体所有的权利架构下,农村宅基地纳入集体所有,由集体经济组织代表行使所有权。农民集体作为宅基地的所有者,对宅基地享有最为完整的权能,包含占有、使用、收益和处置等权能内容。落实宅基地集体所有权,是指农村集体经济组织对宅基地的分配、使用、退出等环节加强民主管理,有力贯彻其集体所有权的权能内容,从而避免集体所有权的虚置。落实宅基地集体所有权主要体现在以下四个方面:一是明确集体经济组织对村庄用地的规划利用权。二是适度强化集体经济组织对违法建设、超标建设和长期闲置宅基地的行为予以及时纠正,并且赋予其有条件调整和收回的权能。三是集体经济组织宅基地使用权流转、征收时应当充分发挥和行使协商民主和监督决策执行的作用。四是应当明确集体经济组织在宅基地使用权转让时,有权按照事先确定的分配方案和一定比例分配流转收益,而且在征地补偿时作为所有权主体参与收益分配,维护土地所有者的合法权益。

(二)保障宅基地农户资格权和农民房屋财产权

农民的宅基地资格权和房屋财产权在性质上并非同一类型,前者并非严格意义上的私权,而更多体现的是公法色彩。而农民房屋财产权,则是以农民自建房屋为标的物,农民对其房屋所享有的所有权。由于这种权利只有依托于宅基地使用权和资格权方能产生和行使,因而其不可能像城市商品房所有权那样自由流转。保障宅基地农户资格权和农民房屋财产权,是指"既要保障农户的宅基地分配取得权益,实现户有所居,又要保障农户利用农房和宅基地获取财产性收益的权利,这与中央近年来既强调户有所居又要求赋予农民宅基地使用权更多财产功能的改革方向契合"[①]。从政策文义表述来看,虽然对这两类权利所采取的措施都使用了"保障"二字,但保障的目的和手段仍然存在差异。

一方面,是保障农民对宅基地的资格权。首先,要厘清宅基地资格权与资格、成员权之间的区别。所谓宅基地资格权,是指农民为了获得宅基地使用权用于自建房屋,而向集体经济组织提出申请宅基地的资格权利。简言之,就是宅基地分配取得的资格权利。此种定义既符合"资格权"的文义,又有利于宅基地"三权分

---

① 宋志红.宅基地资格权:内涵、实践探索与制度构建[J].法学评论,2021,39(01):80.

置"政策意蕴和权利体系的厘清。[1]所谓资格,是指为了获得某种特殊权利而需要满足的先决条件,比如:年龄、学历、履历等。资格只是取得资格权的前提,二者并非同一概念,而且资格作为先决条件,其本身并不能涵盖在其后产生的资格权的内容,比如:股东资格就不包含股权内容,对股东资格的侵害也不能等同于对股权内容的侵害。其次,应注意到申请宅基地的资格应该以集体经济组织成员身份作为申请者的资格条件。也就是说,拥有成员身份并享有成员权是取得宅基地的资格。我国《民法典》摒弃了"社团法人"的传统理论,总则中并未对传统成员权的概念和内涵要素做出相应的规定,但这并不意味着成员权规则就是残缺甚至不存在的。事实上,"成员权有两种表述方式,一是在分则中的表述,如《民法典》物权编中涉及集体经济组织成员的表述以及业主的建筑物区分所有权,公司法中股东权利的表述;二是总则中就法人成员权的总体表述"[2]。而且农村集体经济组织在我国《民法典》体系中被规定为特别法人,说明其依旧脱离不了成员权而独立存在。此处所称的成员权,是作为农村集体经济组织成员享有的特定权利,其中就包括宅基地的资格权。二者之间在内容上虽然有所重合,但是仍旧不能将其等同对待。最后,还要充分认识到宅基地资格权兼有身份和财产权利的双重性质,其与成员权也不能等同。宅基地"三权分置"政策的重大突破,是直接改变了原有的宅基地"所有权+使用权"的"两权分离"权利结构,从中分置出资格权这一全新的权利类型。尽管从语义上应当区分资格、资格权和成员权,但是,资格权的提法并非现行法律中有据可循的术语概念,而是政策文本和学说理论中的一种表达范式。理论界对资格权的概念、权能、功能和实现途径等问题还存在不少争议。尽管资格权的概念在政策和法律上存在差异性,并导致混淆使用,但并不影响其在实践中形成制度共识。一些试点地区(如:余江、晋江)在改革中曾尝试将资格权的对象范围予以扩大:对于不属于本集体经济组织成员但是为本村做出重大贡献或重大投资的申请人,也可赋予其宅基地申请的资格权。尽管这种做法从根本上突破了传统宅基地制度的功能和申请分配资格属性的范畴,但是出于农村长远发展利益的整体考虑,仍有必要在正式的制度规范中表明态度。

另一方面,是保障农民房屋财产权。农民房屋财产权同样也是政策中所提到

---

[1] 宋志红.宅基地资格权:内涵、实践探索与制度构建[J].法学评论,2021,39(01):80.
[2] 江平,木拉提.中国民法典集体所有权的理解与适用[J].政法论坛,2021,39(02):3.

的需要保障的权利。农民通过合法途径申请取得了宅基地使用权,就有权在宅基地上修建自住房屋,并对自建房屋享有完整的财产权利。农民房屋财产权是与宅基地制度改革同步产生的一项新型权利,作为一个单独的权利概念,最早是出现在2013年11月12日党的十八届三中全会通过的《中共中央关于全面深化改革若干重大问题的决定》之中。尽管按照以往的实践认知,农民似乎对其房屋理所当然地享有某种权利,但却无法通过既有的法律概念来予以准确表达,更多时候是使用物权法中的不动产概念来进行概括。但是,农民房屋不同于城市房屋,两种房屋依托的土地使用权性质并不相同。而且在房屋存在的物理形态上,农民房屋更多的是独门独户结构,其对宅基地使用权的独占性也不是城市房屋对国有土地使用权的共享性所能相提并论的。但是,农民房屋财产权的实现却不如城市房屋所有权那样顺畅。这是因为,"农民住房财产权由宅基地使用权和农村房屋所有权集合而成。因此,农民住房财产权的属性,与农村房屋所有权和宅基地使用权的属性息息相关"[①]。受限于房地一体主义,农民对宅基地不可能享有完全的处分权,只有基于居住目的利用宅基地的权利,这种权利的用途和范围被严格限制在法律的框架之内。在此限制条件下,农民房屋作为农民最重要的财产,无法从日益频繁的经济活动中获得财产性收入,这无疑是一种资源浪费。

(三)适度放活宅基地和农民房屋使用权

从"三权分置"改革政策的字面表达来看,实行宅基地"三权分置"改革,核心在于"适度放活"宅基地使用权和农民房屋所有权。其中的权利实现指向非常明确,就是要创新并丰富盘活闲置宅基地和农民房屋的具体途径和方式,使得农民得以通过更加多元和通畅的渠道参与到闲置宅基地的治理和盘活行动之中,并从中获得更多的财产性收益。但是,当前宅基地"三权分置"政策仍停留在改革设想层面,其法律内涵尚未得到明确界定。法律是执政者意志集中化和规范化的呈现,对社会主体行为和权利实现效果起到规范和指引的作用。而如何真正领会和把握政策制定者的意图,是"三权分置"法治化实现路径的前提和基础。围绕农民权益实现展开的制度化建构,需要从政策出台的社会经济背景和历史文化传统入

[①] 陶钟太朗,杨环.农民住房财产权论析——寻找政策与法律的契合[J].内蒙古社会科学(汉文版),2016,37(03):98.

手,这是我们理解宅基地"三权分置"政策的基础性和前提性共识。"宅基地权利欲通过多元化路径实现其市场价值,就必须引入更加积极的市场化机制,而适度放活宅基地使用权流转,才能更好地发掘其对农民财产权益实现的效能。"[①]作为宅基地"三权分置"的核心政策内容,适度放活宅基地和农民房屋使用权将是激活农村沉睡土地资产的有力抓手。其中,前提基础就是科学合理地界定宅基地使用权的内涵和权能配置,而实现路径是放活的具体方式,制度保障则体现在法律和政策内的"适度"要求的贯彻和执行。

一方面,对宅基地使用权的内涵和权能的试点探索进行确认。在研究新的"宅基地使用权"概念之时应当注意到这一概念的历史渊源和现实转变的需求,特别是对于改革试点经验的全面观照。不能采取一刀切的方式对概念做出片面的解读,否则就会违背这一制度设计的初衷。各地的试点改革实践,从政策理论和制度建构两方面围绕着宅基地使用权的概念、内涵、权能、功能和放活使用权的具体实现形式等展开了探索。不论如何进行拓展,都不能脱离《民法典》和《土地管理法》对宅基地使用权所确定的用益物权的基本框架和内容。各地的差异性体现在对宅基地使用权实现方式、流转对象和流转范围等方面。多数学者认为,宅基地使用权是使用权人依法对宅基地享有占有、使用、收益和有限处分的权利,当前的制度改革就要对宅基地使用权进行权能改造,通过对其权能的实践扩充和法律赋予来铺设宅基地权利流转的通畅路径。

另一方面,从制度运行有效性的角度出发,应赋予宅基地流转和实现方式更多的灵活性。就目前各地的试点改革情况看,宅基地的流转或者实现方式,以出租为主,除此之外还表现为转让、抵押、入股、继承、置换、赠与等具体形式。首先,鉴于宅基地权利主体的局限性和居住功能的保障性,租赁成为盘活闲置宅基地和农房的最主要形式。以浙江义乌为例,农房出租比率在95%以上。而在具体的租赁行为中,租赁关系的主体成分和运转流程也较为复杂。既有集体经济组织收购后统一租赁的,也有市场化企业收购或收租后统一租赁的,还有农户自己出租经营的,更有通过与企业合作入股进行经营的。其次,就抵押形式而言,既有房屋抵押,也有房地一起抵押。虽然按照我国《民法典》物权编有关抵押权的规定,宅基

---

① 陈丹.宅基地"三权分置"下农民财产权益的实现路径[J].农村经济,2020(07):56.

地的使用权被规定为不得抵押的财产,但同时又规定了农民房屋是可以抵押的财产。①实际上,一些试点地区已经按照一体抵押的模式推动农房抵押,造成了宅基地使用权在事实上被抵押的现状,并且客观上为农民提高了经济效益。比如:福建晋江在对宅基地进行抵押价值评估时给予充分考虑,使得农民的贷款额度从原来的40%提高到60%,成为宅基地使用权权益实现方式的创新样例。当然,设定抵押的同时也要对农民居住现状进行摸底调研,对于仅有一处拟抵押宅基地和房屋的农户,建议其更换抵押物,以避免其万一不能按时清偿债务时可能面临房屋被司法处置以及无家可归的风险。最后,宅基地转让的实现形式日益多元化。一些地方已经开始尝试突破本集体经济组织成员之间的限制性规定,将流转受让人扩展到邻村村民甚至整个乡镇和县域范围内的其他农户。转让的内容既有有形的现成农房,也有宅基地申请指标或者地票标的的。转让程序上基本都设置了相对严格和规范的审核流程。比如:按照义乌市的规定,宅基地转让应以持有合法不动产权证为前提条件,不仅如此,还要保证人均自住面积在15平方米以上,宅基地使用年限最高为70年,农民集体作为所有者有权按照宅基地基准地价的20%收取土地所有权收益。此外,宅基地作价入股也是一些地方所采取的权益实现形式。有的地方实行的是农户就其腾退的宅基地使用权进行评估作价,采取入股、联营等方式与其他经营主体进行合作经营,有的地方则实行全村农户"以地入社按宅占股、以股分红"的收益分配机制。

二、宅基地"三权分置"的理论渊源

从现有政策表达来看,宅基地"三权分置"所蕴含的基础理论渊源主要体现了经济学和政策学的内容。

(一)"三权分置"与法经济学理论的融合

首先,"落实宅基地集体所有权"充分体现了作为经济行为基础的产权界定要

---

① 《民法典》第三百九十五条规定:"债务人或者第三人有权处分的下列财产可以抵押:(一)建筑物和其他土地附着物……"按照该规定,农民房屋作为农民自建用于居住的独立财产,享有完整的所有权,自然也包括对其设定抵押的权利。如果法律不能放开宅基地使用权禁止抵押的规定,那么,即便农民能够将其自建住房设定抵押,但是由于法律禁止宅基地使用权抵押,实质上造成了对房地一体流转原则适用的冲突现实。

求。产权概念是典型的经济学概念,同时也是法学概念,二者统一于制度表达和产权实现之中。可以追溯得到的人类历史上最早对产权做出界定的法律文献就是《罗马法》。其中认为:产权的基础,是对物的使用权、从物上获得收益的权利、对物的处置包括转让的权利,而作为完整意义上的产权就应当包括前述三项权利。现代意义上的产权概念则更多的是基于经济学特别是法经济学的角度来做出定义的。所谓"产权",就是指经济主体之间围绕着财产建立起来的经济权利关系。而且就现有的经济学文献来看,产权概念基本上仅限于指称经济性权利。既包括全部权能具有经济性质的权利(如土地收益权),也包括部分权能具有经济性质的权利(如宅基地使用权)。而使用产权概念指称农村的土地权利,很多时候包括一组经济性权利。产权理论中的"权能"对应的是物权制度中的占有、使用、处分和收益四项权利。只有划定所有经济活动的成本和收益边界,形成有体系的社会性的稳定预期和投资回报,才能激励整个社会的生产性投资,实现经济增长。因此,"落实宅基地集体所有权"政策所带来的产权界定效果主要体现在两个方面:一方面,对集体经济组织的村庄规划和使用权进行界定,为集体所有权行使划定基本框架;另一方面,确认集体经济组织对宅基地进行转让的收益范围和内容,增强集体经济组织对宅基地的再分配和再供给能力,以满足农民对于宅基地这一重要公共产品的需求。

其次,"保障宅基地农户资格权"体现了科斯定理的内容。在宅基地制度改革领域,科斯定理的运用主要存在于理性状态,即:假设财产权的界定是确定的,在交易成本为零或者很小的前提下,权利的初始配置无论做出何种分配和安排,通过市场调节所能达到的最终结果都是有效率的,均能达到资源配置的帕累托最优。如果交易是被允许而且成本不高的话,那么土地财产权的初始分配不会影响该土地的最终使用。[1]土地资源利用的帕累托最优,指的是假设某人在利用该土地且不影响周围土地利用和效益的情况下,提高了土地利用率和经济效益。科斯定理强调的是在协商成本为零的前提下,可以提高资源利用的有效性。"产权具有重要的行为预期功能,产权稳定和产权清晰同等重要。即使产权明晰,产权不稳定导致的预期不足必然会引发对资源的掠夺性使用。因此,节省交易成本的努力

---

[1] 波斯纳.法律的经济分析(第七版)[M].蒋兆康,译.2版.北京:法律出版社,2012:71.

显然不能过度依赖于产权主体及其权利边界的经常性调整。"[1]基于宅基地资源的极度稀缺性,存量宅基地的闲置现象较多,利用率偏低,资源浪费较为严重,更加需要对宅基地分配资格予以严格限定。农村宅基地的权利主体及其边界不能通过市场化手段进行任意性和经常性的调整。将宅基地的分配资格限制在一定范围特别是本集体经济组织内部,则可以满足协商成本为零的前提条件,并且能够有效保证集体经济组织内部成员均衡享有分配宅基地的资格权利。对于满足"一户一宅"配置要求且具有宅基地分配资格权的农户而言,对其现有的存量宅基地进行妥善处置后方可申请新的宅基地,退旧前提之下才能还新。这样既保障了宅基地使用权主体和分配资格的稳定性,又使得宅基地存量和增量较好地保持在平衡状态,避免无序使用行为导致耕地大面积侵占。

最后,"适度放活宅基地使用权"体现了负外部性理论的精髓。外部性一直是经济学的重要理论基础,具体是指微观经济活动中某一主体所从事的经济活动对另一主体的福利所产生的影响。或许这种影响效应并未通过具体的市场交易过程予以反映,但却会在整个经济运行体系中获得最终反映。而根据该影响效应的性质(积极的或消极的),可进一步分为正外部性和负外部性。我国土地政策长期融入了对城镇化和工业化发展需求的考量,土地资源利用面临城乡公共产品供给不平衡、生产要素流动不自由等负外部性因素,政府在处理城镇与农村的关系时,极易产生对某一方面的单向政策偏好。[2]当然,"土地利用过程中不可避免地会产生外部性,但这种效应不能够通过市场反映出来,会降低土地资源的有效配置。土地利用外部性产生的机制是由于土地相对于其他资源无可比拟的特性所决定的"[3]。而放置在宅基地利用等系列经济活动中来看,此处的外部性就是指在宅基地利用过程中对他人的利益或者价值造成的影响。宅基地作为集体所有的土地资源,具有公共属性,可归入公共资源的范畴。由于市场机制的失灵,宅基地的过度利用和开发行为可能会造成"公地悲剧",比如宅基地闲置、"一户多宅"等现象就充分证明了这种公共资源并未发挥其应有的市场效用,从而造成整体性的社会

---

[1] 罗必良.科斯定理:反思与拓展——兼论中国农地流转制度改革与选择[J].经济研究,2017,52(11):181.
[2] 孟繁瑜,李呈.中国城镇化与新农村建设协调统一发展研究——国家土地政策的负外部性路径依赖分析与破解[J].中国软科学,2015(05):3.
[3] 刘湘洪,徐艳晴.土地利用的外部性及政府对策研究[J].湖北社会科学,2010(12):33.

资源浪费和效率低下。过去我们为了保护农民利益,在农村宅基地制度设计上采用"两权分离"的结构安排,更多的是强调宅基地对农民的居住权益和社会保障功能。在"三权分置"改革政策背景下,宅基地使用权作为农民享有的财产权,融入了农民对财产收入增长和美好生活的更大期待,已经不能将其简单归入生存权范畴,而是要更多地赋予其发展权的内容。但是"两权分离"的宅基地制度最终却异化为农民土地财产权益实现的最大障碍,造成农民的私人边际收益与社会边际成本发生了较大的背离。比如:针对现实中普遍存在的宅基地复垦指标弄虚作假问题,就有学者提出,应将指标和都市区域内的土地发展权转移相结合,"指标只约束区域内土地发展权转移导致的净(耕地或建设用地)变化量,而城乡挂钩在空间上的执行则由行政手段、商业合约和法律同时加以监督"[1]。另外,"适度放活宅基地使用权"还有助于提升农村宅基地产权在市场流转的活跃度,同时通过"适度"的前提性和规范性约束,达到将制度运行的负外部性内部化的实际效果。

(二)宅基地"三权分置"法政策学理论整合

法政策学研究的是公共政策与法学之间的关系问题。法治的核心要义在于依法而治。亚里士多德曾有言:"法治应包含两重意义:已成立的法律获得普遍的服从,而大家所服从的法律又应该本身是制订得良好的法律。"[2]"法政策学的根本目的是通过观察、分析和反思从公共政策到法的转变过程,为良好的法律制度设计提供规律、准则和思考方法。"[3]为确保立法内容的正当性以及法律制度与经济社会的交互性、连贯性,需要充分借助经济学、政治学、社会学以及相关学科理论来对改革政策的法治化进行相应的加工和塑造。"既然法律制度是为了达成一定的目的而设计出来的,那么法政策学中的目的—手段的思考模式必然要发挥重要的作用。"[4]宅基地制度改革对法律的政策指引效果体现在立法和司法两个层面。首先,是立法层面的法政策效果。宅基地"三权分置"作为国家针对宅基地制度提出的改革要求,尚未通过立法程序上升为正式的国家法律,故而在对宅基地"三权

---

[1] 邓锋.城乡土地利用中的外部性与土地发展权转移[J].城市问题,2010(12):59.
[2] 亚里士多德.政治学[M].吴寿彭,译.北京:商务印书馆,2006:199.
[3] 鲁鹏宇.法政策学初探——以行政法为参照系[J].法商研究,2012,29(04):114.
[4] 解亘.法政策学——有关制度设计的学问[J].环球法律评论,2005(02):193.

分置"政策进行讨论时仍需用到政策学的相关理论。而做好政策学与法学之间的理论协调工作,有助于提升该项改革政策的转化实效。其次,是司法层面的法政策适用。我国学术界普遍认识到,法院的司法实践中对于政策规范所确定的规则是不能作为裁判依据而直接援引的。但是,鉴于国家正式政策所产生的规范效果,对于法院的裁判行为和社会主体的利益选择又确实产生了实实在在的影响。[1]比如,此前我国法院普遍禁止城镇居民购买农村的宅基地,[2]学术界认为法院的裁判与《最高人民法院关于适用〈中华人民共和国合同法〉若干问题的解释(一)》第四条规定相违背。有学者对此进行统计,"法院判定有效的案例仅为157个,占总数的14.2%,判定无效的案例有938个,占总数的84.7%"[3]。

(三)宅基地"三权分置"的法社会学理论

从社会结构演变的角度看,宅基地"三权分置"生发于乡村振兴战略实施背景之下,本质上是基于城乡二元结构的解构,亟须重构新的经济和社会结构的要求的现实体现。农村社会的基础在于广大农民及农村基层社会组织。在法治社会建设的时代背景下,要处理好农村社会主体之间的社会关系,使其在法律框架内良性互动和协调运行。而法治社会建构的基础在于公民基本权利是否得到更加有力的保障,社会的法治化和规范化治理水平是否得到全面提高,农民的主体性地位是否得到尊重和保障。

所谓"城乡社会同构",是指在城乡之间,在社会结构、政策制定和规则运行等方面突破传统的异质性障碍,真正实现法律、政策、制度等的供给以及资源配置方式、公共服务水平的无差别状态,从而实现市民和农民之间在权利享有和行使上的平等状态,消除二者之间的差别性和歧视性社会规则,缩小城乡权利主体之间的经济差异。所谓"同构",在不同的学术领域有不同的解读。在管理学中,其往往指称组织结构的相同性或者重复性。而在法律和社会学领域,其被分为静态和动态两种不同状态,静态意义的同构性指的是统一规定或者共同规则;动态意义

---

[1] 张友连.最高人民法院公共政策创制功能研究[M].北京:法律出版社,2010:3.
[2] 按照《最高人民法院关于适用〈中华人民共和国合同法〉若干问题的解释(一)》(法释〔1999〕19号)第四条规定:"合同法实施以后,人民法院确认合同无效,应当以全国人大及其常委会制定的法律和国务院制定的行政法规为依据,不得以地方性法规、行政规章为依据。"
[3] 刘国栋.中国法院执行宅基地政策研究[D].长春:吉林大学,2019:21.

的同构性则是统一规则构建统一体系的过程。①城乡社会同构首先是权利保护的平等化,其核心任务是实现农民和市民权利的一体保护和无差别对待。而对宅基地制度改革来说,最为现实的一个问题就是农村宅基地和农民房屋的市场价值与城市居民房屋的市场价值存在着巨大的差距。这种差距更是影响到农民的财产权益实现,不仅如此,甚至还在某种程度上限制了农民的自由权和发展权。这是宅基地"三权分置"改革首先需要解决的社会性难题。

(四)"三权分置"改革中蕴含的人权理论

作为人权的基本范畴,生存权和发展权通常被认为是构成人权的两大基本权利类型。按照我国宅基地制度设计的初衷,特别是在宅基地"两权分离"格局之下,宅基地使用权仅限于农民自建房屋及其附属物的占地使用的权利,是基于居住保障功能而做出的制度安排,被赋予了更加浓厚的生存权的属性。但随着城乡二元结构的逐步破局和农村现代化发展,在农民生存权得到充分保障的前提下,发展权的配置和实现的需求日渐高涨。

首先,宅基地"三权分置"中生存权和发展权的保障是农村社会稳定的现实需求。宅基地"三权分置"改革有着广泛而坚实的社会基础。传统城乡二元体制下的城市和农村呈现出的差异性以及不均衡、不协调的发展现实,促使改革决策者将目光聚焦在农村最为核心的"三农"问题上。农民的利益在现行法律制度中不能获得有力度和有效率的保障与救济,容易诱发各种社会矛盾和纠纷。伴随着经济社会体制发展和转型升级,农村群体性事件的特点集中表现为四点:纠纷类型趋于广泛性,暴力性和破坏性增强;具有明显的利益性,而非政治性;参与人数众多,具有情绪性;组织性程度增强,处理难度加大。②

其次,宅基地"三权分置"的权利配置融贯着农民生存权和发展权的诉求内容。"在城乡二元结构下,我国形成了城市市民对教育、医疗、就业、社会保障等公共物品的垄断,造成农民无法平等享有城市市民所享有的经济、政治、社会和文化权利,从而导致了农民群体的权利贫困。"③这种权利配置现状不仅造成社会不公

---

① 张策华.全球化进程中法律文化的同构与异质[M].徐州:中国矿业大学出版社,2005:95-99.
② 梅祥,时显群.新时期我国农村群体性事件的特点、原因及对策[J].中国行政管理,2010(06):76-79.
③ 张等文,陈佳.城乡二元结构下农民的权利贫困及其救济策略[J].东北师大学报(哲学社会科学版),2014(03):47.

平的现实,更是社会割裂的重要诱因。就过去的城镇化进程来看,"一些地方政府基于土地财政的考虑,剥夺农民的选择权,逼迫农民搬迁进集中建设的楼房,这就间接剥夺了农民的宅基地使用权"[①]。放在今天宅基地制度改革背景下,这就是典型的侵害农民生存权和发展权的行为。要想解决农民的权利贫困问题,就要维护好农民的权利和利益。在我国《宪法》语境下,生存权和发展权作为人权的基本范畴,被转化为公民的基本权利(如:私有财产权、劳动就业权、社会保障权等)载入主要的宪法条文中。就宅基地对于农民生存权和发展权的保障意义而言,其担负着农民在居住方面的最低生活限度保障任务,已经成为维护农民生存的最基础的保底权利;而且宅基地集约利用行为及其作为可量化的财产存在,更是体现出保障农民经济权利的发展权的主旨。[②]

最后,宅基地"三权分置"所分置出的使用权更多体现了农民发展权实现的内容。从宅基地使用权内容和权能来看,其作为农民享有的财产权利,在"三权分置"改革背景下还隐含着由此突围并赋予农民更多财产权利的政策意涵,从这个意义上讲,宅基地使用权更应当体现出农民发展权的内容。为了满足和实现这一发展权的内容要求,宅基地"三权分置"政策充分展现出三方面的制度优势:第一,能够极大地激活宅基地的用益物权,达到为农民增加财产收入的目标。"三权分置"意味着对这种权利进行分置和分配,可以让农民拥有对其宅基地进行自愿占有和有偿转让的权利,最起码可以通过自愿有偿的方式向本集体经济组织内部成员进行转让。同时,在农民急需资金的情况下,还可以对宅基地之上建造的自住房屋进行抵押,既显化了农民的财产权利,又能为其增加财产收入。第二,"三权分置"还能对农村土地资源的优化配置发挥出更好的促进作用。农村建设和发展需要大量的建设用地,在实行最为严格的耕地保护制度前提下,农村建设用地特别是经营性建设用地来源被管控得非常严格,某些发展需求较大的城郊农村对建设用地的需求甚至不亚于邻近的城市。宅基地作为农村建设用地的一种类型,农户自愿有偿退出并将其交还集体经济组织用作经营性建设用地,因为并没有改变土地用途,也就不会触碰到土地用途管制的红线。这种行为既可以帮助农户获得一笔不菲的价值补偿,满足其财产增收的发展权实现需求,又能缓解集体建设用

---

① 周叶中.论人权发展与新型城镇化的相互促进[J].人权,2014(01):24—27.
② 刘兆军.人权理念下的农民土地权利保护[J].中国土地科学,2010,24(07):20.

地紧张的局面,进一步消除制约农村长期发展的土地供给问题,在农户个体和集体组织利益之间实现了双赢。对于农村土地资源利用而言,宅基地退出和置换后转化为经营性建设用地,使用的仍然是存量建设用地,避免了耕地资源的占用和浪费。第三,宅基地"三权分置"改革政策的立法转化,可以更加有效地巩固新"三权"结构的稳定性。相比国家正式的法律规范,政策通常具有短期性和不确定性,农民的宅基地权利实现难免会遭遇各种利益冲突和法律纠纷。如果不能在现有的法律制度中获得较为确定的预期,那么农民的权利实现就有可能难以获得长期稳定的制度保障。厘清"三权分置"中的"三权"权能边界与关系,在巩固集体所有权和农民使用权、房屋所有权的基础上,进一步增强宅基地流转实践中的实际利用和占有权益保护,可以为各方提供稳定的利益预期,吸引更多主体下乡投资农业、建设农村,最终实现农民财产收入增长和农村的可持续发展。

第三节 宅基地"三权分置"中"三权"的法治内涵

如前所述,宅基地"三权分置"政策表达中所使用的集体所有权、农户资格权、农民房屋财产权、宅基地使用权以及农民房屋使用权等概念,既沿袭了既有的立法术语,又使用了近些年农村土地制度改革中的习惯用语。但是这些概念并非现行法中的规范用语,政策表达要转化为法律术语还需要经过一番理论整合和系统建构。对宅基地"三权分置"的政策内涵做出法律解读,就是要将其放置在现有的法律和理论话语体系中展开法治转化,并通过体系化的制度建构和规范布局,确保"三权分置"的法治内涵得到有效贯彻。

一、宅基地所有权的基础地位

2018年"中央一号文件"提出的"三权分置"政策术语,其所要"分置"的"三权"具体指的就是:宅基地所有权、宅基地资格权和宅基地使用权。严格意义上来说,"三权"也并非法律术语,其内含的权利内容是什么以及制度边界在哪里等系列问题,仍然有待进一步厘清和界定。对宅基地所有权的基础地位进行阐释,可以有效界定"三权分置"中的所有权及其内在关联性。

(一)宅基地所有权的宪法意义

财产所有权体现的是财产的归属关系,放置在基本经济制度领域就是生产资料的所有制。按照我国现行《宪法》规定:"农村和城市郊区的土地,除由法律规定属于国家所有的以外,属于集体所有;宅基地和自留地、自留山,也属于集体所有。"意指包括宅基地在内的所有农村土地除法律另有规定之外,其所有权均由农民集体享有。宅基地"三权分置"改革政策的出台正是体现了时代发展需要和现代政治经济体制对宪法秩序的制度贯彻要求,"三权分置"下的宅基地所有权表达的仍然是宪法意义上的所有制内涵。结合前面讨论的宅基地制度历史发展来看,从"两权分离"到如今的"三权分置"均未改变集体土地所有的性质。宅基地"三权分置"的实质就是宅基地使用权的二次分离,这与农用地"三权分置"的改革理论相似,是农民集体从土地所有权之中分离出作为用益物权的宅基地使用权,再将其让渡给农民,农民作为用益物权的权利主体,再次从宅基地使用权中分离出"子权利",并将其让渡给其他社会主体,其他社会主体取得宅基地使用权。[1]主要的分歧在于这些"子权利"的性质和内容的法治化确认路径如何设计以及权利边界如何划定,特别是具有创新性的资格权属性和内容如何在现行立法制度中加以厘清,这些均需要充分的理论讨论和实践推行来加以验证。

(二)宅基地所有权的解释路径

在我国长期的宅基地制度实践中,农村集体经济组织成员拥有成员资格以及长期居住的需求,需要赋予其一种长期的使用权。有学者认为这种使用权的属性不能用用益物权来解释,因为在大陆法系中,用益物权制度的设计并没有考虑到权利人的成员资格属性以及权利社会保障功能,而应用"总有"理论阐释宅基地所有权。[2]而总有理论对宅基地所有权的阐释主要存在三种观点:一是高度相似说。该说认为我国农村土地集体所有的性质与总有性质的所有权的内容具有高度相

---

[1] 苏艳英.三权分置下农地权利体系构建研究[M].北京:知识产权出版社,2019:138.
[2] 孙建伟.宅基地"三权分置"中资格权、使用权定性辨析——兼与席志国副教授商榷[J].政治与法律,2019(01):127.

似性,所有权之间会因为生活条件产生相同或相似的作用。二是形式上总有说。该说认为农村宅基地所有权在法律上是归于农民集体所有,但其土地处分权、定价权归政府所有,政府还可依据法律规定征收农村宅基地,农民集体也不能将宅基地随意处置。换句话说,农村宅基地的"总有"关系只存在于法律形式上,其并非完全自由的所有权。三是持份权总有说。该说是以改革开放以来的宅基地所有权制度为节点,认为在市场经济的作用下,集体所有权与使用权基于契约化制度事实的规制,持份权总有的特点越发突出。也有学者提出了不同的看法,认为高度相似说只注意到了我国集体土地制度与总有理论之间的联系,没有看到我国集体土地制度在总有理论上的特殊性。形式上总有说虽然注意到了这些内容,却没有对我国集体土地总有内容进行有效的分析。持份权总有说关注到了改革开放以来我国集体土地呈现出个体农户使用和利用土地的发展趋势,但并未回答持份权总有是总有的一种形式还是对总有的背离。结合我国宅基地制度所处的不同时代背景和制度环境,可以发现宅基地私有权的总有关系有其独特的复杂性。这是因为,我国宅基地所有权制度受到政府制约,集体经济组织缺乏对宅基地自由的处分权利,而总有关系下农村集体组织成员与集体之间的伙伴关系并未得到确立,导致我国集体土地所有权与成员权并不能完全有效行使。

二、宅基地资格权的法理构造

宅基地资格权的首次出现是在浙江省义乌市的地方性改革文件中。2015年4月浙江省义乌市发布的《关于推进宅基地试点改革工作中的意见》中提出:在落实宅基地所有权和保障集体经济成员资格权的前提下,允许宅基地使用权通过合法方式有条件转让。经过2018年"中央一号文件"的确认,将其上升为全国性政策改革,并明确提出了"资格权"概念以及"三权分置"的改革要求。对于"资格权"本身,现行立法中也不存在现成的概念表达。按照法学一般原理,资格通常是指取得特定权利的前提条件,并无将"资格"本身设定为权利类型的立法先例。从词源意义来考察,"资格"的意思是指从事某种活动所应具备的条件、身份等,[1]或者是为某一权利而必须具备的先决条件。只有具备了这种先决条件,才可以行使某种

---

[1] 中国社会科学院语言研究所词典编辑室.现代汉语词典[M].6版.北京:商务印书馆,2012:1721.

权利或者获得某种利益。在一些需要政府特许才能从事的金融、能源等行业规范中,资格权意味着进入某类行业和市场的准入条件,不具备资格的主体就会被拦阻在门槛之外。

(一)宅基地资格权内含的法理精神

关于宅基地资格权的性质,可以从两方面来理解:一方面,宅基地资格权的获取并不意味着获得宅基地使用权,宅基地使用权的取得依赖于集体经济组织对本组织中所有的宅基地进行分配。一旦宅基地资格权人取得了宅基地使用权,其宅基地资格权即归于消灭,反过来,如果其对外转让了宅基地使用权,就不应当再享有宅基地资格权。另一方面,农民从中获得的权利既包括向集体经济组织申请分配宅基地的资格以及落实资格的权利,也包括在实际取得宅基地后对宅基地行使使用权可获得利益的财产权。但是,"资格权作为取得宅基地使用权的前提条件,与农民的集体经济组织成员身份如影随形,但它本身只是取得宅基地使用权的前提条件,其与宅基地使用权并非相伴而生的关系,前者也不是后者的组成部分"[1]。

而且就既有的法律文本而言,资格权的概念并未出现在我国现行立法中。我国《民法典》物权编以及《土地管理法》仅规定了宅基地所有权与宅基地使用权两种类型,并没有针对宅基地资格权的规范内容。在资格权尚未提出之前,理论界曾经提出了与资格权类似的概念。有的学者将宅基地"三权"分别表述为宅基地所有权、宅基地占有权以及宅基地使用权,宅基地占有权设置的目的在于维护农村社会稳定以及农民的居住权和财产权。[2]还有学者提出将"三权"分为所有权、居住权以及使用权,并将宅基地的居住属性划归出原本的使用权,以保障农民的居住权利。[3]尽管学者们新设权利名称各有不同,但其设定的新型权利表达的内涵与资格权内容基本保持一致,都是在坚持宅基地集体所有的前提下,意图促进宅基地使用权流转,将宅基地的居住属性从原先的宅基地使用权中予以剥离。加强宅基地使用权的财产属性的同时也要保障农民的居住权,不仅不能失去还要有所加强。2018年中央"一号文件"提出的宅基地"三权分置"正是蕴含了此种意义,

---

[1] 宋志红.宅基地"三权分置"的法律内涵和制度设计[J].法学评论,2018,36(04):149.
[2] 董祚继.以"三权分置"为农村宅基地改革突破口[J].中国乡村发现,2017(01):93-99.
[3] 欧阳觅剑."三权分置"原则也应运用于宅基地改革[N].21世纪经济报道,2014-11-28(004).

归根结底还是要落脚在农户资格权的保障上。

(二)宅基地资格权理论改造的合理化

宅基地资格权作为新兴权利,现行立法既未对其概念做出界定,也没有明确其法律属性。学者们关于宅基地资格权属性的解读存在着不同的版本。

一是成员权说。该说认为资格权是一种成员权,以成员资格为基础且具备身份属性。也就是说,拥有该集体成员的身份,即可在集体所有的宅基地中寻得应分配的宅基地。集体成员权是对具备成员资格的全体成员可期待利益的法制化,[①]宅基地资格权是取得宅基地使用权的前提条件。也有学者认为,"基于对盘活宅基地资源这一目的追求,如果允许宅基地使用权依法自由流转,则可以将宅基地资格权解释为集体成员要求集体分配宅基地并无偿使用的资格"[②]。此种观点将资格权纳入成员权的组成部分,视其为宅基地的取得资格权。笔者认为,不论是成员权还是取得资格权,都表达了对成员权的基础性的规范要求,二者并无本质上的差异,均可为成员权说所吸收。成员权说将宅基地的保障功能以及福利性集中设置在分配阶段,农民只要是集体经济组织成员,即可依据其成员权获得宅基地。而且成员权说将两权体系中的宅基地使用权的身份属性进行了剥离,打破了宅基地使用权只能在集体组织成员之间内部流转以及不得抵押的限制,解放了宅基地使用权的利用权限。可以说,成员权说最简便地呈现了宅基地使用权的财产属性,降低了社会主体对宅基地资格权、宅基地使用权内涵的理解难度,从而减少了交易结构的复杂性。但是,成员权说也有其弊端,因为其将获得宅基地分配的权利和使用的权利进行人为的分离,过多提高了宅基地市场配置效率的预期追求。原本获得了宅基地分配资格的主体,一旦对外转让了宅基地使用权,就不应当再享有宅基地分配的资格。[③]

二是次级使用权说。这种学说是将"三权分置"后的宅基地使用权设置为次级使用权,而将资格权理解为设置了次级使用权后的宅基地使用权。该学说认为将宅基地负载的福利性以及社会保障性贯彻于宅基地使用权的各个阶段,并未打

[①] 陈广华,罗亚文.乡村振兴背景下宅基地资格权研究[J].安徽大学学报(哲学社会科学版),2019,43(05):125.
[②] 李凤章,赵杰.农户宅基地资格权的规范分析[J].行政管理改革,2018(04):39.
[③] 宋志红.宅基地"三权分置"的法律内涵和制度设计[J].法学评论,2018,36(04):146.

破原先宅基地所有权与宅基地使用权的固有体系，宅基地使用权的身份性与财产性仍旧来自原来的两权体系。原先宅基地使用权的适用规范和法律仍适用于改革后的"三权"体系，这样才不会影响既有的宅基地使用权人的利益。为了贯彻宅基地"三权分置"的改革要求，应当将宅基地使用权中的次级使用权进行市场化利用，促成次级使用权的流转，实现对宅基地的市场化配置，提高宅基地的利用效率。"囿于物权法定原则，次级使用权不是一项物权，而应属于'债权型利用权'的范畴，但是并不妨碍在未来的立法中次级使用权被法定化为一项次级用益物权。在此种情况下，宅基地使用权的本权依然保留在农户手中，一旦次级使用权的期限届满或满足终止条件，宅基地使用权的行使限制自动消失，该权利恢复到圆满的状态。"①只有将资格权这种新型的权利法定为用益物权种类，才可助力宅基地使用权在既有的权利结构中获得可预期的价值实现效果。

三是剩余权说。该学说认为宅基地资格权是让渡一定期限的宅基地使用权，即宅基地资格权人在让渡宅基地使用权后对原有宅基地权利的剩余部分权利。"三权分置"改革的本质是在承认"三权"为物权的逻辑前提下对权利的依次分割，即以所有权为基础，将所有权中包含的权利逐渐剥离，在保留母权利的前提下对次级权利逐步释放其流转性。宅基地资格权的剩余权说认为在禁止宅基地使用权流转的前提下，可以让具有一定期限的次级用益物权进入市场流转，第三人获得次级用益物权后可以依据该权利内容进行建设或者居住。次级用益物权在一定期限届满后可以继续由宅基地原使用权人享有，而在次级用益物权被第三人行使期间，宅基地资格权为剥离次级用益物权后剩余的权利。这与承包权中的"三权分置"改革较为类似。如果说承包权"三权分置"改革中的承包权是从经营权中分离出来的物权，而并非取得承包地的资格权，那么，对于宅基地"三权分置"改革也可以做出类似的理解，即"资格权只是宅基地使用权人在让渡一定年期的使用权之后，对原有宅基地的剩余权"②。剩余权说是以宅基地是否可以自由流转为前提展开的理论预设，在不能允许自由流转时才能将其定性为剩余权利。当前的现实情况是，宅基地并非完全的自由流转，而是受到严格限制的有限流转。宅基地"三权分置"改革的目的也不是促进其自由流转，而是要适度放活宅基地使用权。

---

① 刘国栋.论宅基地三权分置政策中农户资格权的法律表达[J].法律科学(西北政法大学学报),2019,37(01):194.
② 李凤章,赵杰.农户宅基地资格权的规范分析[J].行政管理改革,2018(04):43.

在不允许自由流转的制度前提下,将宅基地资格权定位为剩余权,即将宅基地使用权流转后剩余权利的集合体,此时的宅基地资格权实际上应为物权。因此,将宅基地资格权定性为剩余权有违物权法定原则,有违农户资格权保障的中央政策精神,同时还增加了农民的失地风险,无法确保农民宅基地使用权的稳定性和可预期性。

(三)宅基地资格权人可行使权利内容

宅基地资格权主体一般应为集体经济组织成员。宅基地资格权人对宅基地可以行使占有、使用以及处分的权利,依据宅基地资格权的行使所指向的客体可以将其划分为三个不同的方向,即:资格权主体对内可以向集体经济组织、对上可以向政府、对外可以向宅基地实际使用人主张不同的权利事项。

一是向集体经济组织主张宅基地分配、宅基地退出以及退出宅基地补偿、集体利益分配的权利。首先,宅基地分配请求权是宅基地资格权赖以存在的权利,农户可以依据法律规定向集体经济组织请求无偿分配宅基地。当然,向集体经济组织提出宅基地分配申请的人必须是本集体经济组织的宅基地资格权人,而且还要受到"一户一宅""面积达标"等具体规范的限制。当宅基地资格权人由于不可抗力失去宅基地时,其可以向集体经济组织再次申请宅基地分配。其次,宅基地资格权中的退出权是指宅基地资格权人自愿向集体经济组织请求放弃宅基地的分配,同时灭失宅基地资格权和宅基地使用权的权利。宅基地资格权人自愿退出集体经济组织、放弃宅基地,应由集体经济组织对其给予一定的补偿。宅基地资格权人行使退出权后即可向集体经济组织请求行使退出补偿权。宅基地资格权人退出后,其原有宅基地被集体经济组织收回,其补偿行为与集体经济组织向宅基地资格权人回购宅基地的行为具有同质性。最后,结合集体利益分配权的实现来看,宅基地资格权人是集体经济组织的成员,集体经济组织获利后需对收益进行分配。政府征收农田、宅基地后应当向集体经济组织补偿征收账款,宅基地资格权人可依据集体利益分配权向集体经济组织请求分配属于其应得的部分。

二是向政府主张征收补偿以及宅基地救济的权利。首先,政府可因基础设施建设计划等原因征收农村宅基地,这会导致宅基地所有权、宅基地资格权以及宅基地使用权的灭失。由于宅基地具有社会保障属性,征收行为致使这三项权利灭失,政府应当给予权利人一定的补偿。而此处的权利人范围则包括宅基地所有权人(农民集体)、宅基地资格权人以及宅基地使用权人。在"三权分置"改革后,宅基地使用权可适当流转,当宅基地资格权人与宅基地使用权人重合时,可进行补偿。当宅基地资格权人与宅基地使用权人不一致时,基于宅基地的社会保障功能,对于宅基地资格权人的补偿主要包括宅基地补偿费用、社会保障费用等;对于宅基地使用权人的补偿主要包括宅基地建筑补偿费用以及部分土地补偿费用。

其次,宅基地资格权是集体成员权的派生权利,具有一般民事权利的属性。《民法典》第二百六十五条规定:"集体所有的财产受法律保护,禁止任何组织或者个人侵占、哄抢、私分、破坏。农村集体经济组织、村民委员会或者其负责人作出的决定侵害集体成员合法权益的,受侵害的集体成员可以请求人民法院予以撤销。"由此可见,当宅基地资格权人的权益受到集体经济组织、村民委员会或其负责人的行为侵害时,宅基地资格权人可以通过向法院诉讼请求排除妨碍、停止侵害等方式来维护自身的合法权益。

三是向宅基地的实际使用人主张宅基地流转收益的权利。收益权是指宅基地资格权人退出部分宅基地使用权或全部宅基地使用权所获得的对价利益。其中,不包括政府、集体组织征收、收回宅基地所支付的补偿,也不包括宅基地资格权人行使宅基地使用权所获得的经营收益。宅基地使用权在通过出租、抵押、入股等方式向社会主体流转时,他人从宅基地资格权人处合法取得实际使用宅基地的权利时,宅基地资格权人可向宅基地使用人请求支付宅基地使用权的流转收益。需要注意的是,宅基地的实际使用人必须合法合规地使用宅基地,不得违规建设别墅、会所等场所。而对于宅基地使用权的流转收益也要做出一定的限制,避免宅基地资格权人为寻求高额利益而违规转让宅基地使用权。

三、宅基地使用权的价值平衡

当前,我国理论界有关宅基地"三权"特别是对于资格权概念和使用权权能的立法确认呼声高涨。在此背景下,我国《民法典》依旧延续了原《物权法》关于宅基地使用权的用益物权属性和定义的基本规定。宅基地"三权分置"改革的本质,

"是对宅基地使用权进行权能扩充与重塑,在权能构造时应体现出中国土地制度的宪法定位,既需平衡好福利性与市场化之间的关系,又需在恪守义利合一准则下促使中国宅基地制度改革走向真集体主义,还权于民"[1]。但是,受限于当前宅基地使用权流转性限制和权能内容缺失的制度现状,宅基地的制度创新和功能转向面临规范性和有效性弱化的现实困局。

(一)居住保障的"义"向财产利益的"利"转变

宅基地既要承担起居住保障和社会稳定的制度功能,又要令其承载农民财产收入增长和市场价值实现的期待。从传统的居住保障所彰显的"大义",到多方市场主体期许的财产收益、土地开发等具体的"利益"诉求,宅基地"三权分置"改革其实还隐含着传统国家治理精英秉持的"义利观"与现实融合的精神。宅基地"三权"之中能够担当此种功能并实现重任者当数宅基地使用权。"三权分置"改革的主要意图就是在同时满足宅基地使用权制度的历史承继的系统性和现实运用的协调性基础上,采取更加务实的制度改造方式,实现宅基地使用权的制度性分化和重塑效果,助力宅基地的市场价值和财产收益功能得到更大程度的释放和彰显。"三权分置"并非正式意义上的法律规范,而是一种过渡性和临时性政策实践,其最终目的是为事实上的宅基地流转需求提供切合实际需要的制度供给以及规范公平的法律秩序。从大的层面来理解,这种规范和公平的法律秩序体现了现代意义上的市场经济的规范化和法治化趋势,包括制度供给、规则意识、交易习惯等要素构成的制度、观念和行为共同主导的良好市场秩序养成,为市场主体提供稳定的交易预期。这种能够为当事人带来确定利益回报和公平交易环境的法治预期,又何尝不是每一个人都期待实现的最大利益呢?在居住保障已经获得现行制度较多关注的情况下,对宅基地财产利益实现给予必要的制度观照,或许更有利于宅基地制度变迁中系统性与协同性的统一,真正实现宅基地制度功能的义利统一。

---

[1] 董斌.宪法秩序下宅基地使用权的价值转向与理论回应[J].北京理工大学学报(社会科学版),2021,23(02):123.

(二)社会保障功能维护与市场化改造之间的平衡

宅基地"三权分置"在打破原有的两权结构,并朝向更加有利于实现市场化流转方向发展的同时,必然也会带来对原来承载的社会保障价值和功能的突破。如何通过制度化的改造在这两个不同方向的价值维度上取得平衡,是宅基地"三权分置"政策的法治化路径应当予以通盘考虑的基础性难题。社会保障和市场价值融合在宅基地之中,其共同构成了具有内在冲突和矛盾特点的宅基地使用权制度。但是,作为对立统一的矛盾存在,宅基地使用权的主要方面仍然在于其基于社会保障功能而给农民带来的居住权保障和福利性价值。这种制度功能就体现在现行《土地管理法》中有关宅基地初始取得的申请资格限定规则上。由于宅基地是农民个人及其家庭生活的重要保障,其初始取得有着严格的身份要求,不具有本集体经济组织成员身份者是没有资格申请取得宅基地的。但是,当前改革面临的现实悖论是,宅基地使用权放活即代表着市场化改造的需要,如果允许其自由流转,将会改变宅基地使用权制度原本对于农民居住的社会保障功能,转而形成对具有较高经济能力的宅基地受让人的保障。如果在这个过程中不考虑宅基地受让主体在客观上是否出于生活需要的情况,将有违宅基地制度设计的初衷,并且还可能催生社会不公平现象。而如果允许宅基地使用权直接进入市场交易,又会助长事实上的土地权利套利行为,并且很难避免一些农民基于眼前利益而做出的短视决策,损害其长远的生存和发展权益。农民在面对此种经济套利现实需求时往往难以压制内心激进的逐利动机。即便这种短视行为并不具有普遍性和代表性,但有可能会在量的积累中最终带来质的爆发。农民很可能会因为一次套利行为而造成无家可返甚至终生滞留城市的窘况,这显然是与宅基地保障农民居住权的制度初衷相违背的。

(三)个体权益实现和集体权益维护目的间的冲突

宅基地权利既包括农民集体作为所有权主体的利益,也包括农民作为集体成员的宅基地使用权和房屋所有权内容的具体实现的价值期待。这种集体权利和个体权利融合在农村土地制度之中,又具体表现为集体和个体之间的利益冲突。改革的现实目的就是要更多地赋予农民财产性权利,改变农民财产性收入增长缓慢的现实。这直接涉及宅基地"三权分置"改革深层次的价值取向,即:如何在"三权分置"的制度体系中摆放农民权益实现和集体权益维护之间的价值位序,是本轮改革政策的立法转化应当给予预判统筹的前提性问题。笔者认为,在权益实现和价值维护层面,二者之间并无根本性的冲突和分歧,需要考量的是如何有效率、有依据地将二者整合到统一的宅基地使用权价值体系之中,通过确定化的制度运行和实践操作达到二者共同实现和均衡发展的制度效果。甚至在权益实现的紧迫性问题上,更要强调的是农民宅基地权益实现的价值优先性,尽最大可能地在现行制度框架内对农民的宅基地使用权内容、价值和流转方式等做出确定的安排,通过实现集体权益,促成各方共赢的法律效果,最终帮助农民实现自身利益的最大化。"中国宅基地所有权的权利主体是集体经济组织,宅基地使用权的权利主体是本集体经济组织内成员,从权利分配维度来看,宅基地所有权保护的利益实际上是本集体经济组织成员的集体利益,而宅基地使用权所保护的利益实质是集体成员的个人利益。"[①]就改革政策的具体内容而言,宅基地"三权分置"所分置出来的"三权",本意上是要实现其中的宅基地使用权对具有身份属性和"人役权"性质的成员权的解绑,拓宽使用权的权能,强化使用权的用益物权属性,从而赋予其得以入市流转的权利内容和制度空间。

在制度运行层面,应当至少确认两个方面的宅基地使用权制度安排:一方面,未符合法定条件、未经过法定程序不得任意剥夺宅基地权利。这一点已经得到现行《土地管理法》规定的确认,其中第六十二条规定:"国家允许进城落户的农村村民依法自愿有偿退出宅基地,鼓励农村集体经济组织及其成员盘活利用闲置宅基地和闲置住宅。""自愿有偿"的提法即意味着立法态度对于进城落户农民是否退出宅基地赋予了一定的选择权,至少不会采取强制性退出的方式。宅基地对于农民而言,仍然具有浓厚身份属性并且承载着居住权稳定的心理寄托,应当保障农民对宅基地的无偿、长期使用。如果强制安排农民退出宅基地,就等于是强制剥夺了农民的宅基地使用权,这与现行立法的基本精神不符。另一方面,宅基地使用权的取得、行使和转让应当受到法律、行政法规以及国家有关规定的规范。这是《民法典》物权编对于原《物权法》将宅基地的取得、行使和转让的规范权力赋予

[①] 董斌.宪法秩序下宅基地使用权的价值转向与理论回应[J].北京理工大学学报(社会科学版),2021,23(02):125.

土地管理法律和国家有关规定的抽象做法的承继。按此规定,宅基地使用权的行使只能受到国家层面的规范性文件的约束,而不能任由地方政府一纸文件改变既有的宅基地权利格局和利用现状。只要这种现状符合法律和国家有关规定的要求,农民和农民集体基于宅基地权利而对宅基地实施的利用和转让行为就不应当受到地方政府的阻挠和干涉。不仅如此,还要督促相关职能部门发挥其应有的监督管理作用,排除农民个体和集体权益市场化在实现中的各种障碍。

(四)制度构建中"还权"与"让利"策略的取舍

宅基地使用权承载的财产性利益使得农民对此充满了权益实现的期待。在宅基地"三权分置"政策试点的立法转化中,是采取构建农民宅基地权利体系的"还权"路径还是仅从制度层面对农民权益实施个别化的"让利"和规则改造策略,则是困扰着改革决策层的一大理论难题。从规范意义的角度来理解,"还权,就是通过立法,从而使农村居民的应有权利变为法定权利,即以法律制度形式,把农村居民的原有权利归还他们,也就是把原来由政府集权统辖的权利归还给农村居民"[①]。从字面意义来理解,"让利"指的是通过制度性的建构,让与部分利益给农民或者减轻其原有的负担,从经济上保障农民的经济利益,包括取消农业税、给予农业补贴、加强财政转移支持力度等措施。但由于这种让利措施缺乏规范化和常态化的制度预期,虽然其在一定程度上能够解决现有制度中存在的个别难题,但是毕竟还没有形成根本性的解决方案,只能取得治标不治本的效果。[②]还权是要从立法层面真正确立农民的权利主体地位,相比让利的政策性和局部性的制度方案,还权更有可能达到根本解决的目标。2021年"中央一号文件"即《中共中央、国务院关于全面推进乡村振兴加快农业农村现代化的意见》提出:"加强宅基地管理,稳慎推进农村宅基地制度改革试点,探索宅基地所有权、资格权、使用权分置有效实现形式。"同时指出,要保障进城落户农民的宅基地使用权、集体收益分配权,研究制定依法自愿有偿转让的具体办法。这一文件精神为我们指明了宅基地

---

① 龙发科,蔡丽琼.赋予和激活农村居民财产权利问题探析[J].中共云南省委党校学报,2019,20(05):150.
② 耿卓.农民土地财产权保护的观念转变及其立法回应——以农村集体经济有效实现为视角[J].法学研究,2014,36(05):103.

使用权还权赋能的大体思路。一方面,通过限缩政府调控权力,实质性授予农民权利,对限制宅基地使用权实现的机制性障碍进行逐一排查和清理,并在条件成熟的时候促成试点经验向国家立法的转化。另一方面,通过立法实现宅基地"三权"中的使用权的收益、处置等权能的还权赋予。包括对农民宅基地的收益、有偿退出及抵押、担保、继承的权利的立法确认,将这种权利构成和内容固化确定下来,让各方主体都能获得稳定的价值预期。

第四节 宅基地"三权分置"的制度创新及其入法路径

宅基地"三权分置"改革的先行先试待时机成熟即可向国家正式的法律制度进行转化。目前理论界关于"三权分置"的理论建构尚未达成基础性的共识,对其立法转化的宏观和具体路径均未形成可统一适用的制度方案,需进一步探讨和完善。

一、宅基地"三权分置"的制度创新要点

2013年,《中共中央关于全面深化改革若干重大问题的决定》释放出了强烈的政策改革倾向,为宅基地权利的市场化赋予了更多的可能性。其中,"同权同价""同等入市"等关键词的提出,更是让人们对农民宅基地使用权的市场收益前景充满了期待。但是,宅基地使用权的制度改革不可能一蹴而就,需要在实践中不断摸索,经过试验、纠错过程方可形成较为稳定的规范体系。最终通过完善的市场机制为农村宅基地使用权入市做好准备,确保农民财产利益实现途径的多样化和有效性。

(一)宅基地管理与权属制度的分离

当前改革试点中形成的基本判断就是,界分宅基地权属和理顺流转制度有利于盘活农村闲置和低效利用的宅基地,从而增加农民的财产性收入。而且从规范

管理角度看,通过制度建构将宅基地流转纳入规范化和常态化的法治轨道,有助于市场交易和权益实现预期的稳定,以及农村宅基地市场化发展的有序推进。在实施乡村振兴战略背景下,宅基地仍旧停步在居住权保障的水平显然已经滞后于当前我国社会主义法治国家建设的步伐。当然,我们也需要正视当前存在着的问题,行政管理与权属制度交叉规定较多甚至存在规则冲突,给行政管理和农民私权行使带来了诸多不便。"宅基地使用权取得固然需要行政许可程序,受到公法的管制,但其权利内容的塑造任务仍应由民法(主要是物权法)来承担的问题。"[1]加上《物权法》和《民法典》对《土地管理法》规则的确认和指引效力,使得宅基地使用权的私权属性被涂抹上了浓厚的公法色彩。物权制度作为土地、房屋等不动产资源配置和利用的基本规则,其关于资源归属和利用的制度安排必将对资源环境特别是资源的合理分配和合理利用带来重要影响。[2]由此可见,宅基地使用权的权属和管理制度分开设置的现实性和必要性。"三权分置"的提出,一改长期以来宅基地管理"以严治乱"的惯性思维,着眼于产权再造这一基础性命题,把重塑城乡土地权利关系提上日程,可以说是触及了宅基地制度改革的核心内容和实质意义。其中提出的基于赋予农民更多财产性权利的目的,坚持宅基地集体所有,依法保障宅基地农户资格权,适度放活宅基地使用权和农民房屋使用权,进一步彰显宅基地的市场价值和财产功能,从权属制度构建角度来设计改革政策,均隐含着宅基地管理制度与权属制度分离的意图。

(二)宅基地权利财产属性逐步强化

宅基地制度市场化改造的现实基础在于,宅基地闲置和低效利用的总量居高不下,造成社会资源和资产的极大浪费。现行土地管理制度中的"一户一宅"、用途管制、不得流转的规范更是对宅基地流转行为进行了限定。这不仅不能真正发挥对农民权益的保障和实现功能,而且还异化为农民财产权益实现的制度障碍。宅基地使用权作为法律赋予农民的一项权利,本来就应当被纳入农民财产权利的范畴,并且应当作为一项典型的私权。经济学家厉以宁教授曾经指出:"受限制的

---

[1] 喻文莉.转型期宅基地使用权制度研究[M].北京:法律出版社,2011:234-235.
[2] 高富平.中国物权法:制度设计和创新[M].北京:中国人民大学出版社,2005:295.

私人产权不是完整意义上的私人产权。"①但宅基地使用权作为一种私权,长期以来受限较多。这一现状产生的根源在于决策层和学术界对于宅基地使用权的功能和权能持有保守观点,其更加强调宅基地使用权本身的社会福利和社会保障品格,从而在一定程度上掩盖了宅基地的财产权属性。在市场经济已经步入改革发展的深水区和攻坚期的背景下,对于宅基地使用权的财产属性问题所持有的保守态度已不太适应农村经济社会的发展。随着中国特色社会主义法治体系的逐步完善,建基于集体所有制之上的宅基地使用权的"公法色彩"逐渐淡化也是未来宅基地制度发展的趋势。其中蕴含的私权属性将进一步得到扩张和彰显,并伴随着社会保障的全面覆盖以及保障水平的逐步提高,内含于宅基地使用权中的社会保障功能将逐步弱化,而市场价值和财产功能实现的要求将更为突出。基于此种判断,党的十八届三中全会对宅基地使用权制度提出了更为明确和具体的改革构想:在既有的权利架构下,更为明确地肯定宅基地使用权的用益物权性质,使其真正回归私权的范畴,赋予更多的财产利益实现方式,为宅基地进入市场提供了基础性权利运行的规范依据。

(三)宅基地权利及其权能的体系化

按照一般法学理论,权利和权能并非同一概念,前者表达的是主体在特定法律关系中享有实现某种利益的可能性,而后者是权利在何种条件、何种范围以及采取何种方式加以实现的现实性。如前所述,宅基地使用权的权能体系不完整,表现在收益权能未得到立法的肯定,并导致农民财产利益难以通过多元渠道予以实现。宅基地使用权作为农民所享有的一种用益物权,如果只具有占有、使用之权能,农民是无法获得更多的财产利益的。因为在现行土地用途严格管制之下,农民无法对其占有的宅基地进行更广泛的利用,只能在宅基地之上建造房屋及其附属设施以满足自己居住和生活的需要,这就从根本上否定了农民基于经营性目的建造房屋的行为的合法性。而且当前农民对宅基地的占有和使用权能被限制在比较狭窄的范围,这些权能仅仅具有满足农民基本生活消费的价值,无法为农民带来更多直接的经济利益。农民作为我国当前最大的低收入群体,其对于改善

---

① 厉以宁.资本主义的起源[M].北京:商务印书馆,2003:17.

自身生活条件的愿望更加迫切和强烈。基于人的趋利本性,农民对自己占有的生产资料有着极强的获利愿望,认为宅基地除了建造房屋之外还应当具备其他用途。实践中,农民通过各种利用方式试图达到这一目的,比如一些地方建设"小产权房"、农民租赁、抵押自家住房的现象就充分说明了这一点。为此,《中共中央关于全面深化改革若干重大问题的决定》提出,要"慎重稳妥推进农民住房财产权抵押、担保、转让,探索农民增加财产性收入渠道。建立农村产权流转交易市场,推动农村产权流转交易公开、公正、规范运行"。这充分表明,宅基地使用权制度改革已经瞄准宅基地多元利用的可能,明确赋予农民对宅基地使用权的抵押、担保、转让等行为的合法性,以保障农民在这些市场行为中获得收益的权利。但是,2014年"中央一号文件"又再一次强调完善宅基地管理制度,要"在保障农户宅基地用益物权前提下,选择若干试点,慎重稳妥推进农民住房财产权抵押、担保、转让",同时明确各地的试点改革不得"自行其是、抢跑越线",表明了对宅基地制度改革的慎重态度。

(四)稳定与放活矛盾的系统性解决

我国宅基地制度改革长期面临"稳定"与"放活"之间如何取舍的难题,"三权分置"改革同样也无法回避这一固有难题。而如何对宅基地流转范围做出明确的规定,是其中争论的焦点话题。一种观点就是坚持以"稳定为先"。出于对农民可能失去宅基地以及农村土地非农化发展趋势的担忧,将宅基地流转范围严格限制在本集体经济组织内部成员之间,能够避免从根本上打破宅基地利用的制度现状,并且尽可能地保证农村社会秩序的持续性和稳定性。而另一种观点则主张应以"放活为主"。这是出于盘活利用宅基地的现实考虑,以及尽可能地激活农村土地资产、增加农民财产性收入、提高农民生活和经济水平的目的。放活的主要表现就是宅基地流转范围的扩张,即在一定条件下将流转对象放宽到本集体经济组织成员范围之外。其积极意义体现在两个方面:一方面,使用权流转对象从本集体经济组织内部拓展到外部政府辖区内的所有村集体组织成员。此时,土地的合法需求方数量大大增加,农民住宅财产权的实现将获得更加有力的制度保障。另一方面,宅基地私自流转变为合法流转,农民可根据自身需要以及宅基地的区位和面积等因素来决定如何流转,从而逐步取得宅基地流转市场的主导者地位。[1]而且集体经济组织还会因为宅基地流转收益的增加得以改善自身的财务状况,从而推动宅基地的有偿退出和有偿流转,进一步彰显出宅基地的市场价值,倒逼宅基地有偿使用的全面实施,准确把握"稳定"与"放活"之间的辩证逻辑和依存关系,最终促进宅基地"三权分置"改革措施逐一落地实施。适度放活宅基地和农民房屋使用权的改革措施,既顺应了农民的流转意愿和财产权益实现的诉求,又为各类返乡、下乡人员受让宅基地使用权提供了可期待实现的价值和制度空间。而且适度放活宅基地使用权政策的实施,大大增加了宅基地流转的市场化需求,城乡统一建设用地市场机制得以完善,提升了农村富余存量宅基地退出再利用的效率,为资本、人力、技术等要素下乡提供了更全面有效的基础保障。

二、宅基地"三权分置"应予坚持的法律原则

如前所述,宅基地"三权分置"源自我国既有的宅基地所有权和使用权制度,并无改革的先例可以遵循,也没有国外制度经验可以借鉴。作为乡村振兴战略实施的重要内容,宅基地"三权分置"政策的法治化既应与农民财产收入增长的改革初衷吻合,又要依托于制度建构本身在既有的法律制度中确立独特的规范体系和基本原则,为后续的法律实施提供可靠、稳固的法治遵循和制度依据。

(一)居住权保障原则

宅基地制度本身就是基于农民居住保障需求而设。我国作为世界上农业人口最多的农业大国,农业发展的现代化仍有很长的一段路要走。我国通过户籍制度改革已经取消了城镇居民和农村居民的户籍差别,不仅从形式上解决了人口登记类别的问题,而且消除了建立在人口登记类别之上的权利构成和实现方式的差异。在户籍制度改革背景下,户籍登记虽然不再做农业户口和非农业户口的区分,农民逐步从传统的户籍身份转变为农业生产意义上的职业概念。尽管如此,占全国人口总数36%的人口仍然常住农村并从事着与农业相关的工作,农村人口规模庞大的基本事实并未发生改变。为了满足庞大的农村常住人口的居住需求,

---

[1] 卢江海,钱泓澎.制度变迁视角下宅基地使用权流转市场研究——基于义乌市宅基地"三权分置"改革实践[J].财经论丛,2019(11):105.

保障农业和农村发展所需的大量人力资源,宅基地的居住保障功能必须得以充分发挥。因此,在实现农村宅基地财产价值、发挥其资产增值功能的同时,必须充分保障农民的居住利益。这是我国在推进宅基地制度改革中始终坚守的底线性要求。宅基地"三权分置"改革政策的法治转化也要充分考虑到这一底线性要求,在制度构建中再次确立农民居住权保障的基本原则。

(二)适度干预与放活原则

我国土地制度实行的是国家和集体二元所有制结构。这一制度现实决定我国不可能放松对土地产权的管控,并且还会通过法律和经济手段等对土地利用和开发实践采取适当和有效的干预措施。因为市场机制本身存在着固有的局限性和随意性,单纯依靠市场机制是难以达到优化配置宅基地资源的目标的。这就需要国家的干预措施,为宅基地的市场化利用和流转行为提供完整、系统和全面的制度约束,引导市场主体按照市场规律和法律规范来行使权利、履行义务。同时,发挥市场对宅基地资源和其他农村经济资源的基础性配置作用,提高资源整合和利用效率,尽可能地规避宅基地利用和流转实践中的法律和道德风险。而且基于宅基地流转实践的需求,既要赋予宅基地更强的流转灵活性,又要注重流转制度的规范设计、流转行为,通过宏观的政策引导和微观的执法监管措施来达到预期的制度效果。这就要求政府不能单纯地运用行政手段,直接插手宅基地利用和开发过程中的利益分配,而是要通过制度设计、组织引导、提供服务以及监督协调,将市场主体的市场行为与政府的适度干预结合起来。从这个意义上说,国家的适度干预就是一种有力的保障措施。在宅基地"三权分置"中融入国家适度干预原则,就是希望通过法律制度对国家公共管制和调控权力进行合法授予和有效监督,避免市场主体因出于纯粹的逐利主义而造成社会公共利益乃至农民权益遭受损害,最终维护和保障宅基地市场价值的政策目标。

(三)农民权益保障原则

乡村振兴战略的实施很大程度上是源于农民权益实现需求的内在驱动,特别是在城乡一体化发展背景以及农民基本生存权已经获得有效保障的前提下,农民发展权体系及其实现方式却依然缺乏相应的制度保障。而发展权是农民在生存权得到有效保障后,利益主体基于其自身的理性对国家、政府和社会强势群体所主张的发展权利,并且可以基于自己的理性判断来选择发展的空间和场域。[①]过去宅基地制度功能着眼于保障农民的居住权而对其内含的财产权进行了最大程度的压制,这种权利结构不利于宅基地制度的市场化发展,并且权能内容始终停留在对较低层次的生存需求的关注上,对于农民内心深处日益生发的发展权益诉求未能给予必要的回应和观照。表面上看,现行宅基地制度立足宅基地的居住保障功能,而对其市场价值和财产功能进行限制,是基于农民整体上的社会弱势地位的考虑。但是,决策者更为担心的恐怕还是大量资本涌向农村之后可能会打破既有的工商资本与"三农"扶持政策之间的力量平衡,最终威胁到农村社会的和谐与稳定。而制度化战略调整在矫正既有的权利配置失衡的同时,也有可能会诱致更加难以把控的涉农权益资本化的趋势。正因为如此,在宅基地"三权分置"制度化试点改革过程中,该问题曾多次被理论界和试点地方反复论证,形成了防范和遏止这种趋势的倾向性观点。农民权益保障和实现是破解"三农"问题的根本性要求。毕竟,作为土生土长的农村人,农民对其赖以生存和发展的宅基地拥有着至深的情感,不会轻易放弃"祖传"的宅基地,扎根乡村、安居乐业、稳定生活仍是很多农民最朴素的愿望。

三、宅基地"三权分置"法治化的路径规划

宅基地"三权分置"法治化路径的设计和安排,应当成为试点改革中需要提前谋划的宏观命题。本书对此问题的讨论,实际上采取的是两步走的论证思路:第一步,应当做好宏观的制度体系建构,从理论上厘清宅基地"三权分置"的基本概念、权利结构、权能内容及其实现方式等基础理论性问题,从宏观制度框架层面对"三权分置"的合法化和规范化展开设计,为以"三权"为核心主线串联和组织的农民权益体系提供基础性的法律保障力;第二步,应当全面细化规则内容和运行机制,通过对既有的制度进行清理和修正,扫清"三权分置"落地转化的制度惯性和适用障碍,同时对宅基地"三权分置"制度体系之中所应当具有的流转方式、适度放活、权益实现、纠纷解决等规则展开体系建设,全面构筑"三权分置"落地实施的

---

① 丁德昌.农民发展权法治保障研究[M].北京:中国政法大学出版社,2015:234.

法治保障体系。当然,所有的制度构想均不能脱离理论证成和实践探索的基础性成果。本书也正是按照此种内容铺排,从理论和实践层面来分别阐释,对宅基地"三权分置"与农民权益保障之间的宏观路径安排做出考量和预设,并将法治建构的宏观路径融入农民权益保障的理论观照。至于具体规则的细化落实问题,则主要放置在第五章、第六章中予以全面论述,因而此处仅就宅基地"三权分置"法治化的宏观路径展开讨论。

(一)借鉴承包地"三权分置"的立法转化思路

此种立法转化思路主张对与宅基地制度相似度最高的承包地"三权分置"改革政策的法治化路径予以全面借鉴。在政策已经明确宣示"三权分置"的前提下,与承包地的经营权的法治化和确定化路径类似,[①]宅基地"三权"内容也有必要加以确定化改造,这可以有效化解长期以来农村土地权益实现和农民收入增长预期受阻的现实问题。

首先,宅基地"三权分置"改革是按照承包地"三权分置"改革进程和节奏来逐步推进的。承包地的"三权分置"改革历程经历了从政策提出,到试点探索,再到立法转化的过程。2014年11月,中共中央办公厅、国务院办公厅印发的《关于引导农村土地经营权有序流转发展农业适度规模经营的意见》,首次针对农村土地权利配置提出所有权、承包权、经营权的"三权分置"结构。2015年初,中共中央、国务院印发的《关于加大改革创新力度加快农业现代化建设的若干意见》明确提出,健全农村产权保护法律制度,抓紧修改农村土地承包方面的法律,界定农村土地集体所有权、农户承包权、土地经营权之间的权利关系。作为承包地"三权分置"改革的制度成果,2018年12月29日第十三届全国人民代表大会常务委员会第七次会议通过《全国人民代表大会常务委员会关于修改〈中华人民共和国农村土地承包法〉的决定》,正式在国家立法层面对农村承包地所有权、承包权和经营权的"三权分置"进行了确认,为农村土地改革赋予了最大限度的保障和实现农民权益的内涵。事实上,当前我国推进的宅基地"三权分置"仍处在试点改革阶段,其中的一些基础性制度建构方案尚未取得共识,仍然存在着诸多理论争议,客观上

---

① 宋宗宇,何贞斌,陈丹.农村土地经营权的确定化及其制度构建[J].农村经济,2015(07):19.

影响了立法转化的进程。

其次,宅基地和承包地在制度功能和权利构造等方面均有较多的相似性,二者之间的相互借鉴具有一定的可行性。宅基地和承包地的所有权主体均为农村集体。在《中华人民共和国农村土地承包法》(以下简称《农村土地承包法》)的规范语境下,农村承包地就是指农用地,即:农民集体所有和国家所有的依法由农民集体使用的耕地、林地、草地,以及其他依法用于农业生产的土地。在落实集体所有权方面,宅基地和承包地的"三权分置"都有着相似的确定化要求。在改革试点探讨过程中,二者均存在着对个别权利类型和内涵的争论,但是其改革的初衷均是实现农村土地制度的现实解绑,帮助农民实现更多的财产性收入。两种土地制度中均存在着土地所有权,差别主要存在于其他两权之中。从财产功能实现的可能性来考虑,承包权类似于宅基地资格权,而经营权则类似于使用权。另外,"三权分置"的提法也并非空穴来风,而是实践中早已有之,早在这一政策术语被中央改革文件确认之前,承包地和宅基地的实践利用就已经在各地的试点中逐步形成了"三权"分置和运行的结构。

最后,宅基地"三权分置"借鉴承包地"三权分置"既能保持物权理论的延续性,又能保持权利配置和制度设计的合理性。按照《农村土地承包法》的立法体例,我国对土地的利用、开发和管理实际上采取的是多层次的立法思路。换句话说,土地承包经营权的规定既存在于《宪法》条文之中,又存在于《民法典》的土地所有权和用益物权规则中。在对土地利用和管理方面还存在着综合性的《土地管理法》,而在具体的规范层面又特别制定了《农村土地承包法》。与此相似,宅基地"三权分置"的法治化建构很可能也会采取这种单行立法的模式。2019年"中央一号文件"明确提出要"稳慎推进农村宅基地制度改革,拓展改革试点,丰富试点内容,完善制度设计。抓紧制定加强农村宅基地管理指导意见。研究起草农村宅基地使用条例"[①]。由此可见,未来关于宅基地使用行为的规范必然采取效力层级仅次于国家法律的行政法规的形式,在全国范围内普遍适用并具有强制效力。这样既能保持土地承包制度与宅基地制度之间的独立性和协调性,又能保证宅基地"三权分置"制度规范的权威性。

[①] 参见2019年1月3日中共中央、国务院发布的《关于坚持农业农村优先发展做好"三农"工作的若干意见》。

(二)参照建设用地使用权流转予以适度改造

以"落实宅基地集体所有权,保障宅基地农户资格权和农民房屋财产权,适度放活宅基地和农民房屋使用权"为重要抓手的"三权分置"改革,为宅基地使用权流转提供了"放活"的空间,并且以满足"适度"的规范要件为前提,为宅基地使用权的动态化和流转性提供了立体化的规范依据。"土地权利不仅由绝对走向相对,而且由平面走向立体,由静态走向动态。土地权利制度设置的重心由平面土地权利和静态土地权利的制度规范,发展到立体土地权利和动态土地权利的制度规范。"[①]作为宅基地"三权分置"改革的核心要素,如果将"放活"的要求放置在现行制度框架下进行考量,传统宅基地制度与建设用地使用权相比,后者的市场活力就显得要更加鲜明一些。建设用地使用权按照土地所有权性质,可以分为国有建设用地使用权和集体建设用地使用权。2019年修正的《土地管理法》结束了多年来集体建设用地使用权不能与国有建设用地使用权同权同价同等入市的二元体制,扫清了城乡一体化发展的制度障碍,进一步破除了对集体经营性建设用地使用权的限制。

宅基地使用权即便不能和国有建设用使用权相提并论,至少也可以在一定程度上比肩集体经营性建设用地使用权。从宏观上来看,现行《土地管理法》将宅基地作为"建设用地"的子类型加以规定,意味着将宅基地使用权与集体经营性建设用地使用权置于同等和并列的地位。二者之间似乎可以相互转化,特别是宅基地使用权可以转化为集体建设用地使用权后进行出让。有学者认为,"在坚持宅基地使用权既有规范属性,因此宅基地使用权本身无法转让的背景下,宅基地使用权流转较妥当的方式是'退出—出让'模式"[②]。从浙江省德清县和义乌市等地采用的宅基地"退出—出让"模式的改革效果来看,宅基地流转也可以采取类似集体建设用地"出让"的方式来实现。此种模式的核心操作流程就在于通过签订一份三方协议来实现必要的三个步骤:第一步,应由宅基地使用权人将其流转宅基地的意愿向集体经济组织予以表明并提出相应的申请。第二步,集体经济组织出面牵头组织农民、受让人三方共同签订协议,并约定一个"退出期间"。在此期间内,

---

[①] 刘国臻,陈年冰.论土地权利发展的三大轨迹及其启示[J].学术研究,2013(02):56.
[②] 李凤章.宅基地使用权流转应采用"退出—出让"模式[J].政治与法律,2020(09):123.

受让人有权取得宅基地的使用权。从法律性质上来理解,此时的宅基地实际上通过这种期限设置的方式临时性地转化为集体建设用地。第三步,集体经济组织可以通过向受让人"出让"的方式来赋予受让人使用权,并通过收取部分费用的方式来达到所有权分享转让收益的实际效果。但是,需要突破的制度限制还有很多。首先,要明确的是宅基地使用权人向外流转一定期限的土地使用权,不应当对受让人是否属于本集体成员做出限制性的规定。其次,要明确的是集体外的第三人享有的宅基地使用权,与我国《民法典》和《土地管理法》所规定的宅基地使用权并非同一概念。这种由集体之外第三人享有的"宅基地使用权"实际上是按照特定规范予以制度化改进并补齐流转要素之后的集体建设用地使用权。最后,对于流转行为的形式要件还要做出特别的规范要求。集体之外的第三人不仅要取得这种经过改造后的宅基地使用权,还必须取得代行土地所有权的集体经济组织的同意,并与农村集体签订书面合同,向集体缴纳使用费以充作土地出让金。

(三)提炼试点改革经验制度上升为国家法律

宅基地"三权分置"是否能够切实有效推动乡村振兴战略实施,需要在试点改革中加以检视。2015年开展的宅基地试点改革先后经历了"试点确立、联动探索、期限延长、范围拓展"等不同阶段,但大体上仍然是围绕着完善农民宅基地权益和取得方式、探索宅基地有偿使用制度、探索宅基地自愿有偿退出机制、完善宅基地管理制度等具体要求逐步推进的。2018年"中央一号文件"做出探索宅基地所有权、资格权、使用权"三权分置"的改革部署后,山东禹城、浙江义乌和德清、四川泸县等试点地区结合实际,进行了有益探索。截至2018年底,全国33个试点地区共腾退出零星、闲置的宅基地8.4万亩,办理农房抵押贷款5.8万宗、111亿元。但是,由于试点范围比较窄,试点时间比较短,仍未形成可复制、可推广的制度经验,且各有关方面对宅基地所有权、资格权、使用权的权利性质和边界认识还不一致,尚需进一步实践探索,待形成较为成熟的制度经验后方可转化为立法规范。[①]

从试点改革中汲取试点经验和制度方案,是宅基地"三权分置"改革过程中需要持续推进的系统性工程。一方面,需要考虑将改革试点中形成的多样性产权方

---

① 参见《国务院关于农村土地征收、集体经营性建设用地入市、宅基地制度改革试点情况的总结报告——2018年12月23日在第十三届全国人民代表大会常务委员会第七次会议上》。

案转化为规范意义上的权利构造和规范体系。另一方面,对于宅基地"三权分置"改革中出现的新类型纠纷、复杂法律适用难题等,司法机关应该加强裁判适用的政治敏锐性。

第三章
宅基地"三权分置"下农民权利体系与理论证成

宅基地"三权分置"改革中适度放活农民房屋和宅基地使用权,必然会改革既有的农民权利格局。农民权利并非抽象的法律规范,而是体现在实实在在的权益实现和利益调整机制之中。宅基地"三权分置"改革围绕生存权、财产权、经营自主权以及教育、社会保障等方面的权利生成与类型展开积极探索,其涉及的不只是宅基地权利体系内部的分置问题,还包括农民权利的体系构成和运行机制的变化。在乡村振兴战略实施背景下,传统城乡二元发展格局下的农民权利体系面对着重构的挑战,农民权利实现路径和方式更加多元,权利体系更加突出了市场化和法治化的要求。厘清宅基地与农民权利的发展逻辑和规范基础是"三权分置"制度化的应有之义,需要从当前的改革试点中逐步发现并总结内在的制度关联与具体的发展路径。

第一节 宅基地制度改革中的农民主体性

宅基地使用权被2007年《物权法》定义为用益物权,意味着其正式在我国法律体系中取得了独立权利类型的地位,并构成了"三权分置"改革的现行制度基础。"三权分置"作为农村宅基地改革的重大制度创新,推行时日尚短,仍然处在制度建设的起步阶段,急需全国各地试点经验积累和制度成果为其提供强劲的发展动能。宅基地"三权分置"改革的主要目的在于重塑集体所有制下的宅基地产权结构和权力体系,以完善和丰富宅基地权能,实现多元主体共享宅基地产权。[1]作为乡村振兴战略实施的重要举措,宅基地"三权分置"被寄予较高的目标期待,受到社会的广泛关注。

一、作为改革目的农民主体性表现

现代社会的农村土地呈现出社会资源的特点,但归根结底仍然属于自然资源的范畴。"自然这个庞大的有机系统归根结底是以人为目的,人不仅可以对自然进行理性思维,而且可以按自己的自由意志去利用自然,把自然作为实现自身目的的手段,在自然中达到自由。"[2]我国改革开放四十余年,从最初追求以物质文明为主要内容的经济发展,到今天"五个文明"协同全面发展,可以归结为"以物为中心"向"以人为中心"的发展理念和行动的根本转变。在我国,农民作为集体名词,主要指广大居住在农村或者以农业为职业的人群。我国传统意义上的农民,包括身份和职业的双重属性,具有制度身份、职业、收入和空间"四维合一"的典型"三农"特征。这种特征在城乡二元体制下集中表现为农民自身的自由选择权利与主体性的弱化。特别是在近些年兴起的宅基地制度改革中,农民的主体性更是体现为地位的提升和权益的彰显。

(一)改革行动的参与性

农民本身就是积极参与社会经济生活的具有独特理性的"经济人"和"社会人"。"尽管不同阶段的不同农民拥有理性的程度不同,但还没有由生存理性完全转变或升级为经济理性,农民经济行动更多地受到生存理性和经济理性共同驱使。"[3]实际上,尽管在过去城乡二元体制下,农民的经济生活水平低于城市居民,同时因为繁重的体力劳动和生活压力容易削弱其独立思考和权利认知的能力。但是,这并不意味着农民群体在对与自己切身利益相关的制度安排就欠缺理性的考量。特别是在农业生产和土地制度的改革安排上,农民有着自己的理性判断和

---

[1] 张勇.宅基地"三权分置"改革:"三权"关系、政策内涵及实现路径[J].西北农林科技大学学报(社会科学版),2020,20(02):61.
[2] 陈金全.人是目的而不是手段——康德法治论解读[J].法学家,2005(03):49.
[3] 吴业苗.城镇化中农民行动策略及其逻辑[J].中国研究,2019(23):66.

制度期待。"农民会体察自身和家庭的具体情境及农村的制度安排,充分考虑自己的行动可能给家庭成员及其他人带来的后果,然后根据整体情况选择一个恰如其分的方案,从而使自身及自身所处的社会系统达到一种动态的、持久的和谐状态。"[1]正是基于这些现实因素,农民在对涉及居住和财产权利安排的宅基地制度改革采取了更为积极的态度和行动。在试点探索和制度生成的过程中,农民作为改革的参与者尽可能地用自身理性来筛选制度设计中的合理与不合理的选项。而这也是地方政府在推动各项改革举措中所要面临的现实难题,即:如何通过公共决策转化机制推动实践层面的农民参与到配合改革政策的实施过程中,而且还要通过农民的内心获得感的主观测试来验证试点改革措施推行的合理性和有效性。

(二)政策适用的选择性

宅基地制度改革作为农村"三块地"改革中与农民切身利益关涉最为紧密的内容,既给了农民较高的期待,也为制度体系建构和规则设计的技术性和完备性提出了更高的要求。加上该领域的制度体系呈现出更多的复杂性、敏感性和特殊性,地方政府秉承中央改革政策精神,在综合研判本地农村宅基地利用现状和问题的同时,对有关政策进行适当改造和变通,以使其更好地契合本地实践,更容易组织基层宣讲,方便农民们准确领会和自觉实施。不论政府在改革进程中充当何种角色、发挥何种作用,农民作为改革政策落地实施的终端环节,对于政策落地之后的状态是否匹配自身需求,有着最为朴素的判断标准。这就要求具体的改革政策在落地实施之前,务必做到规则精确和通俗易懂。受到城乡二元户籍制度影响,农村经济社会资源长期劣于城市,"户籍制度作为权益分配的重要依据,使得农民长期被隔离在城市主流权利体系之外"[2]。但户籍制度的改革使原来不公平的权益分配机制正在逐步得到矫正。城市发展对农村的交互影响逐步增大,农民进城务工、经商,城里人下乡从事农业生产,农民的身份和职业属性逐步实现分离,农民拥有了更多的自主选择空间和权利。这种选择性的存在,虽然客观上也

---

[1] 杨伟荣,张方玉.从"小富即安"到"且富且安":中国农民的中庸理性考察[J].天津师范大学学报(社会科学版),2020(05):36.
[2] 陈丹,李霄敏.农民权益实现视角下的户籍制度改革[J].农业经济,2010(12):21.

会让一些理想化的制度方案无法真正落地推广,但会让真正行之有效的措施被广大农民群体所接纳,最终还是会影响宅基地制度改革的实践转化效果。

(三)改革利益的关联性

农民对宅基地制度改革有着现实的利益期待和价值判断。对于农民而言,自主选择、自我决定、自由支配自己的身体和财产,是具有根本性和决定性意义的权利。然而在具体的城乡建设中,农民的自由权是很难得到保障的一项权利,农民无法根据自己的意愿选择生活方式和居住场所,无法自由支配自己的财产乃至身体,无法自由地参与市场交易,等等,诸如此类,使得农民一直处于被决定、被选择、被城市化的客体地位,而不能作为主体存在。[①]随着宅基地制度改革的深化发展,宅基地作为承载农民财产权益实现的资源和载体,在农民的权利观念中产生了更加难以舍弃的价值期待。在一些地方推动农民自愿退出宅基地的试点中,农民的经济理性得到充分显现,农民之所以做出宅基地退出决策并非简单地追求经济利益的最大化,而是更加关注未来的生计如何实现和发展,转而追求生存、经济、社会等多个层面的综合效益最大化。如果改革政策的落地转化不仅不能满足农民日益增长的价值期待,而且还会导致农民心中产生强烈的失落感和剥夺感,那么最终影响的不仅是农民的安居乐业,更是为农村社会的稳定和发展埋下了隐患。

二、农民身份职业分化及其权益诉求的差异化

改革开放以后,我国农民主要分化为务农农民、非农农民和兼业农民三种类型。[②]2014年7月24日,国务院出台了《关于进一步推进户籍制度改革的意见》(国发〔2014〕25号),对消除城乡二元户籍制度提出了明确的改革目标。其中,明确提出建立城乡统一的户口登记制度,取消农业户口与非农业户口性质区分和由此衍生的蓝印户口等户口类型,统一登记为居民户口,体现户籍制度的人口登记管理功能。截止到2016年9月,全国31个省(直辖市、自治区)均实行了户籍改革,取消了原来农业户口与非农业户口的性质区分,将城市和农村居民统一登记为"居民

[①] 吴礼宁,韩兴华,高建军.新型城镇化与农民权利保障[M].北京:法律出版社,2015:145-146.
[②] 傅晨.调查:农民身份和职业的分化[N].北京日报,2014-04-21(018).

户口"。城乡二元户籍制度改革措施的推进,在实现农民身份解绑的同时也将促成农民群体内部结构的进一步分化。

(一)农民身份和职业分化的趋势

如果说宅基地解决的是农民的居住问题,那么承包地或者农用地解决的则主要是农民的生存和就业问题。而根据农民与农用地的利用关系,可以将农民划分为三种类型:一是土地承包型农民。他们拥有土地承包经营权,且具有集体经济组织成员身份,是初始取得农村土地承包经营权资格的农民,也是最具有典型意义的"农民"。二是土地流转型农民。他们是伴随着农用地制度改革,特别是承包权和经营权分离之后通过流转而承接他人的承包地而从事农业生产和经营的农民。三是社会服务型农民。这类农民并不直接从事农业生产经营活动,而是为农业生产的各环节提供社会化服务,属于与农业相关或者相近的第三产业从业人员。随着农业的产业化和科技化发展,服务型农民所占比例将越来越高。比如:美国农业人口虽然仅占全国人口的2%,但为农业服务的人口占比却高达20%。而我国的农业结构调整必然促成从业人员数量和构成的变化,不具备农村集体成员身份的农业服务型人员将会大量涌现,为农业发展注入活力的同时也将催生更多的宅基地流转和利用的市场需求。在此背景下,有学者主张参照工人职业化改革经验推动农民职业化改革,"通过加大农民职业培养力度、发展专业农场、建立农业产业公司等措施构建农业的职业化转型的制度和现实基础。其中的核心,是设立农民职业的准入和退出机制"[1]。在此基础上,实现农民身份向职业的真正转变。

根据农民属性和农业发展的现实,我国宅基地"三权分置"政策被集中表达为:落实宅基地集体所有权,保障宅基地农户资格权,适度放活宅基地和农民房屋使用权。对不同权利主体设计不同的权利实现路径,既是权利的"分置",更是权益的"分配"。"产权权能的分配决定宅基地所有权的功能,传统民法视角下完整所有权涵盖'占用、使用、收益、处分'全部权能,但农村土地所有权与一般私权有本质区别,不能用私法所有权权能套用我国于农村土地所有权。"[2]就权益实现的路

---

[1] 刘英博.当代中国农民土地权利的实现机制研究[D].长春:东北师范大学,2015:179.
[2] 龙圣锦,陶弈成.农村宅基地使用权抵押的权属障碍与破解路径[J].现代经济探讨,2018,(11):43.

径而言,"基于宅基地多元主体的利益衡量,应当以宅基地使用权为中心进行权利配置,包括扩大使用权主体范围、拓展使用权行使方式、设置使用权权利期限、明确使用权用途限制、平衡使用权利益分配"[①]。因此,只有厘清宅基地使用权流转的现实需求与制度困境,明确宅基地之上应然内蕴的法权架构,方能彰显其在农民权益保障维度上的制度价值和功能。

(二)年龄差异与农民宅基地权益诉求

横向对比来看,基于职业和身份所决定的不同经济和价值属性,农民对宅基地权利实现的具体诉求也有所不同。而纵向对比不同年龄段的农民及其群体性差异,对于我们洞悉宅基地"三权分置"改革政策的立法转化有着重要的基础性意义。改革开放以来,农民开始大量涌入城市务工,但随着老一代进城务工人员逐渐丧失劳动能力,大量农民退回农村养老。这一现实折射出,城市对于农民的价值预期仅仅在于其年轻时的经济性权利(如劳动就业权)的实现,而具有社会保障性质的养老、医疗等社会保障权的实现,着力点和落脚点仍然在于农村。农民对农村土地、房屋的价值期待存在着明显的阶段性差异。

一是16岁至40岁的农民群体。这一年龄段农民还可以进一步划分为16岁至25岁和26岁至40岁两个年龄段。按照我国法律规定,年满16周岁即达到法定的就业年龄。由于农村教育资源明显不如城市,刚刚完成义务教育和未能完成义务教育的农民在我国农村人口中占有相当大的比重。很多年轻农民未读完初中就开始在所在村镇附近打零工或者帮助家庭从事辅助性的农业生产活动,但由于年纪较轻和接受新生事物的能力较强,他们对城市生活充满了向往。这类青年农民多在年满16周岁之后就前往城市寻找劳动就业的机会。他们刚刚进城务工的时候,年龄还未达到法定结婚年龄,既没有照顾家庭的经济负担,又能够得到父辈给予的物质方面的支持,生活压力相对较小。他们的目标就是在城市置业扎根,即便不能在其就业的一、二线城市买房定居,也要回到家乡的三、四线城市甚至老家的县城购房,成为真正意义上的城市人。

二是41岁至59岁的农民群体。这类农民群体中常年在外务工者较多,是农村房屋季节性利用和"空心村"现象的主要制造者。这类人群随着年龄增长,劳动

[①] 江帆,李苑玉.宅基地"三权分置"的利益衡量与权利配置——以使用权为中心[J].农村经济,2019(12):57.

能力逐渐下降,也面临子女成家、长辈赡养等现实难题。而且城市的房价,令绝大多数进城务工农民只能"望房兴叹",最终不得不返回农村。这类人群对于农村房屋最主要的权利诉求就是年节放假和返乡期间的短暂居住,以及进城务工之后将其闲置房屋对外出租以补贴家用。农村宅基地和房屋对于外出务工农民而言,更多的是一种精神家园的寄托,是其在城市进取失败后的最后退守之地。① 即便他们返乡之后也未必会回到老宅居住,多数具备经济条件的返乡农民仍旧会在交通沿线新建住房,这样不仅能就近从事农业生产,还能享受相对便利的居住生活条件。这种改善性的居住权利诉求在客观上造成了"一户多宅"和"空心村",但也激活了宅基地退旧还新的置换和复垦需求。

三是60岁以上的农民群体。60周岁是我国男性公民的法定退休以及城乡居民领取养老保险的年龄条件。虽然对于农民来说,并无达到法定退休年龄即退休的说法,但是这一年龄却是农民进城应聘时用工单位所要考虑的重要因素。因为按照我国现行劳动法律规定,达到法定退休年龄劳动合同即为终止。② 根据最高人民法院的相关司法解释规定,用人单位与其招用的已经依法享受养老保险待遇或者领取退休金的人员发生用工争议应当按照劳务关系来处理。③ 人力资源和社会保障部的有关正式文件也予以明确:对超过法定退休年龄的劳动者,愿意继续工作的,用人单位与劳动者的关系可以按劳务关系处理。④ 但是,这一规定仍然存在着地方规范的差异性和执法标准的选择性。"从地方性规定的主要内容来看,各地关于用人单位是否应当和是否可以为超龄人员办理工伤保险缴费,尚缺乏统一的态度和要求。"⑤ 这就意味着招聘60周岁以上的农民求职者,用人单位将面临无法为其办理工伤保险的风险,这无疑增加了用人单位的用工风险。既然进城务工面临制度性障碍,达到60岁的农民通常会返回农村居住,或者偶尔在所居住村庄附近的集镇、县城打零工。宅基地和农房是老年农民晚年生活的最后寄托。

---

① 陈丹.宅基地"三权分置"下农民财产权益的实现路径[J].农村经济,2020(07):57.
② 参见《劳动合同法实施条例》第二十一条规定:"劳动者达到法定退休年龄的,劳动合同终止。"
③ 参见《最高人民法院关于审理劳动争议案件适用法律问题的解释(一)》(法释〔2020〕26号)第三十二条规定:"用人单位与其招用的已经依法享受养老保险待遇或领取退休金的人员发生用工争议而提起诉讼的,人民法院应当按劳务关系处理。"
④ 参见《人力资源社会保障部对十三届全国人大二次会议第6979号建议的答复》(人社建字〔2019〕37号)。
⑤ 陈丹,李旭红.超龄农民工工伤认定分歧及其制度应对[J].山东农业大学学报(社会科学版),2020,22(04):96.

总之,从社会文化和权利实现诉求的角度来看,不同年龄段的农民对宅基地和农房所持有的价值期待虽然存在着差异,但基本上都将宅基地及其房屋视为其晚年物质和精神的最后寄托。41岁至59岁的农民由于受到上有老下有小的现实情况的限制,很难像青年农民那样拥有向城市进取的雄心壮志,并且迫于现实,他们只能将宅基地和农房进行季节性的利用,客观上造成了宅基地闲置和农房空置的现实问题。而60岁以上的农民则由于劳动能力较弱,对宅基地置换、退出等权益实现问题的关注度不高,其更愿意将自己旧有的农房作为晚年的留守之地,是自己晚年生活最后的居住保障。

第二节 宅基地"三权分置"与农民权利的发展现实

权利和权益并非两个相同的概念。权利意味着法律上被确认的具有权益内容的文本概念,而权益则是在法律上拥有可行性和保障性的实定法内容。对最广大的农民群体的切身利益给予足够的立法观照,也是我国宅基地"三权分置"改革应当秉持的基本法权逻辑。所谓法权逻辑,在宅基地"三权分置"改革语境下,指的是宅基地"三权分置"所依托的权利分置和运行的理论基础。"我国宅基地法律制度演进的基本逻辑是,在不同的历史时期、基于不同的阶段性战略,宅基地法律中的利益结构呈现出鲜明的阶段性特征。"[①]表面上看,宅基地制度改革所指向的主要是农民财产权益如何实现的问题,但牵连的是农民权利类型和要素在既有的法治框架下呈现出什么样的内容和要求。其中,财产权作为《宪法》所赋予的基本权利类型,与作为人身权的其他权利类型交集于宅基地制度改革实践中,会产生何种权利冲突?其发展演变的趋势如何?这些问题并非单纯地对宅基地制度改革本身展开就事论事的叙述即可厘清,而是需要放置在整体的权利框架和体系中进行宏观性和系统性的审视。但是,在乡村振兴战略实施背景下,特别是宅基地"三权分置"等一系列直指"三农"现实问题政策的出台,意味着在传统的农民权利

[①] 向勇.宅基地三权分置的立法意旨[J].农业经济问题,2019(04):16.

架构下生发出了新的制度构建要求。这当然引起了学术界的关注,虽然学者们也提出了农民权利体系化的诸多构想,但是仍然存在农民权利特性不彰、权利类型及其内在机理不明、内外部逻辑关联性欠缺等问题。反思之下,理论探讨的进路还是应当坚持"综合运用权利的社会理论、规范理论和价值理论,在农民权利体系化的进路上寻求突破,以期推进农民权利体系建构,实现农民权利体系的社会基础、规范表达和价值追求的统一整合与相融共生"[①]。因此,讨论宅基地"三权分置"改革和农民权利保护发展的问题,还是要从分析宅基地"三权分置"的法权逻辑出发。

一、宅基地"三权分置"与农民权利的社会基础

在法治社会建设进程中,人们已经习惯了按照法治社会的价值选择和规范引导来解决权利发展所面临的现实问题。遵循法治的基本逻辑和前提,为权利而呼唤、为权利而论证、为权利而斗争已经成为权利时代的理论景象。[②]农民权利和农民权益在不同的法律和现实语境下具有不同的法治意涵,前者更侧重从制度规范体系的角度来描述农民所拥有的权利内容,而后者更侧重从法律运行和实践操作层面来揭示农民权利所能够达致的程度和状态。农民权益应由经济和非经济权益组成,即:"农民在从事经营生产和生活中所享有的政治权利(民主权利)与经济利益(物质利益)的总称。"[③]结合既有的定义来看,如果回归到制度建构层面,农民权利和农民权益两个概念之间实际上并无本质差异。本书也正是在此意义上使用这两个概念,或者说在实践运行层面更多的是用农民权益来指称农民权利。

(一)农民权利发展的道义和效果选择

近些年来,我国法律建构领域对于权利体系的完善已经逐步进入法典化立法的新阶段,特别是《民法典》的颁布和施行,使得权利体系构造和权利行使的法治观念深入人心。《民法典》最为重要的使命就是通过权利体系的建构,让每一个人都能感受到更加强烈的尊严感和获得感,让每一个人都活得更有尊严。回到道义

---

① 牛玉兵.农民权利体系化的功能与进路——基于农民权利发展的法理思考[J].理论与改革,2016(04):67.
② 张文显,姚建宗.权利时代的理论景象[J].法制与社会发展,2005(05):3.
③ 史卫民.农村发展与农民土地权益法律保障研究[M].北京:中国社会科学出版社,2015:3.

层面来对权利体系建构的正当性展开分析,必然脱离不开法律与道义之间的关系问题。从二者的历史关系和演进逻辑来看,道德先于法律产生,并且在很长的历史时期中道德标准都高于法律规范。或许,在法治社会,法律可以脱离道德而存在,但难以发挥其预设的制度功能,而道德却不能不依靠法律的强制力,否则就无法产生实际的规制效果。同时,法律也离不开道德的内涵性要求,法律"必须以它竭力创设的那种东西的存在为先决条件,这种东西就是服从法律的一般义务。这种义务必须、也有必要是道德性的"[①]。权利体系的法律建构也可以被理解为是从善的引导和恶的防控角度对人的尊严和价值给予的制度性确认和维护。因此,权利也可以存在于人们内心和对于善恶是非的价值判断的道德观念之中,表现为人们基于此种道德评判和选择标准做出的具有一定道德强制力的社会评价和规范体系。但是,从实证法学的角度来看,权利的保护只能通过法律的确认来获得强制力。基于法律功能和功利主义的考量,将权利界定为法律的产物,而且只能是法律的产物。[②]乡村振兴战略的实施,直接指向的就是在全国人口中占据较大比重的农民群体的切身利益,既有对现行不合乎传统道义观念和不合理的权利义务类型进行解构和重构的要求,又有对权益实践运行加以维护的制度化改造需求。"坚持道义论为基础的城镇化,那么农民权利的发展就需要以农民本身作为目的,而非是实现城镇化和社会发展的手段;坚持以效果论为基础的城镇化,那么农民个体权利的地位就需要让位于最大多数人的利益要求,农民权利发展的价值考量就需要以其是否能够以及能够在多大程度上促进社会效用的增加为标准。"[③]因此,农民权利获得制度化实现的确定性,仍然需要通过改革政策促成立法转化,并对农民权利体系进行合理化改造,方可达到预设的规范效果。

(二)农民权利确认和实现的法治期待

权利即意味着对某种法律关系的确认,以及在此种法律关系中当事人之间的权利义务内容及其相互影响的关系。法律关系属于社会关系的范畴,而权利则是法律关系的主要内容。"对个人权利的承认不仅意味着对个人需求和个人身份的

---

① 米尔恩.人的权利与人的多样性——人权哲学[M].夏勇,张志铭,译.北京:中国大百科全书出版社,1995:35.
② 边沁.道德与立法原理导论[M].时殷弘,译.北京:商务印书馆,2000:365.
③ 刘同君,张慧.论农民权利发展的价值逻辑——以我国新型城镇化为视野[J].法学,2014(12):151.

个人性的承认,而且意味着对个人需求和个人身份的社会性的承认。因此,权利的发展,意味着社会结合方式的改进。"①法治作为社会治理的基本方略,既对社会治理主体和治理对象构成了行为上的指导和制约,又是其行为后果与效果判断的重要标尺。农民对法治社会建设的应然期待蕴含着对自身权利实现效果的良好愿景,而这一愿望又反过来推动了法治社会广泛的权利基础的形成。

农民权利实现的法治化体现在两个方面:一方面,农民的权利体系发展和权利内容的实现离不开法律的强力保障。对农民当前的权利状态和内容进行确认,使其产生确定的法治期待,同时也要确保这种法律确认的现实有效性,方可进一步增强农民群体对法律制度可靠性的预期和判断。另一方面,农民权利体系确认和发展的制度建设,又进一步证实了农民权利发展的现实意义,彰显了发展和进步的实际效果。"在现实的层面上,现代社会的法制发展、人权制度的不断进步、人权理念的不断更新,种种事实已经表明,权利发展不但回应了法治的时代需要,也体现了法律制度对于权利发展的时代承诺,同时,权利的发展也日益成为这个时代法律发展的精神路径和价值指标。"②正因为如此,广大农民群体对于法治的期待将不再满足于社会生活秩序的调整和规范,而是在自身权利实现过程中彰显其主体性地位并发挥主导性作用。

二、处在不断发展和变化中的农民权利

如前所述,宅基地"三权分置"改革将原有的宅基地使用权中的保障居住属性与财产属性分离开来,其保障居住属性分配给了宅基地资格权,其财产属性分配给了宅基地使用权,二者分别保护农民的不同权益。这种分别保护模式所表达的仍然是"三权"和"分置"的立法逻辑。"随着农民生活的逐渐富裕,经济现代化以及信息化发展的加速,农民在基本权利得到保障的基础上,势必产生更高层次的权利诉求。中国必须加快农民权利体系的全面构建,以更好地保障农民权益,为社会和谐发展提供制度保障。"③宅基地"三权分置"对于乡村振兴战略实施有着举足轻重的推动作用。无论是乡村振兴战略的目标还是路径规划,都具有非常明确的

---

① 夏勇.走向权利的时代(修订本)[M].北京:中国政法大学出版社,2000:11.
② 尹奎杰.权利发展与法律发展的关系论略[J].河北法学,2010,28(10):2-3.
③ 康金莉.改革开放以来中国农民权利:变迁与重构[J].武汉大学学报(人文科学版),2017,70(04):61.

指向,即更加有力地保护和发展农民的权利体系和内容,通过周密的运行机制设计为农民权益实现提供法治保障,最终使得农民真正成为乡村振兴战略实施过程的参与者和推动者,以及实施成果的享有者。

(一)农民权利发展是乡村振兴获得良好治理效果的基础条件

只有农民的权利体系得到确立和完善,权利内容的实现得到落实和保障,农村社会才能获得持续稳定的发展。在农村社会安定有序的前提下,大量农民才能对乡村有着更加强烈的归属感。农民是"三农"问题的核心,而农民最为关心的就是自身权利内容及其实现机制是否能够发挥出应有的作用和效能。社会治理机制的法治化要求为农村权利发展提供了良好的制度基础,而农民权利的发展现实也吸引着优秀人才向农村回流,为农村社会治理提供了充足的治理人才储备,构筑起农村治理的良好社会基础。

(二)农村现代化发展为农民权利发展注入了现实动力

农村社会的现代化发展不仅体现了物质文明建设方面的要求,还体现了精神文明的发展需要。全面脱贫攻坚任务完成和全面建成小康社会的实现,给农村带来了翻天覆地的物质和精神面貌的改善。但是,这只是农村现代化发展的第一步,更深层次的发展仍然是农民权利的体系构建,以及权利的法治实现和保障机制的现代化。只有稳步实现农民在教育、医疗、就业、社会保障等方面的权利内容,切实保障农民的财产权利、人身权利和社会权利等,才能让广大农民真切感受到农村现代化发展的成果,并为保持和发展这一成果而持续努力。特别是进入21世纪以来,随着互联网的推广和普及,农民有了更多机会了解和接触城市社会的先进技术和外部新鲜事物,进而有了更加贴近现代化发展成果的获得感受。特别是伴随着互联网成长起来的80后、90后新生代农民群体逐渐成为农村社会的主体,其对农村的现代化发展要求更为迫切。

(三)农村社会法律文化更新为农民权利发展提供了观念基础

社会存在决定社会意识,而社会意识又能推动和影响社会存在的发展。作为社会意识层面的法律文化,伴随着城乡一体化发展,城市社会的法律观念和交易习惯逐步影响和改变着农村社会的传统社交和生活习惯。农民的权利不仅作为法律制度而存在于立法文本之中,更作为现代法治文明和法治理念而扎根在农村社会的每一名成员心中。而这种具有权利结构的观念性内容又进一步构筑了农村社会的法治文化基础。众多的青年农民响应国家乡村振兴战略,从城市返回农村创业发展。他们在为农村输入年轻劳动力和资本的同时,也带去了城市的法律文化观念,为农民权利的更新迭代构筑了深厚的观念基础。

三、农民权益实现面临的现实困境

宅基地"三权分置"改革旨在实现宅基地使用权的财产属性,这固然可以通过多种市场交易方式来达到,但如果放活宅基地使用权的具体形式和路径不当,会给集体经济组织成员的居住权利带来不利影响。因此,要想实现宅基地使用权的财产属性,需要做好必要的风险防范,避免集体外的宅基地使用权人在实现权益时造成公权与私权之间的冲突。

(一)宅基地使用权"两权复合"的内在矛盾

在"两权分离"的架构下,宅基地使用权的物权性与身份性开始重合。第一,身份性内涵所指向的是具有身份性的居住保障权。从我国现行法律规范来看,作为集体经济组织成员的农民先天拥有获得宅基地的资格,并且由农民集体负责实现农民的该项权利。因此,宅基地使用权是成员居住保障权的基本要求。第二,物权性属性指向的主要是作为用益物权种类的宅基地使用权。宅基地使用权是我国《物权法》对农村村民长期以来将集体所有的土地用来建造住宅及其附属设施的事实情况的法律确认,并将其明确规定为一种用益物权。[①]

但是,宅基地使用权的物权性与身份性的重合也产生了内在矛盾,即:作为身份性权利,必须要求宅基地使用权的取得及保有主体限制为本集体经济组织成

[①] 2007年3月16日第十届全国人民代表大会第五次会议通过,并于当年10月1日施行的《中华人民共和国物权法》将"宅基地使用权"单列为其中的第十三章。第一百五十二条规定:"宅基地使用权人依法对集体所有的土地享有占有和使用的权利,有权依法利用该土地建造住宅及其附属设施。"第一百五十三条规定:"宅基地使用权的取得、行使和转让,适用土地管理法等法律和国家有关规定。"第一百五十四条规定:"宅基地因自然灾害等原因灭失的,宅基地使用权消灭。对失去宅基地的村民,应当重新分配宅基地。"第一百五十五条规定:"已经登记的宅基地使用权转让或者消灭的,应当及时办理变更登记或者注销登记。"

员;作为物权性权利,则要求有权自由流转。[①]虽然两者之间存在着矛盾并且彼此限制其效用,但是仍然是缺一不可的。如果过于重视其中的身份性,而忽略了物权流转的现实需求,那么就违背了合理流转宅基地,充分延长权利链条配置的改革目的。如果过于放大其中的物权性,又很可能会损害农民宅基地及其农房的居住保障性,诱发盲目和无序的圈占宅基地现象。在宅基地处于两权分离的架构下,宅基地使用权的物权性与身份性复合也是现实存在的。比如:农户在处分宅基地时,由于流转范围仅限于集体经济组织内部成员,城镇居民、银行、企业乃至相关债务关系的权利人想要参与到宅基地的流转中来,就受到了很大的限制,导致农户也难以通过租赁、抵押等行为来实现自身的交易需求。而这类制度障碍的存在,严重抑制了宅基地流转的灵活性,导致农民难以实现其土地与房屋的财产权利,不利于盘活农村闲置土地资源。

(二)宅基地所有权主体地位的弱化与处分权缺失

所有权主体地位的弱化首先表现为所有权主体法律地位的缺失。现行法律规定明确了宅基地归农民集体所有,并且也确定了农村集体经济组织的特殊法人地位。但是,实际上"农民集体"尚未拥有正式的法律主体地位,其并不是民法上的自然人、法人和非法人组织等权利主体。正因为缺乏法律主体地位,农民集体的宅基地所有权被乡镇机关和基层行政组织以名义上的"代理制"方式实际行使。在实践中,基层行政组织或乡镇机关代替农民集体控制农民集体所有的土地,限制了农民集体及所属农户的真实意愿表达,事实上架空了农户对其宅基地的控制与处分的权利。实际所有权的代理行使方式的存在,加之宅基地使用权的权属分离,造成了农民集体实际上并不曾拥有完整的处分权与收益权的现实局面。尽管我国有关宅基地所有权归集体所有的法律规定已经比较完善,但是,"目前尚无法律法规对集体这一概念进行界定,存在三权分置下的集体土地所有权落实风险"[②],使得宅基地的处置、管理与收益等权益实现受到一定阻滞。不仅如此,作为宅基地所有权主体的权力主体的形式混杂,尚未统一的现实表现也很突出。在现行的相关法律法规中,对宅基地所有权主体形式的表述包括:乡镇农民集体、村农

---

① 靳相木,王海燕,王永梅,等.宅基地"三权分置"的逻辑起点、政策要义及入法路径[J].中国土地科学,2019,33(05):10.
② 叶剑锋,吴宇哲.宅基地制度改革的风险与规避——义乌市"三权分置"的实践[J].浙江工商大学学报,2018(06):91.

民集体与村民小组农民集体等。[①]可见,宅基地所有权的主体形式目前是按照地区层级来进行划分的。不同层级的权力主体的权力范围不同,增加了法律对"农民集体"赋予主体地位的不确定性,也给政府在实践中对不同主体、不同处分行为的管理和控制工作增加了难度,这可能会引发宅基地所有权、资格权、使用权行使中的权利冲突。

此外,宅基地权能内容的缺失将削弱农户对宅基地及所属房屋的"控制力",影响宅基地合理流转政策的推进。2019年9月11日,中央农村工作领导小组办公室、农业农村部发布的《关于进一步加强农村宅基地管理的通知》(中农发〔2019〕11号)明确提出:"建立部省指导、市县主导、乡镇主责、村级主体的宅基地管理机制。宅基地管理工作的重心在基层,县乡政府承担属地责任,农业农村部门负责行业管理,具体工作由农村经营管理部门承担。"由此可见,我国农村宅基地的整体调配仍旧掌握在国家行政机关手中,"农民集体"的部分处分权被其"代理人"乡村基层行政组织与乡镇政府实际行使的现状也在一定程度上削弱了"农民集体"的处分权。

(三)宅基地资格权的认定及权利保障机制模糊

有学者对宅基地资格权做出定义:"农村集体经济组织成员享有的通过申请分配方式初始取得宅基地使用权的资格,不包含宅基地使用权持有资格,也不包含通过转让、继承等方式继受取得宅基地使用权的资格。"[②]该定义较为准确地对宅基地资格权的内涵和外延进行了界定,既指出了宅基地的本质属性,又排除了容易产生误解的其他宅基地利用资格的权利形态。宅基地资格权是宅基地"三权分置"改革下新创设的一项独立权利,与宅基地所有权、使用权并列。正因为属于新型权利,宅基地资格权的概念、内涵及权利性质尚未得到立法的明确界定,其相应的权利保障机制也处在探索之中。当前对于宅基地资格权的解释路径包括"成员权"与"使用权"两种,这两种不同路径的创设逻辑对于如何客观认识宅基地资格权的源起都具有重要的参考价值,但无论是上述哪种解释最终都绕不开对集体

---

① 韩文龙,谢璐.宅基地"三权分置"的权能困境与实现[J].农业经济问题,2018(05):61.
② 宋志红.宅基地资格权:内涵、实践探索与制度构建[J].法学评论,2021,39(01):81—82.

经济组织成员权概念的解读。[1]虽然宅基地资格权的解释应当基于其内含的成员权身份属性,但随着城乡不断融合发展,农村人口的迁入、迁出变得更加频繁,认定集体经济组织成员身份的难度也在增大。农村集体经济组织的认定本身就存在着不确定性,导致宅基地资格权的变动也会异常复杂。

第三节 "三权分置"改革中农民权利的体系化

农村土地制度的改革,对我国社会经济发展意义重大,并且直接作用于农民权利的现实发展。但与此同时,农民群体作为最广泛的社会群体,内部结构分化,由此引发不同的权利诉求和多元化的权利实现路径,农民权利似乎呈现出越来越碎片化的发展趋势。"虽然农村农民为占地、征地、土地纠纷,城乡工人为工资、劳动福利、就业条件,城市居民为拆迁、住房等等,发生的矛盾冲突事件增多,但是,这些矛盾都是局部的、小群体的、个体的,恰恰是印证了利益碎片化的趋势。"[2]尽管碎片化的现实有助于农民权利实现路径的多元化改造,但是不利于农民权利的体系建构,从整体上会影响农民作为最大社会群体的权益实现效果。

一、宅基地"三权分置"对农民权利发展的驱动

宅基地"三权分置"改革必然会导致农民权利体系发生变化。仅在宅基地制度的统辖之下,就至少存在着宅基地所有权、使用权以及资格权;而在宅基地使用权的实践运行和制度体系之下,又可以进一步细分为宅基地流转权、收益权、抵押权等具体的权利类型和表现形式。尽管与宅基地有关的权利内容主要体现为财产权属性,但是在与其集体成员资格紧密关联并且涉及集体资产处置、分配等方面的权利内容时,与宅基地有关的权利又表现出集体参与和公共决策等方面的政

---

[1] 胡大伟.宅基地"三权分置"的实施瓶颈与规范路径——基于杭州宅基地制度改革实践[J].湖南农业大学学报(社会科学版),2020,21(01):52.
[2] 李强.从"整体型社会聚合体"到"碎片化"的利益群体——改革开放30年与我国社会群体特征的变化[J].新视野,2008(05):16.

治权利内容。因此,宅基地"三权分置"改革对于农民的权利内容和体系架构必然会产生积极的影响。

(一)我国农民权利体系结构的规范构成

权利结构作为私法体系化建构的基本内容,通过搭建基本权利结构和体系是私法制度完善和发展的一般路径。权利作为法律设定的一方主体(权利主体)对另一方主体(义务主体)得以享有的以法律强制力为保障的权力,实则建立的是私法内容与公法保障的关联性。按照传统法学理论,任何一项权利或者说法律关系均应具备三个基本要素,即:主体、客体和内容。在民事权利领域,权利结构又被解读为三要素结构。任何权利都有其特定的主体,而义务主体既可以是特定的也可以是不特定的。相比之下,法律制度中的权利规范的确定表达为权利实现提供了可以预测的制度空间。因此,结合现行法律制度对农民权利体系和规范构成问题等展开分析,有助于全面把握我国当前农民权利保护的现实要求和未来发展的趋势。

一方面,体现为宪法意义上的农民权利。我国《宪法》(2018年修正)中有关农民的表述主要存在于三处。第一处是在序言部分,"社会主义的建设事业必须依靠工人、农民和知识分子,团结一切可以团结的力量"。第二处是在第一章第一条中,"中华人民共和国是工人阶级领导的、以工农联盟为基础的人民民主专政的社会主义国家"。第三处是在第十九条有关国家发展社会主义教育事业的表述之中,即:"国家发展各种教育设施,扫除文盲,对工人、农民、国家工作人员和其他劳动者进行政治、文化、科学、技术、业务的教育,鼓励自学成才。"另外,在有关农村的表述方面,主要是从经营体制、所有制以及农村集体经济组织、农村土地、基层自治等方面来予以规范表述。比如:关于农村的经营体制,第八条规定:"农村集体经济组织实行家庭承包经营为基础、统分结合的双层经营体制。农村中的生产、供销、信用、消费等各种形式的合作经济,是社会主义劳动群众集体所有制经济。参加农村集体经济组织的劳动者,有权在法律规定的范围内经营自留地、自留山、家庭副业和饲养自留畜。"关于农村土地所有制,第十条规定:"农村和城市郊区的土地,除由法律规定属于国家所有的以外,属于集体所有;宅基地和自留地、自留山,也属于集体所有。"关于农村基层自治组织,第一百一十一条规定:"城市和农村按居民居住地区设立的居民委员会或者村民委员会是基层群众性自治组织。"

另一方面,是从部门法律制度层面来看待农民的权利规范。我国当前并没有针对农民权利做出规范的专门性法律,涉及农民权利的规则内容主要是存在于多部调整与农业、农村相关的社会关系的法律规范之中,包括《中华人民共和国农民专业合作社法》(以下简称《农民专业合作社法》)、《农村土地承包法》、《中华人民共和国村民委员会组织法》(以下简称《村民委员会组织法》)等。除此之外,在《民法典》、《中华人民共和国农业法》(以下简称《农业法》)、《土地管理法》、《中华人民共和国就业促进法》(以下简称《就业促进法》)、《中华人民共和国渔业法》(以下简称《渔业法》)等相关法律规范中对于农民所涉及的具体法律关系中的权利类型和内容也存在相应的规定。这些法律规定涉及的往往是农民在某一方面的权利,比如《就业促进法》中就对农村进城务工人员的平等就业权以及禁止设置歧视性条件等做出明确的规定。[①]按照我国立法体制,大量的行政法规、部门规章以及地方性法规、规章也对农民权利做出了更为细致的规定。目前已经基本形成了以宪法为统领,以部门法为基本框架,以行政法规等为支撑的农民权利保护的法律法规体系,对农民权利行使和规范保障提供了有力的法律支撑。

另外,目前关于农民权利体系的表达多为学者的理论阐释,缺乏直接的法律适用指引和规范效力。结合我国现有制度文本来看,与其他社会主体相比,农民似乎并未拥有更多的权利内容。在宪法意义上,农民并不是需要予以例外观照和倾斜保护的一类特殊权利主体。这说明农民和普通公民一样享有个人权利、政治权利、经济权利和社会权利,享有宪法上的公民基本权利和义务。从这一点来说,宪法将农民作为普通公民来对待,其中的相关规定就构成了农民权利体系的重要规范基础,同时也能够以此作为衡量我国农民权利现实发展程度的法律标准。但是,作为与农村和农业紧密相连的特殊主体,农民又应当具有更加独特的权利内容。这些权利内容体现在宪法关于农民的特殊规范之中,特别是农民作为集体经济组织成员所享有的成员权利、经济权利以及基层自治事务的政治参与权利等。

[①] 参见《就业促进法》第三十一条规定:"农村劳动者进城就业享有与城镇劳动者平等的劳动权利,不得对农村劳动者进城就业设置歧视性限制。"

在宅基地"三权分置"的权利设定和体系构建过程中,不但不能突破宪法意义上农民权利的一般原则和特殊规范的限制性要求,而且要通过完善部门法规则对农民权利给予更加全面、有力的保障。按照此种基本的权利建构思路,在宅基地"三权分置"改革政策的立法转化过程中,应当充分考虑既有权利体系变化、调整的必要性和协调性要求,保持专门领域的立法与现行有效的规范之间的承继和关联,避免因频繁的制度更迭和规则反逆损害法律规则适用的权威性和确定性。

(二)农民权利发展中的体系化建构需求

"三农"问题的核心和关键在于农民权利实现。而"农民的权利是一个体系,不能割裂,要保护农民权益,就必须完整实现这些权利"[1]。作为权利体系化的重要标准,"实效性原则"的提出有着非常重要的借鉴意义。"当且仅当一个法律体系具备某种最低限度的实效时,它才是存在的。这可以表现在两个方面:一是这个体系中的规范大体得到人们的服从(遵守与适用),二是当这些规范被违背时会被施加制裁。"[2]

首先,农民权利体系化有赖于宅基地"三权分置"的内容拓展。宅基地"三权分置"是指对宅基地所有权、使用权、资格权分别通过不同的法律规范予以规制,既包括对"三权"的法律属性和内容进行设定,也包括对"三权"的权利人赋予"分置"之后的不同权利内容。但宅基地"三权分置"下农民权利的体系化并不是单纯地指向宅基地"三权"内容构建的体系化,而是一个内涵更为丰富、外延更加广泛的制度建构方案和体系。2018年"中央一号文件"提出"落实宅基地集体所有权,保障宅基地农户资格权和农民房屋财产权,适度放活宅基地和农民房屋使用权"的同时,再次强调并重申了完善农民闲置宅基地和闲置农房的处置政策,不得违规违法买卖宅基地,要严格实行土地用途管制,严格禁止下乡利用农村宅基地建设别墅大院和私人会馆等。从这些政策表述可以看出,中央对宅基地"三权分置"的基本价值定位是为了促进闲置宅基地和农房的再利用。[3]但是,受到改革政策立法转化中的现实障碍制约,其所采用的宅基地集体所有权、宅基地农户资格权

---

[1] 高新军.保护农民权益须厘清农民的权利体系[J].中国合作经济,2011(09):7.
[2] 雷磊.融贯性与法律体系的建构——兼论当代中国法律体系的融贯化[J].法学家,2012(02):4.
[3] 宋志红.宅基地"三权分置"的法律内涵和制度设计[J].法学评论,2018,36(04):142.

与农民房屋财产权等概念表述,并不能直接对应现行法律规范中的具体权利内容。因此,宅基地"三权分置"后的宅基地所有权、使用权及资格权将会发生怎样的变化以及如何重新定义其构成要素及其内在关联,仍是我们探索其法律内涵并研究具体的入法路径,构建法律体系的应然要求。

其次,农民权利的体系化应该建基于既有农民权利内容的系统性整理工作的完成。当前我国农民享有的权利内容呈现出碎片化和非制度化的特征,而对现行制度体系中涉及的农民权利内容逐一进行整理和提炼,将其涵摄到现行法律规则语境下讨论其规范构成和实现路径,是农民权利体系化建构的应有之义。一方面,体系化建构本身有助于总结权利类型和内容要素。"在农民权利领域中的应用,也就必然带来农民权利某种程度的整理与总结,呈现农民不同权利类型之间的结构关联,进而为人们正确认识和理解农民权利奠定基础。"[①]而且这种体系化建构工作也有着特定的技术化要求,是法律制度实施的经验性总结和文本化确认的基础工作。另一方面,体系化建构还能有效激发农民权利的制度创新。体系化不仅仅是对既存权利内容的梳理和发现,还可以通过这种技术化操作,生成更加契合现实发展的新型权利观念和制度内容,并在后续的体系建构中融入这种新的理念和要求。可以说,更高层次的体系化还应当蕴含制度创新的内涵和目的。真正的体系化过程并不是对农民既有权利名称的列举和汇总,也不是简单的清单式呈现,而是在规范整理的过程中实现农民权利整体意义上的提炼和升华。比如:通过对宅基地"三权分置"改革政策所涵摄的农民权利类型进行梳理,可以从中创新资格权这一新型权利,但同时又会产生对既有宅基地使用权和成员权内容、边界和权能以及与现行法律中的物权体系展开理论检视和对比的要求,加以论证并设计出合理的制度建构方案。

(三)农民权利体系法治建构的方案选择

宅基地"三权分置"改革所带来的农民权利体系化建构需求,不仅关乎宅基地权利,还会对农民既有或者将有的其他领域权利的内容、边界等产生影响,带来权利体系内在结构和外在关联的各种变化。从宅基地"三权分置"制度改革切入,是

[①] 牛玉兵.农民权利体系化的功能与进路——基于农民权利发展的法理思考[J].理论与改革,2016(04):68.

本书在讨论农民权利体系建构问题时的一种思路,但是这种思路本身仍然是建立在普遍联系和对立统一的辩证思想之上。选取合适的体系化建构方案,是农民权利体系化结果本身发挥出应然功能的前提。就理论建构方案的论证思路而言,目前主要存在以下三种建构模式:

一是以公民基本权利架构为基础。公民基本权利在我国宪法意义上具有非常重要的地位和影响。我国2018年修正的《宪法》第二章"公民的基本权利和义务"中规定的人身自由、人格尊严、劳动权、休息权、社会保障权、受教育权等,均属于公民所享有的人身权利、经济权利、政治权利、文化权利、社会权利等基本权利范畴。但是在这章中并未规定财产权,而是将其放置在"总纲"部分加以规定的,[①]强调了公民私有财产权和继承权受到法律保护,并且表明国家基于公共利益可以依法对公民私有财产进行征收并给予补偿的态度。未将财产权规定在公民基本权利之中,并不意味着财产权就不属于基本权利内容,将其放置在总纲之中规定正是为了凸显其重要地位。事实上,按照宪法关于公民基本权利的建构体系,农民对于宅基地的权利可以从人权体系下的生存权和发展权的角度来加以论证,很显然,居住保障属于生存权的范畴,而财产收入增长则应归属于发展权的范畴。当然,以基本权利架构思路作为农民权利建构的理论基础,还要遵循一个基本前提,即:农民同时也是公民,其享有法律上的平等权,这种平等性所要矫正的正是长期以来农民权利在我国历史和现实制度配置中的诸多不平等的事实。唯有遵从这一前提,方可真正构建出一套符合我国国情并满足农民权益期待的农民权利体系。

二是以土地财产权为核心。在我国现行土地制度框架下,农村"三块地"按照土地功能划分,包括农用地(主要是耕地)、宅基地、农村建设用地。而农用地作为农民进行农业生产的物质基础,按照"三权分置"改革的要求同样也是分置出了所有权、承包权和经营权。这与宅基地有相似之处,即:通过权利分置的方式实现其中原本具有身份属性的权利类型的市场解绑,真正给农民带来财产性收入,实现其重返农民财产权利体系的制度性归位。但农民长期缺乏市场地位是一个基本事实,在过去较长的历史时期中农民的财产权利经常遭受侵害。因此,单纯从财产权利的角度来对农民权利体系进行建构,难免失之偏颇,并且从权利整体运行

---

① 我国《宪法》第十三条规定:"公民的合法的私有财产不受侵犯。国家依照法律规定保护公民的私有财产权和继承权。国家为了公共利益的需要,可以依照法律规定对公民的私有财产实行征收或者征用并给予补偿。"

和实现的角度来看,这种片面的建构方案也不利于农民权利获得感的长期维护。

三是按照农民自身的权利需求层次展开建构。不同社会群体的权利需求具有层次性和差异性,甚至在同类型社会群体之中,也会因为受教育程度、家庭经济基础、社会就业现状等各方面具体情况的不同而蕴含不同的内容。尽管现阶段我国农民越来越朝着职业化方向发展,但是作为历史性延续的身份性概念,在当前的权利实现机制中仍然以制度惯性和传统观念而存在,农民并不能明显感受到自身的权利实现所产生的现实效果。和城市居民相比,农民仍然处在较为低落的权利维护和实现状态之中。当然,未来的立法建构也不可能完全照顾到每一个农民的个体差异,因而只能通过提炼具有共同性和普遍性的差别要素来归类和整合,将既有农民权利诉求予以系统化整理,并按照一定的层次化进行区分。对此,有学者主张,"构建合理的农民权利体系要求转变制度理念,在确立平等权基础地位的前提下,实现由平等保护向倾斜保护转变,由身份概念向职业概念转换,由现实性权利向目标性权利迈进。基于以上理念,应将农民权利区分为生存型、保障型和发展型三种类型进行分类保护"[①]。如果按照此种建构思路,宅基地"三权分置"就不单单体现了农民的生存和保障需求,还融合了农民自身对其发展权实现的价值期待。

二、宅基地"三权"的内在关联性

宅基地所有权、资格权与使用权"三权"的"分置"是中央政策改革结合目前我国的经济发展尤其是乡村振兴战略实施创设出来的新制度。宅基地"三权"的内在关联是厘清所有权、资格权和使用权的权能边界和行使方式的重要前提。依据我国现行政策和法律,只有土地使用权能够进入市场流转和利用。而宅基地的自由流转和有偿使用,也要在使用权制度框架内完善其运行机制。对"三权"的内在价值进行考量,应当首先融入农民权益实现目标,并以此为中心来构建制度体系。各地的"三权分置"改革试点举措,除了要融合宅基地对于农民的权益要素外,还要导入实现农民权益、保障农村发展的制度功能。这是论证"三权"内在关联性的基础法权逻辑。

---

① 赵万一.中国农民权利的制度重构及其实现途径[J].中国法学,2012(03):5.

(一)宅基地所有权的基础性

宅基地所有权对于资格权和使用权来说,具有无可替代的基础性地位。宅基地的集体所有权是基础性权利,只有在此项权利主体和内容确定的前提下,才能进一步厘清资格权和使用权。

首先,宅基地所有权是对物的占有权、使用权、收益权与处分权,是一种完全物权。根据我国法律规定,我国农村宅基地的所有权归属农村集体所有,集体经济组织成员享有永久的宅基地使用权。从宅基地所有权的属性来看,宅基地集体所有权是自物权,权利主体享有对宅基地所有权的四种权能。但由于法律上对宅基地所有权的权利主体界定模糊,没有形成统一的解释观点,对权利主体的认识到底是"农民集体"还是"农村集体经济组织"也是各持己见。而权利主体的模糊也造成了权利行使代理机制以及村委会、镇政府等代替实施宅基地相关权能的事实,弱化了所有权主体的地位,导致其无法真正行使全部权能。

其次,界定宅基地所有权的权利主体是宅基地"三权分置"法治化拓展的理论基础。按照《民法典》第二百六十一条规定:"农民集体所有的不动产和动产,属于本集体成员集体所有。"但是,当前学界对宅基地所有权的权利主体的界定有着不同的看法,目前"农民集体"与"农村集体经济组织"确实是当前学界主流认可的概念,却经常被混淆使用。对此,《民法典》进一步做出明确规定,表明农村集体经济组织和村民委员会并非同一概念,只有未设立集体经济组织的村民委员会才能够代行集体经济组织的权利。[1]虽然农村集体经济组织早已获得特别法人地位,为确立集体土地所有权主体提供了法律依据,但"农民集体"是一个抽象的概念,并不是民法主体制度中的民事主体。[2]也有学者认为集体所有权主体是农民集体而非农村集体经济组织是立法的有意设计。[3]

最后,宅基地所有权及其权利主体确定是宅基地资格权、使用权界限划分的基础性依据。如前所述,我国农村土地的集体所有制决定了宅基地的所有权存在

---

[1]《民法典》第九十九条规定:"农村集体经济组织依法取得法人资格。法律、行政法规对农村集体经济组织有规定的,依照其规定。"第一百零一条规定:"居民委员会、村民委员会具有基层群众性自治组织法人资格,可以从事为履行职能所需要的民事活动。未设立村集体经济组织的,村民委员会可以依法代行村集体经济组织的职能。"
[2] 代琴.我国民法典物权编应当确定农村集体经济组织为农村土地所有权主体[J].内蒙古社会科学,2020,41(02):95.
[3] 吴昭军.农村集体经济组织"代表集体行使所有权"的法权关系界定[J].农业经济问题,2019(07):38.

着虚置的现实。按照传统民法物权理论,所有权应包含占有、使用、收益以及处分等完整权能,但由于集体所有权性质本身是一项成员共享的权利,权利内容虽然明确,但权利边界和行使主体却难以准确界分。法律制度上又长期缺乏具体的权利行使主体和运行规则的表述,导致了这种集体所有权长期虚置的局面,进而使得集体所有权成为一种理论权利而非实际权利。《民法典》明确规定了宅基地的所有权由集体经济组织代表行使,并且赋予集体经济组织以特别法人资格,不仅解决了所有权虚置的问题,还使得分置出来的相应权能得以被权利人实际行使和支配,从而在所有权和资格权、使用权之间搭建了一道权利实现的桥梁。当然,为了真正实现集体所有权,除了分置权利的具体行使内容和边界之外,集体经济组织作为所有权的代表行使者,还要代表农民集体对资格权和使用权的行使实施有效的监督和管理,这从法权逻辑上回应了所有权对其他权利类型的体系统辖和逻辑涵摄。

(二)宅基地资格权的纽带性

资格权既是使用权取得的必要条件,也是所有权和使用权建立联系的纽带。可以说,资格权就是宅基地的初次分配,而使用权则是宅基地的再次分配,从权利的生发逻辑来说,是所有权派生出了资格权,而资格权又进一步派生出了使用权。宅基地资格权作为宅基地农户资格权的独立表达,就是要将集体成员专属的身份性居住保障权能从原有宅基地使用权中抽离出来,建构一项独立的新型民事权利类型,以解放现行宅基地使用权承载的社会保障性和身份性权能,为集体经济组织成员的基本生活居住建构新的权利载体。资格权是使用权得以立足和依存的根据,是使用权产生的充分条件。一旦缺失了资格权这项权利要件,农民就无法获得自建房屋的行为资格,也就无法获得房屋所有权。

一是从宅基地资格权的来源和目的来看。当前学界对于宅基地资格权的来源有不同的观点。有学者认为,宅基地资格权是一种纯粹的农民集体成员权,[1]是集体成员权范畴的一个子权利,是农户取得宅基地的一种资格,是集体成员以户为单位所直接支配的专属性的身份权益。[2]还有学者认为,根据物权的支配性地

---

[1] 陈小君.宅基地使用权的制度困局与破解之维[J].法学研究,2019,41(03):53.
[2] 靳相木,王海燕,王永梅,等.宅基地"三权分置"的逻辑起点、政策要义及入法路径[J].中国土地科学,2019,33(05):13.

位,宅基地资格权应被塑造为用益物权以保障农民的居住权利,从而构建出"所有权+两级用益物权"的体系。[1]宅基地资格权并不能简单定义为一种资格,而是在成员身份的基础之上获取宅基地的一种权利,是创设次级使用权后的宅基地使用权。[2]甚至有学者提出,宅基地资格权是将宅基地取得资格从使用权中分离出来单独设立的配给权。[3]另外,宅基地资格权的核心目的是保障农村村民的基本生活居住条件,而保障居住权利也是宅基地制度设立的初衷,其中的社会福利性是宅基地产权体系长期变迁发展均无法改变的制度性存在。集体经济组织成员可以凭借宅基地资格权合法取得一块宅基地,或放弃宅基地的取得而换取其他经济利益,如:货币补偿、城镇住房等。因此,宅基地资格权是基于其成员身份对集体经济组织的请求权而获得的财产性利益,其并不具备直接对财产标的物进行占有和使用的用益物权属性,因此宅基地资格权并不具备认定为用益物权的条件。

二是从权利取得主体应当满足的身份属性来看。资格权来源于集体成员的身份,是集体成员凭借这种特殊身份而当然享有的资格权,如果不具备集体成员身份则必然不能获得资格权。当然,这种集体成员身份在实践中也表现出多样性和复杂性,农民的身份可能在不同场域中存在着具体的差别,有时是农民集体成员,有时又是集体经济组织成员,有时又被称为普通村民。总之,这些具体身份称呼均是在不同场景下做出的表述,虽然不统一,但其内涵却高度重合。而根据成员权的权利内容,宅基地资格权应当是请求集体经济组织分配土地和获得居住保障权利的载体,是同时拥有身份权能和财产权能的一种综合性权利。2018年"中央一号文件"提出"保障宅基地农户资格权"的政策术语,其中的"资格权",指的就是农民集体成员享有通过分配、接受、共同共有等方式取得的宅基地权利。[4]因此,资格权以成员权来定位,为成员提供生活保障,以身份为依归,落实其社会福利保障的权能才是"三权分置"改革下宅基地资格权的应有之义。但是,在资格权的认定上,又强化了对"身份"和"户"的界定。多数地方以拥有一定年限的当地

---

[1] 李凤章,赵杰.农户宅基地资格权的规范分析[J].行政管理改革,2018(04):42.
[2] 刘国栋.论宅基地三权分置政策中农户资格权的法律表达[J].法律科学(西北政法大学学报),2019,37(01):196.
[3] 岳永兵.宅基地"三权分置":一个引入配给权的分析框架[J].中国国土资源经济,2018,31(01):35.
[4] 孙宪忠.农村土地"三权分置"改革亟待入法[J].中国人大,2018(15):24.

"户籍"作为判断标准,对于没有取得当地户籍,但又具有相应条件的,[①]由集体经济组织认定。而关于"户"的界定,一种是以公安部门核发的户籍登记为依据,另一种是村集体经济组织认定的"户"。在资格管理上,很多地方都在探索建立资格权管理平台、名录库以及资格权证制度。如:江苏武进研发了宅基地农户资格数据管理软件,对软件的功能进行有条件的设定,规定具体操作人员的权限,严格规范对数据库中户和成员进行修改和增减的程序。安徽旌德,浙江象山、德清等地还颁发了包含资格权的宅基地"三权分置"证书。

三是从宅基地资格权的权能构造来看。农民所享有的宅基地资格权,不能简单地将其理解为单一的权能,其权能主要包括宅基地分配请求权,[②]退出及退出补偿权,[③]以及征收补偿权等方面,也包括村务管理参与权、知情权、监督权、集体福利获得权等部分基础性权能内容。这些权利内容虽然并不当然地具有直接的财产属性,但是作为集体经济组织的运行机制内容,可能会影响集体经济组织所有权的实现和所得收益。比如:征收补偿就是基于公共利益需要由政府实施土地征收,在其实现时将宅基地收归于国家,此时补偿的对象就应当包括农村集体经济组织。[④]结合各地试点探索的实践来看,主要有取得、有限流转(置换)、保留、收益等权利。在取得方面,可以凭资格权无偿获得在本集体经济组织当期的宅基地或住房,也可以通过市场化方式来配置具体的资格权内容。例如:浙江省义乌市通过制定《义乌市农村经济组织成员资格界定指导意见》,发放资格权证鼓励资格权益内容上市交易,规定资格权可以在村集体经济组织内部进行流转,政府确定最低的保护回购价,并规定资格权益可以质押。在有限流转方面,衢州市区、诸暨市、义乌市积极探索"地票""房票""集地券"等交易模式,对因农村土地综合整治

---

① 此处的"相应条件"在通常情况下,指的是因国家重大工程及政策移民且重新分配获得土地的,或者户籍不在集体经济组织但长期生活居住在本集体经济组织且在城镇和农村均无房的人员,即取得宅基地资格权。
② 宅基地分配请求权,又可称宅基地分配(取得)权,是集体经济组织成员以"户"为单位,根据法律法规所设定的申请规则与分配形式,依法请求集体经济组织无偿分得宅基地的权利,是宅基地资格权中的主要权能。
③ 宅基地资格权中的退出权是指宅基地资格权人有权就其集体经济组织成员身份的灭失而放弃宅基地资格权,同时宅基地使用权及一系列基于集体经济组织成员身份而享有的权利也一同退出。退出权是集体成员所具有的自主选择有偿或无偿提出宅基地的权利,基于退出权的行使,宅基地资格权人同时享有退出补偿权,即退出宅基地资格权后可享有相应的补偿,如:货币补偿、城镇住房等。其补偿标准应包含现有宅基地及地上房屋的市场价值、日后宅基地的增值收益,以及农户退出宅基地后增加的生活成本等。
④ 陈广华,罗亚文.乡村振兴背景下宅基地资格权研究[J].安徽大学学报(哲学社会科学版),2019,43(05):127.

需要退出宅基地或有意愿进城镇集聚安置的农户,采取货币、房票、地票、集地券以及保障性住房等方式进行补偿,激励农户退还宅基地。湖北省宣城市还做出规定,户籍在本集体经济组织,对于因升学、暂时外地工作和生活、失地后招工进厂、服兵役、服刑等人员保留其取得宅基地的资格。一些地方还通过发放宅基地使用资格证书,帮助农民解决进城落户的后顾之忧。

(三)宅基地使用权的效果性

从"三权分置"改革的制度初衷来看,无论是所有权还是资格权,都以实现使用权的"适度放活"为目标。可以说,使用权承载着所有权和资格权实现的具体内容与最终法律效果。2018年9月26日,中共中央、国务院印发《乡村振兴战略规划(2018—2022年)》,强调宅基地"三权分置"的改革要求及其对盘活农村存量建设用地的重要作用。尽管中央已经明确了宅基地"三权分置"的改革要求,但是各地区、各有关方面对于宅基地所有权、资格权和使用权"三权"各自的内涵、属性和边界等问题尚未形成制度共识。宅基地"三权"对于农民权益而言,究竟应当蕴含怎样的内在价值,如何通过权利的配置和运行来保障农民宅基地权益的实现,需要进一步探讨和厘清。依据我国现行政策和法律,只有土地使用权能够进入市场流转和利用领域。宅基地的自由流转和有偿使用也要在使用权制度框架内完善其运行机制。

首先,宅基地使用权放活的制度效果与实现程度均有赖于所有权的虚置现实的改变。单就财产法而言,通过法律制度对权利归属状态进行界分并对占有事实加以确认,无非是要在权利所能产生的法律效果层面赋予某种实质意义,并基于权利主体的身份来行使财产取得、分配的选择权和处置权。因为所有权所要宣示的是一种对权利归属状态的法律承认,反过来,我们就可以进一步论证所有权的虚置在这层意义上似乎也具有一定的现实合理性。但如果这种宣示行为并不能在法律上改变其背后的利益分配逻辑,那么宣示的意义也就只能止步于宣示本身,所有权沦为一种名副其实的虚设权利。任何权利如果无法得到真正的落实,不能帮助权利主体获得权益实现的成就感和获得感,那么这种权利也就只能是停留在理念和文本层面的观念性权利,并无实际的权利内容。就使用权与所有权的相互影响而言,"宅基地使用权作为一种无偿、无期限限制的特殊用益物权,极大地弱化了农民集体的宅基地所有权,但集体所有制下农民属于集体经济组织成员的特殊身份为此种特殊用益物权的设立和存续提供了正当性前提和法理基础,这对正确认识宅基地使用权的身份属性至关重要"[1]。因此,使用权的内涵界定在"三权"体系建构中的重要性得以凸显,通过资格权的行使,所有权让渡出部分权能分配给使用权,在制度建构的目的表达方面将会更加彰显使用权的财产属性和市场价值。

其次,宅基地使用权分置的法律效果被赋予了增加农民财产性收入的经济功能和使命。"宅基地'三权'分别承载着重要的政治功能、社会功能和经济功能。"[2]"宅基地财产功能的发挥也是以满足居住保障功能为前提而展开,宅基地'三权'分置为此提供了相应的制度空间。"[3]"三权"之间构成相互依存以及相互抗衡、相互制约的关系,这种关系可以进一步总结为:宅基地所有权与宅基地资格权为基础关系,宅基地所有权是宅基地资格权产生的本权与基础性权利;宅基地资格权与宅基地使用权为派生关系,宅基地使用权是从宅基地资格权中派生出的权利;宅基地所有权与宅基地使用权是监督关系,宅基地使用权的行使受到宅基地所有权主体的监督。[4]当然,制度变革应以持续的社会稳定为前提,而社会稳定的基础在于权益的法治保障与实现,最终还是要落脚于如何运用法治手段处理"维权"与"维稳"的关系上来。[5]在既有的"宅基地所有权—宅基地使用权"的二权体系下,宅基地的使用权对非集体成员的转让只有出租这一方式,但租赁的方式并不能满足现实对宅基地资源的使用需求,导致了许多非法利用的情形存在。[6]这使得宅基地"二权"体系结构面临巨大的改革压力。2018年"中央一号文件"提出要完善农村承包地"三权分置"制度,在依法保护集体土地所有权和农户承包权前提下,

---

[1] 宋志红.乡村振兴背景下的宅基地权利制度重构[J].法学研究,2019,41(03):75.
[2] 刘双良.宅基地"三权分置"的权能构造及实现路径[J].甘肃社会科学,2018(05):229.
[3] 高圣平.农村宅基地制度:从管制、赋权到盘活[J].农业经济问题,2019(01):60.
[4] 张勇.宅基地"三权分置"改革:"三权"关系、政策内涵及实现路径[J].西北农林科技大学学报(社会科学版),2020,20(02):61-68.
[5] 习近平总书记在2014年1月7日召开的中央政法工作会议上指出:"要处理好维稳和维权的关系,要把群众合理合法的利益诉求解决好,完善对维护群众切身利益具有重大作用的制度,强化法律在化解矛盾中的权威地位,使群众由衷感到权益受到了公平对待、利益得到了有效维护。"
[6] 宋志红.乡村振兴背景下的宅基地权利制度重构[J].法学研究,2019,41(03):81.

平等保护土地经营权。

最后,宅基地使用权的制度效果有赖于所有权和资格权清晰界定前提下"适度放活"要求的贯彻和落实。我国现行立法采取的是房地一体原则,宅基地使用权不能单独转让,在宅基地上自行建造的农房也是不能单独转让的。这种法律上的禁止流转规则在客观上扼杀了农民通过融资、投资、抵押等方式来实现其财产权益的可能性。农民对于土地的开发利用能力明显不足,而宅基地使用权的禁止转让也进一步限制了农村土地的价值实现。因此,农村宅基地被限制在农民手中不是存在着闲置问题,就是只能进行低效率使用,造成社会资源的巨大浪费。而"三权分置"中的资格权与使用权分离,作为增强农村宅基地流转、减少土地闲置、荒废的对策,就是要解决上述困境所带来的诸多现实矛盾,将集体土地推向有序运行的市场化轨道,从而保障农民、农村集体对宅基地的基本权益的实现。事实上,"三权分置"就是在无法彻底放开宅基地自由流转的前提下尽可能做出的最优选择。在此前提下,宅基地使用权的用益物权属性还是应当得到坚持,并借由资格权的设置来摆脱其与生俱来的身份权限制,在权利内容上进一步凸显其财产权属性,实现其对用益物权法律定位的回归。[①]同时,宅基地使用权的主体也可能不需要再限定为集体经济组织内部成员,在法律规定和合同有效的前提下,非集体经济组织成员或非资格权人也可以从农户手中取得宅基地使用权及相应权利。此种制度可以更有效地吸引社会资本来对宅基地进行直接或间接的投资,推动农民财产性收入增长。[②]同时,基于农民权益实现的长远目标,也要避免宅基地流转陷入绝对市场化的泥淖,避免其对农民的基本居住环境和土地资源利用秩序造成负面影响。

三、宅基地"三权"对农民权利结构的影响

宅基地作为农民安身立命的居住保障,其所依托的制度改革呈现出牵一发而动全身的实践效果。在宅基地"三权分置"改革背景下,除了宅基地权利内部体系本身的不断完善和更新之外,其他关联性的权利内容也获得了拓展,权利类型更

[①] 刘宇晗,刘明.宅基地"三权分置"改革中资格权和使用权分置的法律构造[J].河南社会科学,2019,27(08):80-86.
[②] 陈丹.宅基地"三权分置"下农民财产权益的实现路径[J].农村经济,2020(07):60.

加多元化,关联性权利的体系建构要求也日渐凸显。这一现实发展也给我们当前如何完善宅基地权利之外的权利实现机制提出了要求。"应在承认农民主体的资源和个人禀赋、能力等方面差异的前提下不仅追求形式平等,还要注重实质平等,结合农民问题的现状,在法律制度设置上应确定农民在资源配置和收益分配的某些方面可以享受某些特殊的权利而不需要履行义务,确定农民需要优先保护和重点保护的权利。"[①]

(一)农民财产权利内容有待厘清

宅基地"三权分置"是对既定的农民财产权利体系的突破性改造,原有的宅基地权利体系面临解构,取而代之的是新的"三权"结构。这就使得农民财产权利的内容厘清被赋予了新的考量因素。

一方面,要看到在《民法典》实施背景下,宅基地权利中的财产权内容发生的新变化,比如:宅基地使用权和居住权的关系。宅基地使用权是我国法律确定的一项用益物权,已被归入财产权利的范畴。但是从目的和功能角度来加以解释,宅基地使用权的设置初衷主要是保障农民建造自住房屋的权利,而这一权利长期被赋予了社会保障功能。虽然《民法典》确认了居住权概念,但是与农民对自己享有宅基地建房权利所代表的居住权并非同一概念。《民法典》意义上的居住权,乃是为居住权人在他人所有的房屋上设定的一项权利,该权利产生的基础是当事人之间签订的以房屋占有和使用为内容的居住合同,[②]仅这一点就与农民利用宅基地自建房屋的"居住权"存在着根本不同。宅基地的"三权分置"所分置出来的使用权与原宅基地使用权也存在着差异,其财产属性得以增强,同时导致农民其他财产权利也发生了相应的变化。

另一方面,要看到农民宅基地在利用、退出等环节的财产性需求的变化,以及与其他涉农财产权利发生的冲突如何协调化解的问题。在我国农村既有的财产权利体系中,"土地既是一种重要的生产资料,也是一种重要的财产形式。农民作为经营土地的职业阶层,农民权利围绕土地展开,土地权利构成农民权利的基础。

---

① 蔡晓卫.新型城镇化下农民权利体系的重构[J].江西社会科学,2014,34(11):191-192.

② 《民法典》第三百六十六条规定:"居住权人有权按照合同约定,对他人的住宅享有占有、使用的用益物权,以满足生活居住的需要。"这一规定是法律意义上居住权概念的表述,其要件有四:一是存在有效的居住权合同;二是标的物应为他人所有的住宅;三是权能为占有和使用,并无收益;四是基于满足生活居住需要,从而排除了营利等目的。

因此,农民发展是农民土地财产权的实现过程"[①]。需要关注和解决的现实问题主要有以下四个:一是农民退出宅基地时所面临的征地和失地的财产权益冲突,以及与土地承包经营权之间的衔接问题。二是宅基地使用权作为财产权利,其所牵连的农民对闲置房屋的处置、租赁、抵押等行为获得的宅基地增值收益的分配问题等,如何更好地实现分配正义并且避免利益冲突和争端。三是集体土地所有权与农民的宅基地使用权两类财产权利之间冲突的协调问题。农民进城和上楼是宅基地退出的两种具体实现路径,农民上楼之后的现实情况却是,"财产权利边界明确,物权显著增加,集体利益分享权以不同形式实现,但用益物权实现度较低,农民整体上财富积累能力降低,不利于其长远发展"[②]。四是宅基地权利的流转现实对于既定法律规定中的禁止性和限制性规范的突破应当如何做出具有合理性和正当性解释的问题。比如:宅基地隐形流转市场如何治理?宅基地如何放开流转?放开流转有无适当的限制?等等。这些都是试点改革需要及时总结和澄清的基本制度问题。

(二)农民社会保障权利同步建设

农民作为社会主义劳动者,按照《宪法》中公民基本权利的相关规定,其享有的社会保障权益至少应当包括劳动就业、养老、医疗、教育等方面。传统农村土地制度解决的是农民基本生存权的实现问题,通过农村土地承包经营权和宅基地使用权来保障农民从事农业生产和自建住房的权利。但随着城乡融合发展越来越多地体现出城乡同权和标准统一的要求,农民的社会保障权益内容和标准也在日渐向城镇居民靠拢。我国2007年8月颁布的《就业促进法》就明确规定了农民进城务工享有与城镇工人同等的就业权利和不得进行歧视的要求,并对各级政府在保障农民进城就业和提升农民进城就业能力等方面采取措施提出了诸多要求。[③]

[①] 蒋永甫,王宁泊.农民发展:农民土地财产权的演进——以中央"一号文件"为考察线索[J].广西师范大学学报(哲学社会科学版),2017,53(04):29.
[②] 张鸣鸣."农民上楼"后财产权利的变化[J].中国农村经济,2017(03):74.
[③]《就业促进法》第三十一条规定:"农村劳动者进城就业享有与城镇劳动者平等的劳动权利,不得对农村劳动者进城就业设置歧视性限制。"第二十条第三款规定:"县级以上地方人民政府引导农业富余劳动力有序向城市异地转移就业;劳动力输出地和输入地人民政府应当互相配合,改善农村劳动者进城就业的环境和条件。"第五十条规定:"地方各级人民政府采取有效措施,组织和引导进城就业的农村劳动者参加技能培训,鼓励各类培训机构为进城就业的农村劳动者提供技能培训,增强其就业能力和创业能力。"

2014年2月21日,《国务院关于建立统一的城乡居民基本养老保险制度的意见》(国发〔2014〕8号)就明确提出,在总结新型农村社会养老保险和城镇居民社会养老保险试点经验的基础上,将两项制度合并实施,在全国范围内建立统一的城乡居民基本养老保险制度。2016年1月3日,国务院发布的《关于整合城乡居民基本医疗保险制度的意见》(国发〔2016〕3号)也明确提出,整合城镇居民基本医疗保险和新型农村合作医疗两项制度,建立统一的城乡居民基本医疗保险制度。这些重要法律和政策文件配合宅基地"三权分置"改革同步或者先期进行,不仅分担了原来农村土地制度所承载的部分社会保障功能,而且对农民权利体系中的社会保障权利建构提出了统一性和系统性的要求。

(三)农民政治参与权利将被激活

村民代表大会、村民委员会,在有关农民权利事项运行过程中将扮演越来越重要的角色,其实体性意义将超出既定的程序性制度框架。农民在改革过程中所扮演的角色不仅仅是参与者,更是重大事项的异议提出者、意见表达者以及方案的最终决定者。而且农民对于事关切身财产利益实现的一些重大事项,会越来越多地运用价值选择和利益权衡的方法,对集体经济组织的日常工作和运行效果随时行使监督、质询和建议的权利。从这层意义上说,"三权分置"的改革举措不仅唤醒了宅基地这一沉睡的资产,更使得传统的形式化和走过场的村民议决机制作用得到更大程度的激活;不仅让农民在基层民主和法治实践中接受基本的程序参与和决策方法的训练,而且使得农村社会的程序意识和法治理念得到增强。

第四节 宅基地"三权分置"中农民权利体系的应然建构

就法理而言,对权利的体系性研究最终还是要落脚于权利的科学建构和有效运行的制度建设路径上。围绕宅基地而形成的农民权利体系,广义上应当包括经济性、政治性和社会性权利,狭义上仅包括农民的经济性权利。尽管宅基地"三权分置"对农民权利建构起到了一定的政策推动作用,但从农民利益和制度改革的角度来看,权利体系建构的通用标准仍然跳不出传统人权的界分框架。目前,我国农民享有的权利内容不外乎生存权和发展权两个层面,包括财产权、自主权、平等权、受教育权、社会保障权、政治参与权等。这些权利又大致可以划分为三个层次的权利:第一层次权利主要是指基本权利,包括作为生存权和财产权的宅基地资格权、使用权等;第二层次权利是建立在第一层次权利能够实现的基础之上的权利,包括平等权、教育权、社会保障权等;第三层次权利主要表现为政治参与权,是在第一层次和第二层次的权利得到满足后的更高层次的权利诉求,主要指向的是对集体公共事务和国家政治事务参与的具体权利事项。宅基地"三权分置"改革对农民发展权的影响比较突出。故而在分置宅基地"三权"的制度转化过程中要结合现行法律制度体系中有关农民权利设定的规则,以"三权分置"为主线,对农民权利展开全面的体系廓清和内容整合。

一、宅基地利用发展权

宅基地发展权属于农民土地发展权的范畴,且与宅基地利用和开发行为息息相关,将其表述为"宅基地利用发展权"似乎更为妥当。尽管现行立法对于土地发展权并无确定的法律概念,但是仍可对其内容展开科学化的界定。就一般意义而言,土地发展权是指变更土地使用性质或者提高土地利用集约度之权。这种定义主要是从土地利用层次和效率角度出发。也有学者认为对土地发展权的界定可以从其权利内容的定位出发,并且需要深入探讨的是"如何立足中国语境对土地发展权这一新型土地财产权进行科学的制度设计和规范配置,从而将其嵌入到我国现行地权结构形态中,以顺利实现其在我国实定法上的'落地'目标"[①]。"从法律属性而言,土地发展权属于私法权利而非公法权力范畴,源于所有权,是所有权的特殊权利内容,并且满足物权的绝对性和支配性特征。从权利结构而言,其主体为所有权人或使用权人,客体为土地开发容量,权利内容为特殊的权利和义务。"[②]"土地发展权的本质是开发容量资源的权力载体,而开发容量资源是人类经济活

[①] 张先贵.中国语境下土地发展权内容之法理释明——立足于"新型权利"背景下的深思[J].法律科学(西北政法大学学报),2019,37(01):155.
[②] 方涧,沈开举.土地发展权的法律属性与本土化权利构造[J].学习与实践,2019(01):57.

动正常进行的必要条件,是可利用资源。"[1]土地发展权具有平等性,不应当对土地性质做出个别化的制度限定。宅基地同为农村建设用地的重要组成部分,其权利构成中当然也应具有土地发展权的内容。宅基地发展权形成与我国城镇化发展中呈现出来的集聚城镇化、郊区化乃至逆城镇化发展现实密不可分。[2]

(一)宅基地平等使用权

宅基地的平等使用权,是相对于国有土地以及集体经营性建设用地使用权的现行权利配置来对宅基地发展权采取的应然制度安排。同地同权虽然是现行法律规定对于同种类型土地权利划定的基本要求,但是这种制度设计仍有其局限性。一方面,农村土地利用中的差异化对待催生了农民宅基地利用中的平等使用的权益实现诉求。如果这种利用事实并未损害国家、社会以及他人的合法权益,反而增进了个人利益、集体与社会公共利益,在没有其他替代性法律规则对其加以定性处置的前提下,应当及时通过立法确认的方式将此种利用行为导入法治轨道。以农村大量存在的违法建筑为例,农民利用其宅基地使用权的实际行为,突破法律规定的农村房屋层数和建筑面积的限制,其主观目的也不外乎是获得更多的房屋使用面积用于出租或者其他用途,以换取一部分财产收入。另一方面,宅基地平等使用权的设定作为法律公平原则的具体化,是宅基地利用效率提高的有力制度保障。当前我国农民所享有的权利内容并不多,宅基地的权能体系也相对不完整,农民很难对宅基地进行充分的财产化利用。另外,宅基地平等使用权的确立,也是基于权利的平等实现需求而做出的法律解释。可以分类宅基地制度中农民已享有的权利,归置现行法律中农民应当享有的权利,丰富农民的宅基地财产权益内容,为农民充分利用宅基地实现自身财产权益提供基础性制度保障。

(二)宅基地经营收益权

宅基经营收益权并非法定权利。所谓宅基地经营收益,也仅是有权使用者利用宅基地进行生产经营活动而产生的收益。宅基地经营收益权应当归属于宅基地使用权的范畴。笔者认为可以从宅基地使用权中进一步分化出经营收益权,用

---

[1] 王楚云.论土地发展权的物权属性[J].广西社会科学,2019(06):123.
[2] 张雅婷,高文文,张占录.宅基地发展权的配置模式与转移方式[J].价格理论与实践,2018(11):34.

以满足使用权人的经营收益实现的权益需求。此种制度建构存在着两点可行性：一是现行立法并无禁止宅基地保障性功能与财产收益功能并存的规定；二是宅基地用途管制仅限于土地用途，并无宅基地之上的建筑物，我们也不能以建筑物的实际用途来断定此种宅基地使用行为就必然违反了对土地用途管制的规定。当然，宅基地使用权的用益物权类型和内容得到国家法律的确认，才是其正式纳入物权体系的文本依据，这使得我们不能无视物权法定原则的作用。宅基地使用权作为用益物权，与所有权、担保物权相比，权利人对标的物的使用、收益是其主要内容，并以对物的占有为前提，以对标的物的占有为要件。《民法典》物权编延续了《物权法》规定，仍然将宅基地使用权的权能内容限定为占有和使用，并无收益权能，也就意味着并未将宅基地使用权作为真正意义上的用益物权来对待，可以说是对其收益权能的本质上的不认可。①用益物权是对他人所有的物，在一定范围内对其进行占有、使用和收益的权利。②也就是说，标的物的占有必须移转给用益物权人，由其在实体上支配标的物，否则权利人的财产利益实现需求便无法得到满足。用益物权的核心是"物权的利用"，所提倡的是在确定物的所有权归属的前提下，尽其所能地发挥物的效用，从而实现物的实际价值最大化。

但是我们也要看到，物权制度既体现所有制的属性和特点，又与本国的法律传统和历史文化有着不可割裂的联系。我国宅基地制度体现了我国固有的法律文化和历史传统，是一项具有中国特色的法律制度，因而不能简单地用西方传统物权理论来加以套用。我国的宅基地使用权以公有制为基础，系通过审批程序无偿取得。宅基地所有权人可以通过合同的方式为他人设立地上权，以此来提升农村土地的利用率。宅基地使用权人对宅基地享有如下权利：一是占有和使用宅基地的权利。宅基地使用权人有权占有宅基地，并可在宅基地上建造个人住宅以及与居住生活有关的附属设施。二是对宅基地收益和处分的权利。宅基地使用权人有权获得因使用宅基地而产生的收益，譬如在宅基地空闲处种植农作物、经济林木等产生的收益。三是宅基地使用权人流转宅基地的权利。这种流转权利当然是受到现行法律的严格限制的。如果农民将其房屋出卖、出租后，再申请宅基地，土地管理部门将不予批准。而且宅基地使用权的受让人仅限于本集体经济组

---

① 陈小君,蒋省三.宅基地使用权制度:规范解析、实践挑战及其立法回应[J].管理世界,2010(10):1–12.
② 魏振瀛.民法[M].5版.北京:北京大学出版社,2013:283.

织内部成员,宅基地使用权已经转让或者消灭的,应当及时办理变更登记或注销登记。当然,我们从既有的宅基地利用和管理规定中,并不能推导出和解释宅基地使用权的收益权能。因此,有必要在宅基地"三权分置"的立法转化过程中完成宅基地经营收益权的制度建构,并将其归入宅基地使用权的权能体系,以更好地实现农民对宅基地财产性收入日益增长的权益诉求。

(三)宅基地融资利用权

宅基地融资利用权亟须在我国现行立法中确立其法律地位,以发挥其在拓宽农民融资渠道、推进农业现代化和提升农民市场竞争力等方面的积极作用。但是,如果没有国家的适度干预而直接强制推动宅基地使用权进入融资市场,很有可能会造成土地的盲目流通和囤积现象,甚至对农民的基本生活条件造成不可逆转的损害。因此,在设计宅基地融资利用权实现机制时,必须明确权利自由与国家干预适度结合原则、土地财产属性无差别对待原则、程序正义和效率优先原则、利益合理分配与义务承担原则,[①]以这些原则性规定来指导具体规则的建构和实施。在具体制度设计方面,必须坚持合理的利益分配和义务承担,通过均衡化的权利和义务条款的设计,让农民对其宅基地融资权益的实现和程序有清晰的认识和预判,清楚该法律行为所带来的法律后果,确保其拥有足够自由的选择空间。首先,是要通过立法确定宅基地融资利用过程中各方的权利和义务关系。这一法律关系中最为特殊的就是宅基地受让者。其中,需要厘清的问题是,作为受让者或者非本集体经济组织成员的宅基地实际使用者(银行等金融机构、城市居民)是否能够享有该项融资利用权。该问题是在对超越本集体经济组织乃至更大范围的宅基地流转行为进行合法性确认之前,现行立法应当首先廓清的基础性和前提性问题。其次,是要完成宅基地融资利用权的客体与属性的立法确认。宅基地融资利用需求的产生本身源于宅基地使用权流转的现实需要,在农民急需资金用于其他紧急需要时,宅基地使用权应当发挥应有的财产性功能。近些年,农民对其宅基地和房屋倾注了大量的财力和精力,即便是已经进城购房定居的农民,其在农村的房屋仍然是家庭财产的重要内容,而且早已成为一种观念性的财产权客

[①] 刘英博.当代中国农民土地权利的实现机制研究[M].北京:人民出版社,2017:247-250.

体,亟须获得立法的确认。最后,是要配套完善宅基地融资利用权的运行和保障制度。这种立法的确立才是该项权利获得类似于城市居民房屋抵押权的权能内容和法律保障的基础性条件。当然,作为与宅基地"三权分置"的立法转化配套措施,宅基地融资利用权还要兼顾到宅基地本身的历史功能和现实需求,不仅要让农民在其中扮演具有决策主动权和选择权的主体,还要继续匹配和满足宅基地在居住保障、乡村规划、土地用途管制等方面的规范化建设要求。

二、宅基地事务参与权

宅基地事务参与权是农民基于集体经济组织成员身份对涉及本集体宅基地利用和开发的有关公共性事务享有知情权、决策权、监督权等多项权利集合的总称。该项权利并非法定的权利类型,严格来说,其应当归属于政治发展权的范畴。政治发展权是指作为公民集体的国家、民族和公民个体自由参与政治生活,享受政治发展所带来的利益的权利或资格。[1]"中国古代社会存续数千年的公法关系乃是权力主导型的,这大概没有疑问。近百年来,中国社会多有变动,公法关系时新时旧,或实或虚。在社会生活中,很难说处于社会底层的农民对于统治他们的各类政权究竟享有什么权利。"[2]政治发展权作为公民的基本权利之一,其核心不在于确立私人行为的自由空间,而在于如何参与公共事务处理和决定的过程。公民作为政治主体享有影响政治行为和活动的能力与资格,是公民实现政治参与的前提。[3]在宅基地"三权分置"改革背景下,农民拥有相应的政治权利以及享有政治权利的自由,具体应当包括:农民对集体经济组织公共事务的自主决定权、农民担任基层组织公职的权利、农民监督国家权力运行的权利、农民的知情权等各项政治权利。但是,本书讨论的宅基地事务参与权与一般意义上的政治发展权表达的政治意涵有所不同,更多的是基于农民自身经济权益实现的目的,贯穿在集体经济组织处理宅基地退出和复垦等公共决策的参与和选择过程中所指向的具体权益内容。

---

[1] 丁德昌.农民发展权法治保障研究[M].北京:中国政法大学出版社,2015:135.
[2] 夏勇.走向权利的时代:中国公民权利发展研究[M].北京:社会科学文献出版社,2007:522.
[3] 郭道晖.论作为人权和公民权的表达权[J].河北法学,2009,27(01):55.

(一)宅基地退出中的权益内容

宅基地退出是指政府或企业通过对农民旧有住房进行拆除、宅基地进行复垦并给予农民住房、社保或者现金等补偿以减少农村建设用地规模、增加耕地面积的行为。[①]宅基地退出涉及农民住房和宅基地等重要财产,体现了农民的公民权。公民权在三个不同维度上可以进一步划分为:私人权力、政治权利、社会权利。[②]考虑到在宅基地退出过程中,权利内容及其实现的顺序存在着差异,可以将这三个维度的公民权顺序调整为私人权利、社会权利和政治权利,并且分别表述为私人权益、社会权益和政治权益。

一是农民的私人权益。主要是指应当尊重并且不侵犯农民在宅基地退出中的自主意愿、人身自由和人格尊严,应当保障农民宅基地及其所属房屋在征收或退出中依法获得补偿的权利。虽然国家法律法规及国务院、原国土资源部的相关政策文件都对农民权益的内容进行了界定和保护,但在实际工作中,有些地方政府为了追求建设用地指标,曾出现农民"被上楼"的现象。在宅基地退出过程中涉及农民权益侵害的情况主要表现为:补偿标准过低,存在城乡二元差异;不同区域和地理位置补偿标准难以统一,可操作性不强;补偿方式单一,主要以货币补偿、实物补偿和建设性补偿为主,农民权益的社会保障链条配套机制存在着缺失等。[③]农民作为宅基地使用权人和退出过程的主要参与者,确保其财产权益在宅基地退出中不受侵害,也是宅基地"三权分置"改革的一项底线要求。

二是农民的社会权益。主要是指农民有权获得与城市居民同等条件的发展权利,农民与农民集体应当获得节余建设用地及其相关增值收益。农民与城市居民享受同等的发展权利,共享改革发展的成果,体现在宅基地退出过程中,就是可以将所获得的建设用地指标交给农民或者农民集体来进行二次分配。但是从土地利用效率的角度考虑,建设用地指标用于某些农村地区所能产生的经济效益通常会远远低于城镇地区,而调到城镇地区使用的建设用地指标产生的增值收益应当全额返还给农村集体。

三是农民的政治权益。主要是指在宅基地退出过程中,农民所享有的决策

[①] 汪凯翔,胡银根,常帅,等.公民权视角下宅基地退出中农民权益保障研究[J].湖北农业科学,2016,55(05):1325.
[②] 周作翰,张英洪.从农民到公民:农民身份的变迁路径[J].湖南文理学院学报(社会科学版),2007,32(06):21.
[③] 陈雨欣,陈红霞,俞美佳.农村宅基地退出农民权益保障研究综述及展望[J].上海国土资源,2016,37(02):31.

权、参与权与知情权等基本权利。宅基地退出涉及的农户数量过多,关乎农村广大地区农民及其家庭的切身利益。农民享有宅基地退出过程中补偿标准的确定,新社区的具体规划、建设、新房分配方案的制定,以及资金、节余建设用地指标使用等情况的知情权、参与权和决策权等。

(二)土地自主复垦中的权益内容

随着经济发展和农民收入增加,越来越多的农民在不拆除旧房的情况下,在农村暂无规划的荒废地或空旷地上兴建新房,导致大量的闲置旧房出现。盲目扩张的宅基地占用了大量的耕地资源,同时闲置旧房也造成了农村土地资源浪费,进一步加剧了人地矛盾。为盘活和整理现有宅基地,各地政府大力开展宅基地复垦项目,将农村废弃的房屋推倒复垦为耕地,尽可能地实现土地资源的循环利用。但是,我国现行土地管理方面的法律法规并未对农民复垦权利做出明确规定,农民土地复垦权益缺乏有效的法律保障。所谓的农民土地复垦权益,是农村建设用地规模与城乡建设用地规模的等量置换中出现的一种新型权益群,其根本途径是通过对农村建设用地复垦来实现。[1]农民的土地复垦权益事项主要包括三项,即:复垦决策的参与权、复垦项目的收益权以及复垦项目的监督权。而农村建设用地增减挂钩中的农民权益是农民所享有的权益群,包括农民土地经济、政治和社会权益等实体权益和程序权益。[2]当前我国建设用地增减挂钩中存在着公众参与机制不健全以及农民利益保障监督缺失的问题,是影响农民利益的主要障碍因素。[3]加上建设用地增减挂钩制度处于试点阶段,现有规定灵活易变,缺乏应有的制度刚性,农民权利的法律保障与制约不足。[4]

当前我国农民土地复垦权益实现存在的主要问题是农民复垦中的权益保障水平偏低,难以获得有力的法律保护。一方面,农民复垦主体地位的缺失。实施土地复垦可以增加农村建设用地面积,其中明确复垦权益的归属是建设用地复垦

---

[1] 周君望.建设用地复垦工作的探索和思考[J].浙江国土资源,2010(12):21.
[2] 吴志刚.基本权利:保障农民土地权益的新视角[J].中国土地科学,2012,26(11):9.
[3] 陈美球,马文娜.城乡建设用地增减挂钩中农民利益保障对策研究——基于江西省《"增减挂钩"试点农民利益保障》专题调研[J].中国土地科学,2012,26(10):9.
[4] 田土城,郭少飞.城乡建设用地增减挂钩制度的问题与出路——以农民权益保护为视角[J].河南社会科学,2014,22(01):21.

工作的基础。《土地复垦条例》第二十六条规定:"土地权利人自行复垦或者社会投资进行复垦的,土地复垦项目的施工单位由土地权利人或者投资单位、个人依法自行确定。"《重庆农村土地交易所管理暂行办法》同样规定了"农村土地复垦申请立项批准后,农村集体经济组织或自然人可以自行申请"。但是,农民作为最广泛的土地权利主体,在实践中却丧失了应有的主体地位,复垦工作由政府设立的土地整理机构负责实施,农民的参与度和积极性并不太高。另一方面,对土地复垦参与权的缺失,容易使农民丧失成本控制和行为预判的能力。由于农民并不直接参与土地复垦,土地整理机构便成为唯一的建设用地复垦主体,致使复垦主体单一,缺乏市场机制。土地的复垦成本和补偿价格,基本由地方政府确定,农民在土地复垦过程中缺乏充分的话语权。

三、宅基地社会保障权

社会保障权是现代社会公民所享有的重要权利类型,是伴随着现代社会风险增加而在法律上对公民给予的一种制度性观照,以便帮助公民在面临特定社会风险时能够获得基本的物质保障。联合国《世界人权宣言》将社会保障权纳入人权保障的范畴,并将其规定为一项人人得以享有的权利。[1]广义上的社会保障权,泛指公民享有的与其个人尊严和人格自由发展所必需的经济、社会和文化方面的各项社会性权利,包括劳动就业权、社会保障权、受教育权以及环境权等具体权利。我国农民作为社会成员,其积极参与市场经济活动时将会面临前所未有的社会风险,应当享有从社会和国家获得必要社会支持的权利。本书所称的宅基地社会保障权,并不是要从广义的社会保障权概念出发来展开讨论,而是特指农民在宅基地申请、利用和流转等活动中所享有的一系列社会保障权益,并可以进一步限制在农民的劳动就业和社会保障两个层面。

(一)农民的劳动就业权

劳动就业权是指具有劳动权利能力与劳动行为能力,并且有劳动愿望的劳动

---

[1] 参见《世界人权宣言》第二十二条规定:每个人,作为社会的一员,有权享受社会保障,并有权享受他的个人尊严和人格的自由发展所必需的经济、社会和文化方面各种权利的实现,这种实现将通过国家努力和国际合作并依照各国的组织和资源情况。

者依法从事有劳动报酬或经营收入的劳动的权利,换句话说,就是指劳动者享有平等就业和选择职业的权利。任何公民都享有劳动就业的权利,该项权利是公民维持其个人和家庭生存并获得发展的基础性权利,是一种典型的手段性权利。我国《宪法》将劳动权规定为公民的基本权利和义务,[①]劳动既是劳动者获得生存资源的权利,也是其向社会提供劳动贡献的义务内容。按照我国《劳动法》和《就业促进法》的规定,劳动就业权实际上应当分为劳动权和就业权,前者指的是通过与用人单位建立劳动关系的方式得以实现的狭义上的劳动就业权利;后者则包括通过更为灵活的非劳动就业方式实现的广义上的劳动就业权利。之所以做出此种划分,是因为在我国现行法律规范体系之下,相当一部分的灵活就业人员尚未纳入劳动和社会保障法的调整范围,而是实行与其就业形式相适应的劳动和社会保险政策。[②]农民作为较为特殊的一类就业人员,其就业形态本身就存在着诸多复杂性和不确定性。本书为了论述方便,不将劳动权和就业权区别开来加以分别表述,而是将其统一表述为"农民的劳动就业权"。当然,农民的劳动就业权不仅受到劳动者主观因素的制约,而且受到经济、文化、政治等各种客观因素的影响,其权利实现的程度和效果是无法超越其所处的经济社会发展阶段的。

另外,与城市居民相比,我国农民当前劳动就业权利实现的情况并不乐观。一是劳动就业机会不均等。即使当前我国已经取消了城乡居民户籍的登记差异,但一些城市对农民进城务工设置了门槛条件,如农民进城务工需要办理务工证、暂住证、健康证、就业证等法律并无明确规定应当办理的证件。二是劳动就业报酬不平等。"部分行业特别是工程建设领域拖欠工资问题仍较突出,一些政府投资工程项目不同程度存在拖欠农民工工资问题,严重侵害了农民工合法权益,由此引发的群体性事件时有发生,影响社会稳定。"[③]为此国务院于2019年12月30日出台了《保障农民工工资支付条例》,规范农民工工资支付行为,保障农民工按时足额获得工资。三是劳动权益实现不平等。此处的劳动权益实现主要针对的是社会保险、休息休假、职业健康等涉及劳动权益保障的制度规范及其在农民工的劳

[①] 参见《宪法》第四十二条:"中华人民共和国公民有劳动的权利和义务。国家通过各种途径,创造劳动就业条件,加强劳动保护,改善劳动条件,并在发展生产的基础上,提高劳动报酬和福利待遇。"
[②] 参见《就业促进法》第二十三条:各级人民政府采取措施,逐步完善和实施与非全日制用工等灵活就业相适应的劳动和社会保险政策,为灵活就业人员提供帮助和服务。
[③] 参见2016年1月17日发布的《国务院办公厅关于全面治理拖欠农民工工资问题的意见》(国办发〔2016〕1号)。

动就业关系中贯彻落实的情况。从实践情况来看,农民工进城从事的多是最苦、最累、最危险的工作,劳动强度大,工作时间长,工资水平却大大低于同行业同岗位城市正式工人的工资。在农民进城定居和"三权分置"改革背景下,应当强化农民的劳动就业权保障,明确其劳动就业权益实现的机制,以确保改革措施的有序推进。

(二)农民的社会保障权

我国社会保障体系覆盖的权利主体包括农民在内的全体公民。但是,社会保障权作为法定权利仍然处在由观念性权利向现实权利转化的过程之中,特别是农民的养老、医疗等社会保障措施及其权益实现尚处在初步发展的阶段,其保障水平还有待提高。农民作为主要从事农业生产的人员,在长期的城乡二元体制发展模式下,农民被土地和户籍制度束缚在农业和农村之中,而缺乏更多的就业选择机会。在此背景下,承包地和宅基地就发挥了对农民生产、生活所需提供基本保障的作用。在这层意义上理解,农村的土地制度就是农民的社会保障措施的集中呈现。宅基地"三权分置"的立法建构过程中,"依然需要在保障功能和财产价值两者兼顾的基础上展开,而非仅关注实现宅基地财产属性的实现而放松、忽视,甚至牺牲宅基地制度所承载的社会保障功能"[①]。"农村社会保障体系正在逐步建立,包括新农保、新农合、社会救济、最低生活保障以及五保户供养等政策都在推进。但较之于城镇社会保障体系,农村的社会保障体系从覆盖范围、缴费额度、待遇标准等都有所差异。"[②] 其中,与宅基地"三权分置"制度变革有着紧密联系的内容主要涉及养老、最低生活保障和失业等方面的社会保障权益。

首先,要推动农民的养老保险配套。目前我国广大农村地区主要通过家庭养老、土地养老和社会保险养老三种模式来满足农民基本的养老保障需求。而受制于各个地区经济发展水平的实际情况,农村的社会保险普遍存在着实施范围较窄的问题。农民保障社会化程度低,主要依靠当地农村乡镇甚至村集体来统筹解决,如"五保户"通常就是由集体经济组织出面解决的,当前的农村社会保障正在

---

① 刘国栋,蔡立东.农村宅基地权利制度的演进逻辑与未来走向[J].南京农业大学学报(社会科学版),2020,20(06):118.
② 吴迪.宅基地制度改革的考量——以宅基地福利性与财产性矛盾为视角[J].天津师范大学学报(社会科学版),2020(05):48.

逐步向农村社区保障发展。当然,养老保险制度完善在农民社会保障权利落地实施中占据了重要位置,迫使我们既要看到宅基地"三权分置"配套制度建设的特殊要求,又要充分考虑到宅基地盘活利用、退出所产生的增值收益对于老年农民所具有的特殊养老的保障功能。

其次,要强化农民的失业保障。土地作为农民从事农业生产的重要生产资料,在解决农民自身就业问题上发挥了关键作用。但是,农民宅基地与农用地相互关联,在城市化进程中面临失地现实如何面对和破解的难题。对于失地农民而言,其失去的不仅仅是居住场所,更是一份从事农业生产的选择机会。"尤其是部分农户对土地的依赖性极强,一旦放弃土地可能短时间内很难找到其他的谋生手段。"[1]在对农民土地进行征用时,"基本上采取单一的货币安置方式,大多数只考虑了短期最低现金补偿,暂时解决了眼前利益,而把大多数失地农民排除在城镇保障之外,使农民既失去了拥有土地所能带来的社会保障权利,且同时又无法享受与城镇居民同等的社会保障待遇"[2]。因此,对于宅基地使用权的权能设定应当贴合当今社会发展的需求及乡村振兴战略目标的政策理念。既要防止宅基地因过于市场化而背离其福利保障作用,又不能片面追求财产性收益而助长农村土地资源浪费和"一户多房"现象泛滥。

总而言之,从农民社会保障权益对于宅基地"三权分置"改革的关联作用来看,其所建构的权利既有私法意义上的财产权内容,又有社会法意义上的居住、就业等社会保障权利。宅基地作为《物权法》明确规定的物权客体,从物权的"支配性"以及"人—物"关系进行权利构建,析出宅基地所有权、宅基地使用权以及房屋所有权三种权利类型。但是,仍然难以涵盖和表达农民基于分配、占有和使用宅基地所衍生的完整的法权关系。系统建构"三权分置"的价值机理和法理依据,整合农民个体与集体经济组织的权利交集,释放和提升宅基地的市场变现能力,拓宽农民权益的实现通道。"宅基地'三权'分别承载着重要的政治功能、社会功能和经济功能。"[3]然而,社会稳定的基础在于权益的法治保障与实现,最终还是要落脚

---

[1] 高欣,张安录,李超.社会保障、非农收入预期与宅基地退出决策行为——基于上海市金山区、松江区等经济发达地区的实证分析[J].中国土地科学,2016,30(06):96.
[2] 文学禹.我国失地农民权益保障存在的问题、原因与对策[J].湖南社会科学,2009(01):184.
[3] 刘双良.宅基地"三权分置"的权能构造及实现路径[J].甘肃社会科学,2018(05):229.

于如何运用法治手段处理"维权"与"维稳"的关系上来。[①]制度变革应以持续的社会稳定为前提。"宅基地财产功能的发挥也是以满足居住保障功能为前提而展开,宅基地'三权'分置为此提供了相应的制度空间。"[②]中央改革文件已经明确了宅基地"三权分置"的改革部署,[③]但是各地区、各有关方面对于宅基地所有权、资格权和使用权"三权"各自的内涵、属性和边界等问题,仍未达成共识,有待进一步探讨和厘清。而对于"三权"之于农民权益的保障和实现,究竟应当蕴含怎样的内在价值,如何通过权利的配置和运行来保障农民宅基地权益的实现,仍然需要在宅基地"三权分置"试点改革中推动相应的制度建设。

[①] 习近平总书记在2014年1月7日召开的中央政法工作会议上指出:"要处理好维稳和维权的关系,要把群众合理合法的利益诉求解决好,完善对维护群众切身利益具有重大作用的制度,强化法律在化解矛盾中的权威地位,使群众由衷感到权益受到了公平对待、利益得到了有效维护。"
[②] 高圣平.农村宅基地制度:从管制、赋权到盘活[J].农业经济问题,2019(01):60.
[③] 2018年9月,中共中央、国务院印发《乡村振兴战略规划(2018—2022年)》,强调了宅基地"三权分置"的改革要求,以及宅基地"三权分置"对盘活农村存量建设用地的重要作用。

第四章
宅基地"三权分置"试点改革的模式与经验分析

2017年11月,中央全面深化改革领导小组决定在2015年确定的15个试点地区基础上将宅基地制度改革拓展到33个试点县(市、区)。与此同时,为更好地显化农村土地制度改革三项试点工作的整体性、系统性、协同性和综合效益,与《土地管理法》修改工作做好衔接,十二届全国人大常委会第三十次会议决定,授权在试点地区暂时调整实施有关法律规定的期限延长至2018年12月31日。作为承包地"三权分置"改革后的又一项重大土地制度改革,始于2018年"中央一号文件"的宅基地"三权分置"是基于我国特有的农村集体土地制度进行的理论创新,鉴于其与西方传统物权理论和土地制度的差异,我们更多的是进行甄别和借鉴,而不能削足适履。[1]如果从2015年算起,截至笔者完稿时,宅基地制度的试点改革已经开展了五年多,在此期间各个地区结合本地实际,进行了许多探索,其试点改革的经验积累和实践成效令人期待。本章通过全面梳理全国试点地区改革文件与部分实证调研情况相结合,对宅基地"三权分置"改革试点中面临的实践性问题和制度成因等展开分析。

第一节 宅基地制度试点改革政策梳理

宅基地"三权分置"的概念以官方形式正式提出始于2018年"中央一号文件"。可以说,从2018年开始,我国宅基地制度改革正式进入到新的发展阶段:一方面,

---

[1] 董祚继."三权分置"——农村宅基地制度的重大创新[J].中国土地,2018(03):4-9.

宅基地改革的试点由2015年的15个扩张到2017年的33个,并在2019年扩张到全国104个县(市、区)及三个地级市,试点改革地区范围显著扩大;另一方面,各试点地区的探索内容和模式不断丰富发展,涌现出一批具有示范意义的制度成果,试点经验有质的提高。尽管中央改革政策层面正式提出宅基地"三权分置"是在2018年,但作为宅基地"三权分置"的改革探索却是始于2015年浙江省义乌市的地方实践。也就是说,2018年"中央一号文件"只是将地方性的"三权分置"确认成为一项全国性的改革政策。正因为如此,基于试点改革的现实情况以及政策实施的连贯性和科学性,笔者将以正式提出宅基地"三权分置"作为标志性事件和重要时间线索,对这一特殊历史时期涉及"三权分置"和宅基地制度改革的政策文件展开系统性的梳理和分析。

一、"三权分置"改革政策确立之前的有关政策文件

宅基地改革是一个持续的发展过程,许多学者对相关资料进行过整理及解读,并从制度演进的微观层面对具体的阶段划分持有不同的观点。与之相对的是,不同历史时期的宅基地制度和政策各有侧重,但不能忽视的前提是,宅基地利用成为重要的现实问题得到多方关注是源于改革开放以后大量农民进城务工潮的形成。2007年《物权法》的颁布为宅基地使用权的立法确认提供了制度依据,同时也为我们在此基础上展开宅基地权利构造的理论和实践探索提供了基础规范。因此,以改革开放和《物权法》的颁布作为研究宅基地制度改革的标志性历史事件,具有一定的现实参照意义。

(一)改革开放至宅基地使用权的立法确认

我国改革开放政策始于20世纪80年代。1954年,《宪法》规定了农民宅基地所有权。此阶段的宅基地相关政策的重点是如何将起源于50年代的农村宅基地集体所有制在全国进行推广。1962年,《农村人民公社工作条例(修正草案)》规定了宅基地归生产队所有,一律不准出租和买卖。从20世纪80年代到21世纪初期,宅基地的用途、性质仍然受到严格的限制。1982年,《村镇建房用地管理条例》规定了宅基地的限额配置,并对具备特定身份的城镇居民取得宅基地的合法性做出相关规定。1997年,《中共中央、国务院关于进一步加强土地管理切实保护耕地的

通知》明确提出了"一户一宅"的要求。1998年修订的《土地管理法》，删除了之前关于城镇非农业户口居民使用集体土地建住宅的规定，并规定了"一户一宅、限定面积"，即"农村村民一户只能拥有一处宅基地，其宅基地的面积不得超过省、自治区、直辖市规定的标准"。1999年5月6日，《国务院办公厅关于加强土地转让管理严禁炒卖土地的通知》（国办发〔1999〕39号）首次明确提出禁止城市居民在农村购置宅基地的行为。这些法律规定和政策文件呈现了我国宅基地制度改革发展的部分特点，并不能反映出改革历程的全貌。1980年至2007年主要有25份中央文件（详见表1）提及了宅基地改革的相关问题，以此为分析样本或许可以帮助我们了解宅基地制度的发展脉络和过程。

表1　1980年至2007年有关宅基地改革问题的主要中央政策文件

发布时间	文件名称	发布部门
1981年4月	《国务院关于制止农村建房侵占耕地的紧急通知》（国发〔1981〕57号）	国务院
1982年1月	《全国农村工作会议纪要》（中发〔1982〕1号）	中共中央
1982年2月	《村镇建房用地管理条例》（国发〔1982〕29号）	国务院
1982年12月	《中华人民共和国宪法》	全国人民代表大会
1983年1月	《当前农村经济政策的若干问题》（中发〔1983〕1号）	中共中央
1985年1月	《中共中央、国务院关于进一步活跃农村经济的十项政策》（中发〔1985〕1号）	中共中央、国务院
1985年10月	《村镇建设管理暂行规定》（〔1985〕城乡字第558号）	城乡建设环境保护部
1986年3月	《中共中央、国务院关于加强土地管理、制止乱占耕地的通知》	中共中央、国务院
1986年6月	《中华人民共和国土地管理法》	全国人大常委会
1988年12月	《中华人民共和国土地管理法》（1988年12月29日第一次修正）	全国人大常委会
1989年7月	《国家土地管理局关于确定土地权属问题的若干意见》（〔1989〕国土〔籍〕字第73号）	国家土地管理局
1990年1月	《关于加强农村宅基地管理工作请示的通知》（国发〔1990〕4号）	国务院
1995年3月	《确定土地所有权和使用权的若干规定》（〔1995〕国土〔籍〕字第26号）	国家土地管理局
1997年4月	《中共中央、国务院关于进一步加强土地管理切实保护耕地的通知》（中发〔1997〕11号）	中共中央、国务院
1998年8月	《中华人民共和国土地管理法》（1998年8月29日修订）	全国人大常委会
1999年4月	《国务院办公厅关于印发全国土地利用总体规划纲要的通知》（国办发〔1999〕34号）	国务院办公厅

续表

发布时间	文件名称	发布部门
1999年5月	《国务院办公厅关于加强土地转让管理严禁炒卖土地的通知》(国办发〔1999〕39号)	国务院办公厅
2000年6月	《中共中央、国务院关于促进小城镇健康发展的若干意见》(中发〔2000〕11号)	中共中央、国务院
2004年8月	《中华人民共和国土地管理法》(2004年8月28日第二次修正)	全国人大常委会
2004年10月	《国务院关于深化改革严格土地管理的决定》(国发〔2004〕28号)	国务院
2004年11月	《关于加强农村宅基地管理的意见》(国土资发〔2004〕234号)	国土资源部
2005年12月	《中共中央、国务院关于推进社会主义新农村建设的若干意见》(中发〔2006〕1号)	中共中央、国务院
2007年3月	《中华人民共和国物权法》	全国人民代表大会
2007年12月	《国务院办公厅关于严格执行有关农村集体建设用地法律和政策的通知》(国办发〔2007〕71号)	国务院办公厅
2007年12月	《中共中央、国务院关于切实加强农业基础建设进一步促进农业发展农民增收的若干意见》(中发〔2008〕1号)	中共中央、国务院

表1的政策文件中,农村宅基地禁止出租及买卖、宅基地归集体所有、"一户一宅"、禁止城镇居民在农村购置宅基地、规范审批制度、细化用地标准、推进确权登记等内容具有较高的出现频率。也有学者按此将我国宅基地制度发展划分为加强与规范管理阶段。[1]此时我国的宅基地制度偏于保守与严格,强调的是农村宅基地能够给农村居民带来的居住价值,而政府在其中所起到的主要作用在于严格抓好宅基地的认定和规范宅基地的管理。我国进入改革开放时期后,城乡差距开始拉大,农村人口出现流失,宅基地利用、配置趋于不合理,表现为农村人口减少的同时村庄用地却反而有所增长。这反映出我国农村宅基地逐渐超出了保障农民居住的基础功能,开始成为一项"免费取得"的财产而面临被不合理占用的现实。考虑到保护耕地与粮食安全的目的,必须制定严格的土地管理制度,对此类现实情况加以约束和制止。这一历史阶段出台的政策文件中多次使用了"规划""审批""严格"等词汇,充分表明了国家贯彻实施较为严格的宅基地审批制度的基本立场。

---

[1] 周小平,高远瞩.改革开放40年中国农村宅基地管理政策演进与前瞻——基于宅基地相关政策的文本分析[J].河海大学学报(哲学社会科学版),2018,20(05):5.

(二)宅基地使用权确立至"三权分置"提出

2007年3月出台的《物权法》,明确了宅基地使用权为用益物权。随着用益物权种类和性质的确立,宅基地使用权制度改革的走向发生了显著变化,正式进入"确权赋能"的改革探索阶段。2013年11月,《中共中央关于全面深化改革若干重大问题的决定》率先提出:"保障农户宅基地用益物权,改革完善农村宅基地制度,选择若干试点,慎重稳妥推进农民住房财产权抵押、担保、转让,探索农民增加财产性收入渠道。建立农村产权流转交易市场,推动农村产权流转交易公开、公正、规范运行。"自此以后,宅基地制度改革政策导向出现了相应的变换,由规范宅基地的管理开始向探索宅基地改革新的方式进行转变,政策关注点转变为探索保障农民权益,拓展农民宅基地财产性用益物权的实现路径。2014年12月,中共中央办公厅、国务院办公厅印发《关于农村土地征收、集体经营性建设用地入市、宅基地制度改革试点工作的意见》,部署开展农村宅基地制度改革试点。这亦是我国农村宅基地改革试点工作开展的伊始。2008年至2018年主要有25份中央文件(详见表2)提及了宅基地改革的相关问题。

表2 2008年至2018年有关宅基地改革问题的主要中央政策文件

发布时间	文件名称	发布部门
2008年1月	《国务院关于促进节约集约用地的通知》(国发〔2008〕3号)	国务院
2008年7月	《国土资源部关于进一步加快宅基地使用权登记发证工作的通知》(国土资发〔2008〕146号)	国土资源部
2008年10月	《中共中央关于推进农村改革发展若干重大问题的决定》(中发〔2008〕16号)	中共中央
2008年12月	《中共中央、国务院关于2009年促进农业稳定发展农民持续增收的若干意见》(中发〔2009〕1号)	中共中央、国务院
2009年12月	《中共中央、国务院关于加大统筹城乡发展力度进一步夯实农业农村发展基础的若干意见》(中发〔2010〕1号)	中共中央、国务院
2010年3月	《国土资源部关于进一步完善农村宅基地管理制度切实维护农民权益的通知》(国土资发〔2010〕28号)	国土资源部
2011年5月	《关于加快推进农村集体土地确权登记发证工作的通知》(国土资发〔2011〕60号)	国土资源部、财政部、农业部
2011年11月	《国土资源部、中央农村工作领导小组办公室、财政部、农业部关于农村集体土地确权登记发证的若干意见》(国土资发〔2011〕178号)	国土资源部、中央农村工作领导小组办公室、财政部、农业部

续表

发布时间	文件名称	发布部门
2011年12月	《中共中央、国务院关于加快推进农业科技创新持续增强农产品供给保障能力的若干意见》(中发〔2012〕1号)	中共中央、国务院
2012年12月	《中共中央、国务院关于加快发展现代农业进一步增强农村发展活力的若干意见》(中发〔2013〕1号)	中共中央、国务院
2013年11月	《中共中央关于全面深化改革若干重大问题的决定》	中共中央
2014年1月	《关于全面深化农村改革加快推进农业现代化的若干意见》(中发〔2014〕1号)	中共中央、国务院
2014年3月	《国家新型城镇化规划(2014—2020年)》(中发〔2014〕4号)	中共中央、国务院
2014年12月	《关于农村土地征收、集体经营性建设用地入市、宅基地制度改革试点工作的意见》(中办发〔2014〕71号)	中共中央办公厅、国务院办公厅
2015年2月	《中共中央、国务院关于加大改革创新力度加快农业现代化建设的若干意见》(中发〔2015〕1号)	中共中央、国务院
2015年2月	《全国人民代表大会常务委员会关于授权国务院在北京市大兴区等三十三个试点县(市、区)行政区域暂时调整实施有关法律规定的决定》	全国人大常委会
2015年11月	《深化农村改革综合性实施方案》	中共中央办公厅、国务院办公厅
2015年12月	《中共中央、国务院关于落实发展新理念加快农业现代化实现全面小康目标的若干意见》(中发〔2016〕1号)	中共中央、国务院
2016年11月	《中共中央、国务院关于完善产权保护制度依法保护产权的意见》(中发〔2016〕28号)	中共中央、国务院
2016年12月	《中共中央、国务院关于深入推进农业供给侧结构性改革 加快培育农业农村发展新动能的若干意见》(中发〔2017〕1号)	中共中央、国务院
2017年1月	《农业部关于推进农业供给侧结构性改革的实施意见》(农发〔2017〕1号)	农业部
2017年5月	《国土资源部关于〈中华人民共和国土地管理法(修正案)〉(征求意见稿)公开征求意见的公告》	国土资源部
2017年10月	《决胜全面建成小康社会 夺取新时代中国特色社会主义伟大胜利——在中国共产党第十九次全国代表大会上的报告》	中共中央
2017年11月	《全国人民代表大会常务委员会关于延长授权国务院在北京市大兴区等三十三个试点县(市、区)行政区域暂时调整实施有关法律规定期限的决定》	全国人大常委会
2017年12月	《国土资源部、国家发展改革委关于深入推进农业供给侧结构性改革做好农村产业融合发展用地保障的通知》(国土资规〔2017〕12号)	国土资源部、国家发展和改革委员会

表2的政策文件中所使用的高频词汇主要包括试点、财产权、用益物权、宅基地有偿使用等。宅基地财产性功能相较其以往的居住权保障功能更加受到关注。此阶段的宅基地政策改革的主要意图是使宅基地用益物权的财产属性在试点探索中进一步得到落实。这一阶段的宅基地改革试点取得了许多成果,在改革模式探索和制度构建上积累了丰富的制度经验,最终汇聚于2018年"中央一号文件"并以全国性政策形式确认了宅基地"三权分置"的改革路径。

二、"三权分置"改革政策确立之后的有关政策文件

中央作为改革政策制定的最高决策层,其所制定或者发布的政策文件起到了统领全局的作用。作为对中央政策加以贯彻落实的地方性改革文件,同样为我们提供了丰富的研究素材。鉴于我国当前改革决策体制以及中央和地方关系的特殊性,笔者将2018年以来的政策性文件划分为中央与地方两个层次,并以此为线索展开系统性的整理和分析。

(一)中央层面改革政策梳理

2018年至2021年主要有19份中央文件(详见表3)提及了宅基地改革的相关问题。

表3　2018年至2021年有关宅基地改革问题的主要中央政策文件

发布时间	文件名称	发布部门
2018年1月	《中共中央、国务院关于实施乡村振兴战略的意见》(中发〔2018〕1号)	中共中央、国务院
2018年2月	《农村人居环境整治三年行动方案》	中共中央办公厅、国务院办公厅
2018年4月	《国务院关于落实〈政府工作报告〉重点工作部门分工的意见》(国发〔2018〕9号)	国务院
2018年9月	《乡村振兴战略规划(2018—2022年)》	中共中央、国务院
2018年11月	《中共中央、国务院关于建立更加有效的区域协调发展新机制的意见》(中发〔2018〕43号)	中共中央、国务院
2018年12月	《国务院关于农村土地征收、集体经营性建设用地入市、宅基地制度改革试点情况的总结报告》	国务院

续表

发布时间	文件名称	发布部门
2018年12月	《国务院关于全国农村承包土地的经营权和农民住房财产权抵押贷款试点情况的总结报告》	国务院
2019年1月	《中共中央、国务院关于坚持农业农村优先发展做好"三农"工作的若干意见》	中共中央、国务院
2019年1月	《中央农办、农业农村部、自然资源部、国家发展改革委、财政部关于统筹推进村庄规划工作的意见》(农规发〔2019〕1号)	中央农办、农业农村部、自然资源部、国家发展改革委、财政部
2019年3月	《国务院关于落实政府工作报告重点工作部门分工的意见》(国发〔2019〕8号)	国务院
2019年4月	《关于统筹推进自然资源资产产权制度改革的指导意见》	中共中央办公厅、国务院办公厅
2019年5月	《自然资源部办公厅关于加强村庄规划促进乡村振兴的通知》(自然资发〔2019〕35号)	自然资源部
2019年6月	《国务院关于促进乡村产业振兴的指导意见》(国发〔2019〕12号)	国务院
2020年1月	《中共中央、国务院关于抓好"三农"领域重点工作确保如期实现全面小康的意见》	中共中央、国务院
2020年4月	《国务院关于农村集体产权制度改革情况的报告》	国务院
2020年5月	《中共中央国务院关于新时代加快完善社会主义市场经济体制的意见》	中共中央、国务院
2020年5月	《自然资源部关于加快宅基地和集体建设用地使用权确权登记工作的通知》(自然资发〔2020〕84号)	自然资源部
2020年5月	《自然资源部办公厅关于做好易地扶贫搬迁安置住房不动产登记工作的通知》(自然资发〔2020〕25号)	自然资源部办公厅
2021年1月	《自然资源部、国家发展改革委、农业农村部关于保障和规范农村一二三产业融合发展用地的通知》(自然资发〔2021〕16号)	自然资源部

表3的政策文件中所使用的高频词汇为试点、审批、因地制宜等。此阶段的中央政策文件多次提到农民权益。2018年"中央一号文件"实际上起到了一个承前启后的作用。其既明确了新的发展方向,又对过往的宅基地政策给予了肯定和维护,同时强调应当"适度"放活,不可因片面追求与市场的结合,而忽视长久以来所坚持的宅基地政策目标及其根本属性。由此可见,宅基地"三权分置"试点的核心是要探索宅基地所有权、资格权、使用权分置实现形式。在试点中,应当着眼保护进城落户农民的宅基地权益,探索农户宅基地资格权的保障机制。同时,通过探索宅基地使用权的流转、抵押、自愿有偿退出、有偿使用等,增加农民的财产性收

入。

2019年"中央一号文件",即:《中共中央、国务院关于坚持农业农村优先发展做好"三农"工作的若干意见》中提到:"加快推进宅基地使用权确权登记颁证工作,力争2020年基本完成。稳慎推进农村宅基地制度改革,拓展改革试点,丰富试点内容,完善制度设计。抓紧制定加强农村宅基地管理指导意见。研究起草农村宅基地使用条例。开展闲置宅基地复垦试点。"其中重点提到的内容有三点:一是确权登记工作的推进完善是近期内需要完成的一项任务。使用权的确权登记是为放活宅基地提供相应的保障基础,通过确权登记实现权责分明,在便于资本引入的同时保障农民的资格权及企业的使用权。二是鼓励在不改变宅基地性质、不突破农村土地红线的基础上,进一步推进宅基地改革,探索更多的宅基地改革模式及配套制度建设。三是加快推进相关法律法规的制定出台,特别是农村宅基地使用权条例的研究起草工作要列上国家的立法日程,以便为宅基地利用行为提供有效的规范指引。2019年9月11日,《中央农村工作领导小组办公室、农业农村部关于进一步加强农村宅基地管理的通知》(中农发〔2019〕11号)鼓励村集体和农民盘活利用闲置宅基地和闲置住宅,通过自主经营、合作经营、委托经营等方式,依法依规发展农家乐、民宿乡村旅游等。

2020年"中央一号文件",即:《中共中央、国务院关于抓好"三农"领域重点工作确保如期实现全面小康的意见》明确要求:"严格农村宅基地管理,加强对乡镇审批宅基地监管,防止土地占用失控。扎实推进宅基地使用权确权登记颁证。以探索宅基地所有权、资格权、使用权'三权分置'为重点,进一步深化农村宅基地制度改革试点。"其中,再次强调应当严抓宅基地管理,提高监管力度,在宅基地改革进程中需要进一步充分发挥政府的职能,同时进一步推进确权登记进程。2020年5月11日,《中共中央、国务院关于新时代加快完善社会主义市场经济体制的意见》明确指出:"建立健全统一开放的要素市场。加快建设城乡统一的建设用地市场,建立同权同价、流转顺畅、收益共享的农村集体经营性建设用地入市制度。探索农村宅基地所有权、资格权、使用权'三权分置',深化农村宅基地改革试点。"这一关于宅基地市场要素化的提法,较之以往的宅基地改革是有着明显不同的。中央改革政策正在逐步以明确的规范性文件的形式鼓励进一步放开宅基地的流转,并且提出要继续加强宅基地管理,完善宅基地审批和登记确权制度,有序推进宅基地制度改革。2020年5月14日,《自然资源部关于加快宅基地和集体建设用地使用权确权登记工作的通知》(自然资发〔2020〕84号)明确要求:"各地要以未确权登记的宅基地和集体建设用地为工作重点,按照不动产统一登记要求,加快地籍调查,对符合登记条件的办理房地一体不动产登记。坚持不变不换原则,不动产统一登记制度实施前,各历史阶段颁发的宅基地和集体建设用地使用权证书继续有效,对有房地一体不动产登记需求的,完成地上房屋补充调查后办理登记。"[1]从宅基地"三权分置"改革推进的总体节奏和发展思路来看,地方试点先行是常规操作,待其试点经验和制度成果较为成熟后,再适时促成其向全国性改革政策和法律的转化。

(二)地方试点改革政策要点

自2017年确定33个宅基地制度改革试点地区以来,到2018年开始在各试点全面放开宅基地改革模式的探索,再到2020年新一批全国104个县(市、区)及3个地级市宅基地改革试点名单的出炉,宅基地制度改革逐步成为一项全国性的制度革新。各试点按照中央政策文件精神和要求,结合地方实际情况因地制宜地采取了相应的改革措施,取得了丰富的试点经验和制度成果。对具有代表性的试点地区改革经验和文件进行深入解读,可以大致了解我国宅基地制度改革推进的基本情况。

一是发达地区中心城市周边及邻近农村地区的试点探索。位于发达地区且具有区域性中心地位的城市既具有发展标杆和示范引领作用,又可以对周边地区发挥较多的产业带动和经济辐射的积极影响。但是,发达城市周边农村及城中村地区也会面临土地需求量大、居民住房紧俏等现实问题。宅基地制度改革的方向受到土地及住房市场的影响较大,因此,这些地区的政策性文件较多地偏向于解决宅基地的合法性和历史遗留问题。以北京市为例,《北京市人民政府关于落实户有所居加强农村宅基地及房屋建设管理的指导意见》(京政发〔2020〕15号)明确提出,宅基地改革应当注重五个方面的内容:第一,坚持规划引领管控,落实村民

---

[1] 参见《自然资源部关于加快宅基地和集体建设用地使用权确权登记工作的通知》(自然资发〔2020〕84号)。

户有所居。第二,依法确定宅基地申请条件,规范履行审批手续。第三,严格履行宅基地建房审批手续,加强建设管理。第四,稳慎处理历史问题,积极探索有偿退出和转让机制。第五,切实加强闲置宅基地和闲置住宅盘活利用管理。由此可见,发达地区中心城市的试点改革措施显得更为保守和稳妥,主要以强化宅基地规范管理为内容,保障宅基地的居住权益、完善合法登记以及有效监管控制宅基地利用是其核心要义,宅基地的盘活利用反而显得不那么突出。

二是东部沿海省份工商业发达地区的试点探索。我国东南沿海地区作为经济最为活跃的地区,工商业较为发达,具备较好的经济改革基础,但人口稠密、土地稀缺也是这些地方需要直面的现实。浙江省义乌市被选作宅基地制度试点改革地区,就有着这方面的现实考量。义乌市被确定为试点改革地区以来,出台了一系列的试点改革文件,共有十项之多。[①]通过分析可以发现,义乌市开始向灵活的改革路径进行探索,这与其得天独厚的地理和区位优势,以及相对完备和发达的第二、第三产业分不开,也有地方政府财政、政策等方面的支持。除了率先在全国提出宅基地"三权分置"的试点探索,义乌市宅基地改革中最具有创新意义的重要成就就是其首先推行的"集地券"制度。农村改造或搬迁节约的宅基地,在村集体或农户复垦后,可以获得能够进行市场交易的"集地券"。国有建设用地首次挂牌出让时,须配套一定比例的"集地券"。若市场上无人收购,政府则以指导价回购"集地券"。[②]实际上是将因各种原因重新回到集体手中的土地通过有价债券的方式进行交易与回购,以保障农民的财产性权益。义乌市的宅基地改革的侧重点在于充分挖掘宅基地的财产价值,既通过"集地券"等措施统筹全市宅基地资源,实现了城乡土地资源的再配置,使农民与集体的财产性收入大大增加。

三是中部传统农业地区试点改革中的侧重考量。在推行宅基地制度试点改革过程中,这类地区显现出了与其他地区不同的改革发展的特点。以湖北省宜城市的宅基地试点改革为代表,充分体现出试点实践中的不同侧重和具体考量。宜

[①] 义乌市出台的十项试点改革文件包括:《义乌市农村更新改造实施细则(试行)》《义乌市农村宅基地使用权转让细则(试行)》《义乌市农村住房历史遗留问题处理细则(试行)》《义乌市农村宅基地超标准占用有偿使用细则(试行)》《义乌市农村宅基地有偿调剂细则(试行)》《义乌市"集地券"管理细则(试行)》《义乌市农村土地民主管理细则(试行)》《义乌市农村集体经济组织宅基地收益分配管理指导意见》《义乌市农村集体经济组织成员资格界定指导意见》《义乌市农民住房财产权抵押贷款试点实施办法》)。

[②] 储梦圆,刘同山.农村宅基地制度改革的试点经验[J].农村经营管理,2020(01):25.

城市作为我国中部地区以农业为主的典型代表,因为城市化进程导致农村人口流失严重,宅基地使用权及房屋本身所具备的财产性价值并不大,而农民散户又比较容易陷入"想要进行宅基地流转却难以找到出资方的情况"。因而,这类地区改革的侧重点在于充分发挥政府和集体的指导功能,实现宅基地的重新规划,对于自愿退出的零散农户进行集中安排,先解决人地零星分布的问题,而后再将政府集体统一管制下的宅基地依靠政府的力量来进行招商引资或采取其他再利用的形式。特别是在权益完善、制度改革等方面,大力解决历史遗留问题,开展房地统一登记工作,改革不合理的宅基地管理制度。自2015年被中央确定为试点改革地区以来,宜城市共出台了《农村宅基地有偿使用办法》等七个宅基地试点改革文件,[1]有序推进各项试点措施落地。截至2019年7月,宜城市共颁发宅基地房地一体不动产权证书78182本,占总户数的80.72%,做到了应发尽发,率先实现227个村(社区)"全覆盖",[2]取得了显著的阶段性成果。宜城市宅基地改革模式的成效可以归纳为六个方面:第一,与聚居区建设结合退出模式。结合新型城镇化试点,加快农民聚居区建设,并通过政策激励和优惠政策等办法,引导农民自愿退出宅基地后,踊跃购房入住新区,并给予相应的财政补贴。第二,与农业产业化发展结合退出模式。在农业发展基础较好的区域,引导农民腾出宅基地,集中到农村聚居区移地新建,以实现"地随人走、迁村腾地"的目标。第三,与美丽乡村建设结合退出模式。在有条件的村,依托自然风光和优势资源,开发休闲观光农业,引导农民退出宅基地后,建设一批美丽乡村。第四,与项目引进结合退出模式。因招商引资项目建设需要,对农民宅基地及房屋回购拆迁,引导农民到新农村、聚居点以最优惠价格购置新房,同时安排农民在企业就业,让农民得到最大实惠。第五,与土地增减挂钩结合退出模式。第六,与"精准扶贫"结合退出模式。

(三)对央地试点政策的评述

"三权分置"作为当前宅基地制度改革中最为关键的内容,体现了对过去的宅

---

[1] 宜城市出台的七个具体的试点改革文件包括:《宜城市农村宅基地有偿使用办法》《宜城市农村宅基地自愿有偿退出办法》《宜城市农村宅基地历史遗留问题处理办法》《宜城市农村宅基地收益资金管理办法》《宜城市农村宅基地回购资金管理办法》《宜城市农村宅基地管理办法》《宜城市农村宅基地制度改革村民自治办法》。

[2] 宜城市人民政府:《宜城"五个保障"推进"房地一体"确权登记发证》2019年7月。

基地制度改革试点政策的历史延续性。中央层面的改革政策表达的是最高决策层的核心意图和顶层设计,其具体层面的落实转化仍然需要各个地方不断通过试点实践和制度创新来检验顶层设计的科学性、合理性和可适用性。通过对当前试点地方的各种改革举措的梳理和分析,特别是结合对典型地方的试点内容和改革成效的总结,可为推广相关制度成果提供可资借鉴的内容。首先,全国范围内的宅基地试点改革虽各有侧重但仍具有明显的共性基础。从各地宅基制度试点改革政策文件之中多处出现的历史遗留、确权登记、政府监管可以看出,各试点地区强调的仍然是宅基地的居住保障和财产实现功能,这与中央政策的基本改革精神是高度一致的。为此,各地在大力推进宅基地确权登记的同时,针对历史遗留的"一户多宅""小产权房"等共性问题均采取了行之有效的措施。其次,各地宅基地试点改革推行过程中的关注重点存在诸多差异。各地区经济发展水平存在较大差异,一二三产业结构在不同地方的区域分布和产业构成均有不同。发达地区的中心城市以及周边地区的农村和城中村,吸引了大量外来人口,住房紧俏,土地需求远大于其他地区。这些地区在面对宅基地改革问题时,理所当然地要考虑当地的土地利用和经济发展情况,将关注的重点落在如何保障宅基地的居住功能上。特别是在落实宅基地集体所有制的基础上,坚持宅基地使用权的"适度放活"原则,探索符合土地管理法律规范要求的财产性权益实现机制。在现行法律尚未明确修改之前,严禁超出土地管理法律和许可范围的宅基地交易、出租以及抵押等违规行为。最后,城市化过程中农村地区人口大量外流是基本事实。有的村庄因为距离城市较近,除了吸引外地人口前来入住外,不少周边农村的村民也前来表达了相互置换宅基地的需求。这种需求的增长,使得城郊农村的人口逐步向城市集中和靠拢,而偏远地区的农村村庄则面临空心化的现实问题。因此,政府和农村集体经济组织有必要出面牵头,将宅基地统一进行管理,探索宅基地有偿退出和置换的实现机制。

三、"三权分置"改革中的司法政策适用

如前所述,2017年11月,中央全面深化改革领导小组决定将宅基地制度改革拓展到33个试点县(市、区)。与此同时,全国人大常委会决定试点期限延长至

2018年12月31日。最高权力机关的该项决定解决的是改革创新政策实施和既有法律规定之间如何适用的问题,特别是试点地区与非试点地区之间如何平衡法律适用的整体性、统一性与创新性、灵活性。

(一)"三权分置"对法院司法保障的要求

最高人民法院于2018年10月发布了《关于为实施乡村振兴战略提供司法服务和保障的意见》。该意见部署了人民法院在服务和保障实施乡村振兴战略方面的各项工作内容,通过发挥审判职能依法妥善审理包括宅基地纠纷在内的各类涉农案件,推动解决城乡发展不平衡和城乡二元结构问题,积极回应新时代"三农"发展对司法工作的需求。该意见中有三处特别提到了宅基地纠纷的司法保障问题。一是依法依规调处农村宅基地"三权分置"、集体经营性建设用地入市等纠纷,保障农村土地制度改革。在保护农村宅基地农户资格权和农民房屋财产权的基础上,依法保护宅基地、农村集体建设用地使用权流转和符合土地利用总体规划的农村住宅、农业设施和休闲旅游设施等建设,大力支持改革试点地区开展农村土地制度改革试点工作。对于违规违法买卖宅基地、违反土地用途管制、工商企业和城市居民下乡利用农村宅基地建设别墅大院和私人会馆的行为,依法认定无效。二是依法妥善处理农村集体经济组织成员资格问题,保护农民基本财产权利。充分认识集体经济组织成员资格对农民享有土地承包经营权、宅基地使用权和集体收益分配权等基本财产权利的重要意义,审慎处理尊重村民自治和保护农民基本财产权利的关系,防止简单以村民自治为由剥夺村民的基本财产权利。不断加强与农村农业管理部门、土地管理部门等单位的沟通协作,依法依规保护农村外嫁女、入赘婿的合法权益。三是依法保护农民工合法权益,发挥农民工在乡村振兴中的积极作用。加大对进城务工农民工在劳动条件、劳动报酬以及工伤、医疗、养老保险等方面合法权益的保护。依法保护进城落户农民的土地承包经营权、宅基地使用权、集体收益分配权和返乡创业农民工合法权益。着力保护在城市生活农民工子女的受教育权、人身安全和人格尊严,让农民工既入得了城、扎得下根,又回得了村、稳得住心。

为深入贯彻落实《中共中央、国务院关于新时代加快完善社会主义市场经济体制的意见》精神,2020年,发布了《最高人民法院、国家发展和改革委员会关于为新时代加快完善社会主义市场经济体制提供司法服务和保障的意见》。其中,在"服务农村集体产权制度改革"部分中明确提出,要依法加强对农村集体产权制度改革的司法保障,促进集体资产保值增值,不断增加农民收入,推动乡村振兴发展,巩固脱贫攻坚成果。严格实施土地管理法、农村土地承包法和民法典物权编规定,妥善审理农村承包地、宅基地"三权分置"产生的土地权属流转纠纷案件,依法依规认定承包地经营权流转合同、宅基地使用权流转合同的效力,促进土地资源有效合理利用。依法保护农户土地承包权和宅基地资格权,确保农村土地归农民集体所有。依法保护农村集体经济组织成员权益,对农村集体经济组织将经营性资产、资源性资产折股量化到集体经济组织成员的,要依法充分保障农村集体经济组织成员参与经营决策和收益分配的权利。[①]

(二)宅基地"三权分置"的法律适用问题

在我国法律和政策并无严格区分的历史时期,人民法院将政策作为裁判依据直接适用的情况并不鲜见。但是,随着全面依法治国的深入推进,特别是社会主义法治国家建设进程中对于各方主体的权益保障的法治化要求越来越高,早已不能与过去神化政策的时代同日而语。也只有进入到法治建设时代,宅基地改革政策与法律适用的冲突才成为一个需要直面和解决的显性问题。正是考虑到这一点,最高人民法院及时出台了上述意见文件来对宅基地试点改革工作予以有力的支持。而这一措施的出台本身就有着充分的政策理论和现实依据,不仅有党中央、国务院以及全国人大做出的顶层设计和决策,还存在于诸多部门规章、地方性法规之中。尽管这些规范性文件的裁判效力可能不如国家法律和行政法规那样具有全国性强制适用的效力,但在地方性实践中仍然具有相当重要的裁判指引效力。特别是在试点改革地区,基于对现行制度突破的授权许可,更是为人民法院裁判相关案件提供了相应的法律适用依据。但是,基于改革试点的先行先试,正式的立法配套建设尚未同步跟进,就有可能在现行法律规范和政策性权益内容(比如宅基地资格权转让纠纷)实现之间造成难以逾越的现实鸿沟。

根据《最高人民法院关于裁判文书引用法律、法规等规范性法律文件的规

[①] 参见2020年7月20日发布的《最高人民法院、国家发展和改革委员会关于为新时代加快完善社会主义市场经济体制提供司法服务和保障的意见》(法发〔2020〕25号)。

定》,对此类宅基地纠纷所涉及的不同层级规范性文件如何适用的问题,应当根据具体情况来讨论。例如:刑事案件奉行罪刑法定原则,普通的刑事裁判文书能够直接引用法律和法律解释、司法解释;民事裁判文书,是可以直接引用法律、法规(行政法规和地方性法规)、司法解释等文件的,但是规章以及其他类型的规范性文件,只能在裁判说理部分加以引述。[①]这样的法律适用要求体现在三个方面:首先,需要遵循的基本制度前提是人民法院在处理宅基试点改革所涉纠纷的实践中,应当依据《民法典》《土地管理法》等国家法律以及行政法规等具有普遍约束力的全国性规范性文件。而且要综合考量部门规章、地方性法规和规章,以此来判定特定行为的合法性以及权益诉求的正当性。其次,对于与"三权分置"有关的部门规章、地方性法规和规章的适用效力应当根据不同情况予以考量。如果相关规范性文件适用于当地整个辖区,在其辖区内的法院应当适用该规定来处理有关的宅基地纠纷。但是,如果该规定只对试点地区做出了规定,那么该规定就不能适用于其辖区之内的其他非试点地区,也不能参照这些规定来处理"三权分置"的有关法律纠纷,否则将会面临法律适用错误的问题。最后,法院在考量是否适用有关"三权分置"的部门规章、地方性法规和规章时,还要审查其中是否存在违背"适度放活"要求的"过度放活"的规范条款。如果发现有关"三权分置"的部门规章、地方性法规和规章存在超出了我国农村土地制度和宅基地基本制度规范许可的范围,又没有获得全国人大常委会以及有权制定机关的暂停执行或者突破执行的授权,人民法院对此类案件的裁判就需要格外慎重。不能违背法律适用的基本原则和法治精神,不能将这些明显与上位法依据存在抵触的部门规定和地方规定作为裁判依据,否则就会在事实上成为改革政策错误执行行为的司法背书。

[①] 参见《最高人民法院关于裁判文书引用法律、法规等规范性法律文件的规定》(法释〔2009〕14号)。其中,第三条规定:"刑事裁判文书应当引用法律、法律解释或者司法解释。刑事附带民事诉讼裁判文书引用规范性法律文件,同时适用本规定第四条规定。"第四条规定:"民事裁判文书应当引用法律、法律解释或者司法解释。对于应当适用的行政法规、地方性法规或者自治条例和单行条例,可以直接引用。"第五条规定:"行政裁判文书应当引用法律、法律解释、行政法规或司法解释。对于应当适用的地方性法规、自治条例和单行条例、国务院或者国务院授权的部门公布的行政法规解释或者行政规章,可以直接引用。"

第二节 宅基地"三权分置"改革试点模式分析

如前所述,本轮宅基地"三权分置"改革实际上可以追溯到2015年的"三项试点"改革。为更好地显化农村土地制度改革"三项试点"工作的整体性、系统性、协同性与综合效益,并与《土地管理法》修改做好衔接,2017年11月,十二届全国人大常委会第三十次会议决定,授权在试点地区暂时调整实施有关法律规定的期限延长至2018年12月31日。试点过程中,党中央、国务院出台一系列重要文件,特别是每年的"中央一号文件"都对农村土地制度改革"三项试点"工作提出了新任务和新要求。

一、试点改革的典型模式介绍

结合各地试点地区对于改革政策和制度落实的具体情况,可以发现不同地区的试点改革表现形式存在着不同。通过提炼和梳理不同地区试点改革的要点内容,总结出当前我国宅基地试点改革存在的诸多试点模式,有助于我们从中迅速把握宅基地试点改革政策的主要内容。

(一)"宅基地换住房"模式与"集体易地搬迁"模式

各地关于宅基地置换住房的实践操作略有不同,但无论是出于盘活利用宅基地进行财产性权益创收为主要目标,还是以打赢"脱贫攻坚"为指导,均是通过置换的方式充分发挥政府和集体的主导作用,积极引导村民集体置换宅基地以享有更好的生活环境,实现增收创收的目标。实践中,这种宅基地置换的做法具体表现为"宅基地换住房"和"集体易地搬迁"两种模式。

首先,"宅基地换住房"是指农民将其宅基地,按照规定的置换标准换取小城镇住宅,迁入小城镇居住。原村庄建设用地进行复耕,而节约下来的土地整合后再招、拍、挂出售,用土地收益来弥补小城镇建设资金缺口。[1]早在第一批宅基地

---

[1] 崔丽娟.天津"宅基地换房"与重庆"双交换"模式比较与借鉴[J].天津经济,2010(03):44.

改革试点提出时,就有部分试点地区探究如何实现宅基地置换。例如:《常熟市农村住宅置换商品房实施意见》(常发〔2010〕12号)中就提出:农村区域宅基地管理适用范围为城区、集镇规划区、国家级(省级)开发区及农村住宅置换商品房规划置换区以外的区域内农村村民自建居住房屋使用宅基地(具体范围另行公布);对符合规定的分宅户一律由所在镇按较近区域原则安排一套面积约120平方米的置换商品房作为政策性补偿,不再单独安排宅基地。商品房的销售价格为商品房的成本价。而同时期的天津则在有关政策文件中明确提出"宅基地换房"的做法,即:换房根据房屋有效面积,遵循每一平方米主房可置换一平方米商品房,每两平方米附房可置换一平方米商品房的标准。村民居住原面积超出分配面积部分,给予村民货币补偿。由此可见,"宅基地换房"的核心在于通过鼓励村民申请参与宅基地置换,将分散的人口统一集中安置到政府新建的城镇,以便将分散的宅基地集中起来安排。

其次,"集体易地搬迁"模式同样应归属于宅基地置换之列,但又与传统的"宅基地换住房"模式存在一定的差别。"易地搬迁"的概念并非来自宅基地改革,而是属于国家扶贫政策的一项具体手段。该项措施主要针对偏远、贫困地区的农民,由政府集中出资,通过给予安置房或购房补助的方式来实现国家"精准扶贫"的目标。以福建省晋江市砌坑村为例,2015年纳入宅基地制度改革试点后,为进一步改善村容村貌、提高土地利用效率,村民理事会制定了《砌坑村宅基地退出、流转办法》和《砌坑村宅基地有偿使用办法》。[①]按照办法规定,村集体给予一定补偿后拆除部分废旧房屋,让有关村民将宅基地交回集体并搬入新村居住,实现"村内搬迁"。而对于收回的宅基地,则由集体出资建造别墅,由经济能力较好的相关主体选择购置。与此种模式有所区别,衢州市龙游县采取的措施是梯级安置,将部分中心村农民搬迁集聚后退出的质量较好的房屋,协商调剂给符合下山脱贫与退宅还耕条件但又无能力进城集聚的农户,并给予必要的政策帮扶。

(二)结合国家养老政策的"以地养老"模式

农村进城务工人员留在农村的宅基地长期无人使用,农房空置现实造成农村

---

① 根据宅基地位置,每平方米补偿100—300元,交回全部宅基地且另有住房者,补偿标准上浮20%。依据房屋新旧程度、建筑结构,每平方米分别补偿80—110元(土木结构)、200—400元(石结构)和250—500元(钢混结构)。

破败和土地资源浪费现象,留守农村的老年人空有宅基地的使用权却又缺乏足够的管理和使用能力。因此,部分宅基地改革试点地区将宅基地制度改革与农村养老问题综合考虑,试图建立同步治理机制,推出"以地养老"的宅基地改革模式,即:农民用所拥有土地的承包经营权和宅基地使用权交换养老服务,从而实现了耕地的有效利用又满足了农村老年人的养老需求。[1]在该种模式下,由农村集体经济组织负责将农村老年人的宅基地依自愿的原则收归集体所有,进行再利用分配或者通过将宅基地资源流转获取一定收益,而上交宅基地的老年人则可以在此前提下获得由政府提供的养老社会保障或养老院居住资格,从而实现双赢。

目前"以地养老"的模式,大都是村民将土地交给村委会,村里集中建设带有配套服务设施的农村老年公寓。2019年11月,《民政部对"关于农村以地养老模式的建议"的答复》中提出:浙江德清允许自愿退出宅基地的农民申请城镇经济适用房、廉租房等,宁夏平罗允许农村老人将宅基地、农房、承包地退回集体,置换养老服务;通过闲置宅基地复垦,利用闲置农房发展乡村旅游、民宿,开展农民住房财产权抵押等方式盘活农村房地资源,增加农民收入。在"上海松江模式"中,农村老人可依法自愿流转其土地经营权,或通过承包地有偿退出的方式,获取一定的经济收益,达到以地养老的目的。其中,宁夏平罗县自2015年启动了农民"以地养老"试点,明确相关乡镇的农户可以自愿申请有偿放弃农村的宅基地、承包地等,以此作为依据来换取政府的养老补贴,入住集体建造的养老院,取得了良好的效果。该县灵沙乡投资400万元把闲置小学的校舍改造为敬老院,探索"以地以权养老"模式。其主要做法是:"空巢老人"自愿退出土地承包经营权和房屋产权,以退出补偿费置换敬老院养老服务,土地集中后进行流转,费用补助到老人的入院费用中。尽管"以地养老"模式取得了一定的成效,但是也要看到,该种模式主要针对的是落后试点地区的老年困难农民群体,全面推广的实践价值并不太高,而且与其他制度也难以形成配套的体系,需要继续探索形成宅基地制度改革与养老社会保障之间兼顾发展的制度成果。

---

[1] 张欣.农村"以地养老"模式探讨[J].党政干部学刊,2018(04):73.

(三)宅基地指标交易、入市与"集地券"模式

"集地券"是自2015年浙江省义乌市被划定为宅基地改革试点以来,借鉴重庆早期探索的"地票"制度创新而出的宅基地改革模式。2008年12月2日,重庆市人民政府发布了《重庆农村土地交易所管理暂行办法》(渝府发〔2008〕127号),其中明确规定:"设立重庆农村土地交易所,在重庆市农村土地交易所监督管理委员会领导下,在市国土资源、农业、林业等行政主管部门指导下,建立农村土地(实物和指标)交易信息库,发布交易信息,提供交易场所,办理交易事务。"其中所称的可用于交易的农村土地指标,专指"建设用地挂钩指标",[①]也就是通常所说的"地票"。

义乌市充分参考了重庆的地票交易模式,制定了《义乌市"集地券"管理暂行办法》,并对"集地券"模式的基本工作流程做出规定,即:由当地政府主导,出台相应的闲置、废弃宅基地规划方案,按照农民自愿、农村集体经济组织统一的原则,组织农村居民将闲置、废弃宅基地进行复垦,由当地土地管理部门会同农业水利等部门验收把关,检验合格之后,形成等量面积的建设用地指标。形成的建设用地指标在保障当地农村发展空间后,由当地政府相关部门作为村集体或农民代理在农村土地交易所将剩余土地打包在本市范围内交易,形式即以"集地券"出售,具有民事能力的自然人、法人或非法人组织均可参与购买,成交后对购得者发放证书,主要用于规划建设范围内的建设用地。而国有建设用地首次挂牌出让时,须配套一定比例的"集地券"。若市场上无人收购,政府则以指导价(2017年指导价为每亩40万元)回购"集地券"。至2017年底,义乌市政府已回购"集地券"994.2亩。[②]"集地券"模式与前面介绍过的宅基地置换模式共同构成了宅基地制度改革的配套措施,集中表现为复垦的宅基地所产生的"集地券"归谁所有的问题。其实质意义在于,在保障确权登记完成的情况下,农民可将宅基地换成"集地券"并将之置于合法的交易环境中,从而有效实现从宅基地到券再到货币的转换。而"集地券"本身也可以作为财产用于出售、入股、抵押等进入市场,交易和流转过程不仅避免了房地交易的复杂程序,而且政府及相关部门主导的特点也可以有效规避

[①] 参见《重庆农村土地交易所管理暂行办法》第四条"交易品种"规定:"农村土地交易所交易品种包括实物交易和指标交易;(一)实物交易指农村集体土地使用权或承包经营权交易;(二)指标交易指建设用地挂钩指标交易。"

[②] 储梦圆,刘同山.农村宅基地制度改革的试点经验[J].农村经营管理,2020(01):25.

法律依据缺乏的风险。

(四)村集体领导下的"合作入股"模式

宅基地改革的重点在于如何带动农民的积极性,把闲置、零散的宅基地充分利用起来。在构建宅基地改革模式时,不同地方政府和农民集体所选择的具体实施路径亦存在着差异。大多数地区的农民(除发达城市的城中村或周边住房土地资源紧俏地区)作为独立的个体,尽管主观上有强烈的愿望,但也不能以一己之力改变当前的宅基地利用现实,更没有足够的能力将宅基地变现用来增加自己的财产性收入。作为尝试和探索的重要举措,地方政府从审批到农村集体经济组织构建合作社,吸引村集体成员以宅基地作价入股,最后以股份分红的形式取得了不错的效果。如:2020年以来,沈阳市沈北新区积极探索盘活农村宅基地新模式,出台《沈北新区农村宅基地制度改革试点实施方案》,其中,村股份经济合作社积极发挥"中介"作用,将闲置的宅基地资源收拢,统一租赁给农事企业,"批量"建设旅游民宿,发展观光农业。[1]由村集体对村内宅基地进行总体规划,建立以土地利用为目的的股份合作社,有宅基地的村民以相应量化标准按面积取得合作社股份。合作社以相关集体建设用地使用权作为抵押,向银行贷款取得资金,并按市场化方式进行综合开发。既可以开发住宅区域,使村民获得与其入股宅基地相当的住宅面积,又可以因地制宜地进行现代化农业、林业园区与居民住房、商业用房的开发与经营,入股的村民不仅能够获得土地使用权的租金,还能凭借持股比例享有项目运营年终分红的权利。

沈北新区黄家街道腰长河村选择了"闲置宅基地入股"模式进行改革。村集体整合村民宅基地和集体建设用地共117亩,其中17亩用于建设农户回迁住宅,100亩以入股的方式与企业组建辽宁长泓旅游管理有限公司,进行项目开发建设,规划建设面积95000多平方米。项目坚持以农民利益为核心,村民全部回迁联体住宅,同时获得"六金"保障,即:地上物的补偿金、闲置房屋的租金、保底股金及分红、经营店铺的商金、在企业务工的薪金和房屋、土地等资产升值的溢价金。为保证整个项目正常运转,还配套设计了三份协议。一份是农户与合作社签订的租赁

---

[1] 李新.关于农村宅基地改革"沈北模式"的调查与思考[J].沈阳干部学刊,2020,22(06):50.

协议。村民将宅基地租赁给村股份经济合作社,期限为二十年,租金分为固定租金和可变租金两部分,有效保障宅基地农户资格权、农民房屋财产权,为农民创造更多的财产收益。一份是合作社与企业签订的转租协议。约定村股份经济合作社将宅基地使用权统一转租给企业,村民不单独与企业签订宅基地租赁相关协议,企业不得将租赁物转让或者抵押给第三方,企业每年按约定比例支付合作社利润分红。该协议有效保障了宅基地的集体所有权,在集体、企业与农民利益之间取得了三方共赢的效果。一份是村民与企业签订的土地流转合同。尽管村民与企业之间不得单独签订宅基地租赁协议,但双方可以签订农村承包土地流转合同,让村民安心和企业放心。

(五)政府审查后的社会资本注入模式

基于保障农村土地安全的初衷,长期以来我国政策法规都明确禁止城市个人与法人资本利用资金优势进入农村土地市场。2018年"中央一号文件"出台后,部分试点地区在保障农村土地利用"红线"不被突破的基础上,通过由政府对社会资本进行准入审查的方式,逐步放开部分社会资本进入农村土地市场。政府有序引导一些具有资质和经济实力的银行、开发商进入农村,鼓励村民或以个体为单位向银行申请抵押贷款,或以村集体为单位将空闲宅基地集中后以租赁、转让、入股等形式与开发商进行合作。因地制宜地发展旅游业、特色民宿、乡村产业,打造产业化园区、农产品加工企业,为农村创造更多的创业和就业机会。

通过发展乡村经济取得经营收益成为城市资源反哺农村的重要途径,农村经济持续增长的同时,农民宅基地财产性收益也得到显著提升。社会资本投资农村经济体系,在城乡差异原本较大的地区取得了更加明显的成效。以安徽省金寨县为例,该县作为安徽省面积最大、人口最多的山区县,也是国家级贫困县。该县旅游资源极其丰富,享有"红军摇篮、将军故里"的盛名。为充分利用旅游资源与地方特色,金寨县创新贷款授信和担保方式,建立了"银行+两权抵押+担保"模式,即:"两权"抵押贷款在贷款方向上与当地的农业产业主导方向紧密结合,引入外来银行与企业资本帮助当地发展特色旅游业等,并通过贷款、担保的方式促进资金流动,形成社会资本与本地资源之间的良性互动。此外,四川省蒲江县也依托地方生态特色,通过地方政府审查加宣传的方式实现了农民宅基地与社会资本的有机结合,发展出一批具有成熟体系的农村新产业和新业态,形成了"农房利用+艺术下乡"的蒲江模式。在当前我国农村地区引入社会资本下乡的创新模式中,政府扮演着审查和把关的角色,而且正是因为政府在其中发挥了积极和引领作用,更多优质的城市资源才有了进入农村地区寻求合作发展机会的动力和底气,更是推动了城市与农村资源整合发展的常态化和规范化。

二、试点改革地区可资借鉴的经验和做法

如前所述,宅基地"三权分置"试点改革面临的主要问题集中在宅基地资格权性质及其权能内容、宅基地使用权流转属性等方面。

(一)坚持所有权与使用权相分离原则

宅基地所有权由农民集体享有,这一制度现实将会在我国继续长期存在。宅基地使用权在现阶段试点改革背景下被寄予了制度化改造的厚望。宅基地所有权因其集体所有的权利属性决定其是不可能上市流转的,若要实现宅基地内含的财产价值,就需要在此基础前提满足的情况下确认和完善其他可流转的权利内容。法律应明确宅基地使用权的完整权能内容,真正体现出所有权和使用权相分离的立法原则。这种分离原则不仅体现在所有者和使用者分别由不同主体来承担,更重要的是,在权利实现和运行制度层面,二者有着截然不同的法治逻辑。在传统物权体系和权能实现要求之下,所有权居于当仁不让的中心地位,包括使用权在内的用益物权、担保物权等其他权利都是围绕着所有权这个基础性权利来展开体系构建的。值得注意的是,我国法律关系中的物权内容,目前正在逐步由过去重视归属关系向如今更加重视利用关系转变。这种转变在当前共享经济发展模式下有了更多的现实例证。只有使用权真正从所有权之中分离出来,并通过立法赋予其完整的流转权能和内容,才能使其摆脱传统所有权的四项权能约束,真正成为一项动态发展的权利。从试点改革经验来看,一些地方从社会经济发展和农民权益实现需求的变化出发,事实上赋予了宅基地流转的权能内容,充分表达了这种所有权和使用权分离的基本立场。事实上,也只有宅基地使用权成为一种

动态发展的权利,其内涵不断变化和丰富起来,才能更加匹配现代物权效率和城乡同权发展理念。

(二)建立了科学有效的土地管理机制

试点地区所取得的成功经验,非常重要的一条就是对宅基地管理体制和权限进行了相应的改造,改变过去那种盲目的"一刀切"管理模式,提升了土地管理的规范性和灵活性。一是建立健全管理与服务机构。一些试点地区在县级政府层面成立了宅基地改革办公室或宅基地改革领导小组,负责统筹县(市)域范围内的宅基地改革工作;在村集体层面则成立股份经济合作社或者组建了集体经济组织理事会,负责代行宅基地所有权,对宅基地的审批、有偿取得、有偿退出、流转等各个环节工作进行具体组织和实施。二是灵活设置土地管理措施。一些地方通过大调研大排查,对超标占有、违规占有、闲置情况、农民意愿及其背后原因进行了全面的考察分析。针对宅基地利用超标和"一户多宅"现象产生的不同原因以及违占违建的不同情节,采取逐步渐次消化的方式来处理类似的历史问题,理顺管理秩序。而且根据不同情况、不同原因,分类制定确权登记标准、方式,对符合规定的宅基地进行全面确权。通过建设农村产权交易中心、构建农村集体经营性建设用地交易平台,提供信息收集、发布公告、组织交易、签证签约、产权变更、收益分配、资金监管等市场交易服务。同时,扶持社会评估机构、中介机构进入农村集体经营性建设用地市场。三是强化土地管理的监督机制。充分发挥村民委员会在宅基地盘活利用工作开展中的民主监督、民主协商、民主管理作用等。对清理确权后的宅基地实施统一登记,有的地方还建立了宅基地管理数据库,对取得、经营、退出、流转等进行全程动态监管。同时,有的试点地区还专门设立了村级宅基地监察员,强化村集体经济组织、村民委员会、村党支部及村务监督委员会等主体对宅基地清退、审批等过程的全流程监督。

(三)使用权"放活"实践发展多样化

宅基地"三权分置"试点工作至今尚未形成具有制度设计意义上的"样板"或者"典型",仍处于各自摸索的状态,以至于各试点地区实践差异较大,"放活使用权"表现出不同的实践样态。①主要表现为三种模式：一是塑造有期限、有偿使用、突破主体身份限制的"宅基地使用权"。在部分试点地区，宅基地使用权的流转范围突破了现行法律的限制，在向本集体经济组织以外的主体流转宅基地使用权时，明确受让者向集体经济组织缴纳宅基地的有偿使用费，由受让方取得有期限的宅基地使用权，出让方丧失宅基地使用权。典型试点地区有浙江义乌、象山、衢州市柯城区和安徽旌德等。二是发展农村房屋的租赁市场，以支持租赁的方式放活"使用权"。典型试点地区有杭州天目山镇等。农户可以将宅基地使用权和房屋使用权出租给相对人，也可以将房屋所有权转让给相对人，同时将宅基地使用权出租给相对人，而由相对人在其上建造房屋。为了防止以租代卖，并且做到与《民法典》合同编相关法律法规的衔接，试点地区均明确规定这类宅基地租赁的期限不得超过二十年。三是宅基地使用权和集体建设用地使用权两类用益物权并存的模式。一些试点地区为了提高宅基地价值，结合城乡建设用地增减挂钩政策，将闲置宅基地转换为集体经营性建设用地或城市建设用地指标后直接上市。而在四川省泸县探索的社会资本和农户共建共享宅基地模式下，农户提供宅基地，社会主体提供资本并建设房屋，双方按照约定共享房地产权利。其中，农户享有宅基地使用权和部分房屋所有权，社会主体享有部分房屋所有权和一定期限的集体建设用地使用权。在此种模式下，同一宅基地上同时存在宅基地使用权和集体建设用地使用权两种用益物权。为了充分利用这类宅基地，有条件的地方农户通过自营、合伙或出租的方式，将宅基地和农房用于餐饮、旅游、仓储、农产品加工等，增加了财产性收益。而有的地方则允许农民用闲置的宅基地入股村集体企业或其他企业，或者村集体组织用回购（或收回）的宅基地入股其他企业。在限定区域内允许宅基地在特定主体之间转让，一般是在本集体经济组织内部或县（市）域内跨集体经济组织转让。

在上述"放活"使用权的具体探索中，被"放活"的"使用权"均已超出了现行立法中的宅基地使用权的权利事项范畴。根据《民法典》和《土地管理法》的相关规定，宅基地使用权具有无偿性、无期限性和身份性。在上述第一种放活使用权的模式中，跨集体经济组织转让的是有期限、有偿使用的"宅基地使用权"，导致其实

---

① 李兴宇.宅基地"三权分置"中的"使用权"：试点样态与法律设计[J].新疆社会科学，2020(04)：70.

际上已经脱离了现行立法对宅基地使用权的管控习性规定,形成的是一种新类型的权利。而在上述第二种放活使用权模式即以租赁放活农房财产权的试点中,宅基地和房屋使用权的租赁权可以登记,同时具备转让、抵押等权能。因为其已经超出现行立法规定的宅基地使用权的权能范畴,实质上体现的是对不动产租赁权的发展和塑造。在上述第三种放活使用权模式中,四川省泸县实行社会资本和农户共建共享宅基地,在同一地块上同时存在着宅基地使用权和集体建设用地使用权,而集体建设用地使用权作为可自由流通的权利类型,是明显区别于宅基地使用权的。

(四)宅基地有偿退出机制的有益探索

"在中国社会经济、乡村发展面临转型的背景下,即使在同一地区,农户的家庭生计来源、产权认知及价值偏好等也存在较大差异,对宅基地的依赖程度不同。因此,在开展宅基地退出前应进行充分调研,分层分类地引导农户科学有序退出宅基地。"[①]各个试点地区对于宅基地有偿退出机制的探索可谓是亮点纷呈。江西省余江县将原来杂乱无章的农村房屋统一推倒,对村庄建设布局进行重新规划,严格依照规划调整宅基地,统一房屋建设风格,极大地改变了村庄风貌。云南省大理市则结合自身的旅游城市定位,对于闲置宅基地、非本集体经济组织成员占有使用的宅基地、不符合土地规划或村庄规划的宅基地、自然保护范围内禁建的宅基地,均实行有偿退出,使自然生态环境和乡村民族特色得到了有效的保护。四川省泸县则根据土地利用总体规划,将土地分为传统农区、非传统农区、城镇规划区内的农村地区,实施分类推进的宅基地改革模式,建立宅基地有偿使用制度、宅基地有偿退出和内部流转机制,探索和创新宅基地退出后的利用方式以及农民和集体对宅基地权利的多种实现形式。安徽省金寨县在科学规划村庄的前提下,鼓励自愿有偿退出宅基地,自愿退出宅基地或者自愿放弃申请宅基地的,不仅可以获得退出补偿和房屋拆迁补偿,还可以享受相应的优惠奖励政策。浙江省义乌市则将农民自愿退出的宅基地进行复垦或者再分配,经验收合格后规划为宅基地的,由村集体经济组织与农民进行宅基地回购谈判,回购价参照宅基地基准价确

---

① 梁发超,林彩云.经济发达地区宅基地有偿退出的运行机制、模式比较与路径优化[J].中国农村观察,2021(03):46.

定,经验收合格的,可以转换为建设用地指数即形成"集地券"。[①]上述试点地区对宅基地有偿退出均做出了积极的探索,总结其中需要制度化解决的核心问题主要有两个：一是如何设置有偿退出的主体范围和退出程序；二是如何确定有偿退出的补偿标准。

　　从试点地区的已有做法和经验来看,有偿退出最终能否取得预期效果,需要极力促成并满足三个前提性条件。首先,要合理确定有偿退出的主体。主要包括四类群体：一是已经进城落户且有稳定收入的进城农民；二是脱贫攻坚、生态移民、自然灾害易地搬迁的农民；三是集聚建房居住或村庄整治中集中规划居住的农民；四是事实上存在"一户多宅"的农民。其次,要严格遵循有偿退出的程序性要求。农户退出宅基地是一个事关农民基本生活保障和农村社会和谐稳定的重要工作,必须通盘考虑、严格把关,而设定严格规范的退出程序是合理退出的保证。各试点地区通过出台相关制度对申请、审核、批准、验收、补偿等各个环节进行了详细规范。一方面,针对宅基地合法超标部分按梯次收取使用费,针对违法超标部分按情况分别予以收费；另一方面,在区位条件、经济条件较好的地方集中规划宅基地并开展有偿竞位,实行有偿取得,对本集体经济组织以外的成员在一定条件下开通有偿取得渠道。对利用剩余宅基地及农房出租、合伙、入股的农户,在规定的过渡期满后,向村集体经济组织缴纳一定的土地收益金。最后,确定有偿退出的补偿标准。由于试点地区的经济、环境、条件、资源禀赋等差异较大,各地执行的宅基地退出补偿标准存在着一定的差异。对于发达省市以及经济、区位、资源、生态条件较好的试点地区而言,宅基地退出的补偿费用相对比较高,而广大经济欠发达的偏远地区补偿标准则普遍较低。"四川省泸州市泸县允许村民在县域内跨区申请宅基地,并以竞价等方式有偿取得,已有550个农户跨区取得宅基地,跨区有偿使用费达到1300多万元。新疆自治区伊犁州伊宁市初次分配宅基地实行成本价取得,成本由村集体依据占用农民承包地的补偿费用自行确定。安徽省六安市金寨县对超标准占用的宅基地按累进方式收取有偿使用费,对节约集约使用宅基地的农户给予奖励,低于宅基地面积标准(160平方米)的,每减少1平方米给予100元奖励,自愿放弃申请宅基地的,每户奖励2万元。湖北省宜城市按

---

① 韦彩玲.权益保障视域下宅基地退出政策研究[M].北京:知识产权出版社,2020:95.

宅基地等级划分收费标准,对超出标准部分征收有偿使用费。"①

三、改革模式中的影响因素分析

不同试点地区的实际情况不同导致其改革模式中所要考虑的影响因素和参考体系有所不同。笔者经过总结,分析既有的改革模式发现主要的影响因素有如下四个方面:一是不同地区的试点改革模式所针对和拟解决的问题各有偏重,直接导致其改革模式应当考虑的规则适用要素和情形存在着较大的差异。二是试点地区与试点地区之间的宅基地现状对机制探索和改革模式的多元化和复杂性程度产生较大的影响。有的试点地区宅基地构成、区位条件等方面的情况相对简单,宅基地所在区域集中、类型单一、农民居住集中等客观情况较为明显,因而影响该地区在试点改革模式构建上存在着单一化选择的倾向。而有的地区则情况较为复杂,表现为宅基地分散、人口分散、历史遗留问题严重等,需要适用多元化改革措施的配套实施才能予以从容应对。三是宅基地改革模式构建受到试点地区因地制宜的资源利用和开发需求的影响较大。有的地区存在着较为丰富的旅游资源,可以结合宅基地改革措施来实现宅基地使用权的盘活目标。有的地区资源贫瘠,交通不便,缺乏充足的可利用资源,应采取宅基地集中置换的措施。四是受到各地方政府财政状况、行政效能以及当地经济发展水平的影响较大。各地方政府财政状况、执行能力存在着差异,对宅基地制度改革推进和试点模式选取等方面带来的实质性影响也有所不同。此外,各地文化习俗、人民生活状态等差异性因素的存在或多或少地对宅基地试点模式的具体适用有所影响。

(一)区位条件的影响

根据农村宅基地"三权分置"各改革试点地区的乡村区位条件,可以将试点地区农村大致分为三类:一是城郊村庄,包括城中村、靠近城市的农村。二是特色保护类村庄。此类型村庄的宅基地具有独特的专属性的经济效益和优势,在探索构建宅基地改革模式时可与之相结合。三是非城郊非旅游类村庄。这类地区受制于地理位置和条件无法开发文化旅游、特色农业等项目,就业机会较少,许多青壮

---

① 参见《国家发展改革委办公厅关于印发第一批国家新型城镇化综合试点经验的通知》(发改办规划〔2018〕496号)。

年劳动人口只能外出务工,导致大量宅基地被闲置。

首先,对待具备特色的村庄,例如历史文化名村、旅游景点周遭的村落,在保障其原始的完整性及村民生活习俗的前提下,发挥地方特色和优势,结合优良的社会资本打造地方产业链,带动地方经济,实现农民增收创收。其次,对于城郊地区的农村,可依据相关政策规定,将宅基地进行性质转换并用于经营生活配套设施,例如餐馆、旅社。同时加强管理与规划,完善确权登记及宅基地上房屋的租赁程序,杜绝杂乱无章的宅基地房屋违规违建行为,避免没有法律依据的宅基地流转交易行为。最后,对于非旅游景点非城郊地区的农村,要充分发挥政府的规划和指导作用。逐步完善乡村基础设施、教育设施、医疗设施,保障村民基本生存和发展权益。同时,引导村民依照自愿的原则退出宅基地,对于退出宅基地的村民给予相应的迁居或者货币补偿,将闲置宅基地进行统一规划、清退和置换处理。

(二)政府因素的影响

政府在宅基地制度改革中应当发挥政策制定和执行中的引领作用。但各地政府在财政、执行能力、政策宣传等各方面存在着差异,这就导致了各地在适用宅基地改革模式时的选择存在着差异。部分具备较好基础能力的地方政府在改革问题上则具有更多的策略选择和更大的执行空间。以集体置换为例,对于不便于集中处理、居住分散,甚至难以联系的农民群体,统一在城镇建设住房并进行整体性和集中性搬迁。但是,与此对应的是政府财政支出显著增加,而对政府的行政效能和执行能力也有了更高的要求。而政府执行能力较弱的地区则面临更为具体的现实问题。一是承担属地责任的县乡一级政府在组织宅基地政策的推进工作时,可能会面临动力不强、经验不足、力量不够、统筹不力等一系列问题。二是基层农业农村部门在组织执行工作中存在着衔接机制缺乏、机构队伍不健全、保障条件不具备、行政执法能力和组织指导能力不强等实际问题。三是具体承担宅基地利用开发管理工作的农村土地经营管理部门存在着组织体系不健全、队伍不稳定、力量不匹配、保障不到位等突出问题。

(三)文化水平的影响

当一个地区的居民文化水平较高时,该地区对待宅基地改革的整体认知态度和实践选择,与较为落后的地区存在着较大的差异。以宅基地退出的补偿与置换为例,当地居民文化水平较高时,宅基地权利人更倾向于退出并获得货币补偿。而文化水平较低的居民,对于土地依赖性表现得更为强烈,更倾向于保障自身的土地权益与居住权益,因而更愿意选择置换住房的补偿方式。此外,文化水平还影响到宅基地制度改革政策的推进。作为权利主体的农民文化水平较高时,他们对于改革的意愿也就更加强烈,对于改革政策的学习和理解也就更为透彻,执行起来也就更为顺利。在农村居民文化水平相对较低的地区,农民参与改革的意愿不强,不愿主动了解改革的意义,不会主动积极争取自身的权益。因此,在宅基地制度改革中要充分考虑农民的实际情况,结合当地农民群体的普遍文化水平来制定具体的改革措施和推进策略,适用恰当和合理的改革模式,亦有对农民权益给予现实保障的内在意义。

第三节 制约宅基地"三权分置"试点成效的制度性障碍

除了宅基地本身所蕴含的客观因素会对试点模式发展产生影响之外,基础性的制度体系建构更是影响着宅基地试点改革的持续推进和成效显现。正如前文农民权利证成部分所论及的,农民权利更多的是一个广泛意义上囊括了农民的政治、经济和社会权利的综合性范畴,而农民权益则更多地体现为物质利益和经济利益方面的具体内容。也就是说,权利本身是权益产生的基础和前提,而权益实现才是权利体系建构的目标所指。

一、宅基地"三权分置"试点改革取得的成效

按照全国人大常委会的决定,自2015年实行的宅基地制度改革试点延期至2018年底。截至2018年底,全国33个试点地区共腾退出零星、闲置宅基地约8.4万亩,办理农房抵押贷款111亿元。2019年1月份,全国人大常委会又决定将试点延期至2019年底,同时开启修订相关法律的程序。总体来看,自开展宅基地制度

试点以来,本轮宅基地制度改革先后经历了试点确立、联动探索、期限延长、范围拓展等过程。各地推进宅基地制度改革的具体做法各不相同,但总体上看,仍是围绕完善农民宅基地权益和取得方式、探索宅基地有偿使用制度、探索宅基地自愿有偿退出机制、完善宅基地管理制度等方面来推进的。

(一)落实宅基地所有权,为乡村发展增加动力

乡村振兴、农民富裕离不开乡村自治组织的有效领导与积极运作。在传统的宅基地"两权"体系下,乡村一级自治组织应有的功能和作用长期缺位,集体经济组织权责不一,形成乡村管理混乱与经济发展缓慢并存的局面。改革开放以来,我国农村集体经济在实现形式、经营方式、利益分配等方面都发生了很大的变化,但很多人常常混淆农村集体经济和集体所有制经济两个概念。就宅基地而言,其所有权为农民集体所有,这是一种团体所有权形式,有助于保障集体组织成员共同生存,客观上却会阻滞财产的最大化利用。宅基地"三权分置"改革明确提出要落实宅基地所有权,就是要为乡村振兴战略实施提供有力的抓手。"中央致力于维系农村集体经济组织,除了是对'社会主义公有制'这一'共享观念'予以彰显外,国家也的确希望籍此有助于农民在经济上有所互助合作和增加收入,从而有利于村庄基层政权('两委')对村民拥有一定控制权,以更好实现对农村长期有效的掌控。"[1]事实证明,在既有的试点改革中,集体经济组织通过对宅基地资源配置和利用实施有效掌控,产生了积极的制度效果。促进宅基地资源的统合与利用,推动宅基地资源的市场化运作,使宅基地资源的财产增益效能获得显著提升,集体经济组织、农户与社会主体三方利益呈现出共赢的发展趋势。

集体经济组织在对宅基地资源进行市场化改造和利用之后,其自身的经济实力也将获得提升,进而组织与管理能力也得到进一步提升,将更多的资源投入公共道路、服务设施、绿化工程等农村基础设施的建设。集体经济组织成为名副其实的提高乡村振兴和发展水平的推动者和组织者。如:福建晋江市通过明确集体经济组织的主体地位与职能,加强其对乡村的建设能力与管理能力。浙江省义乌市赋予村民集体经济合作社对宅基地资源的审批、分配、管理、流转以及对集体经

---

[1] 李敢,徐建牛."虚实之间"——产业振兴背景下的农村集体经济组织[J].浙江社会科学,2021(04):96.

济组织成员的确定等职能。襄阳市宜城市流水镇莺河村村委会对宅基地所有权的创新管理,主要是针对"一户多宅"等宅基地浪费现象,在尊重全体村民的意愿上,由村集体出资回购多余的宅基地资源,由村集体对尚未分配的宅基地进行改造后承包给集体成员,放活宅基地的使用权。在此前提下,集体经济组织成员可以享有承包宅基地的高度自由权,可以利用宅基地开设农家乐、民宿、家庭作坊等。这样既提高了宅基地的利用效率,又增加了村民的经济收入,还加强了村集体的土地资源管理能力。[①]另外,集体经济组织在保障农村居民居住权、放活宅基地使用权的同时,对要对社会主体行使宅基地使用权进行监督,只有这样才能在坚持农村土地集体所有制的前提下更好地落实和实现宅基地集体所有权。

(二)保障农户宅基地资格权,为农民居住权兜底

宅基地"两权"体系中的宅基地使用权本来是同时具有身份属性和财产属性的,由于资格权得以从中分离出来,承继了原宅基地使用权中的身份属性,并且没有因为资格权的分离而获得扩张,其权利主体仍为集体经济组织中具备成员资格和身份的人。因此,对宅基地资格权人的居住权利进行保障是将宅基地资格权分离出来的权利起点。不论宅基地使用权"放活"措施如何扩张和变通,宅基地的保障属性绝不能丢弃,集体经济组织成员的资格身份都是拥有宅基地资格权的重要标志。

保障农民宅基地资格权不仅要明确宅基地资格权的内涵、主体、认证程序,还要通过详细的法律法规做出确定的规则指引。落实到具体操作层面,需要考虑的细节性要求还有很多。首先,宅基地分配虽然秉持"一户一宅"的原则,但宅基地资格权应当通过明确的法律规范细化到个人,明确宅基地资格权人的身份、住址等身份信息。其次,针对大量宅基地荒废、宅基地资源浪费现象,要鼓励宅基地资格权人退出,降低宅基地资格权拥有多余宅基地的预期收益,对自愿退出宅基地的宅基地资格权人给予适当的补助。最后,宅基地退出机制建设的同时还要配套宅基地重获机制。当集体经济组织成员在自愿退出或因其他原因退出宅基地后,在满足宅基地资格权重获条件后其可重新获得宅基地资格权。由于宅基地资格权具有身份属性,重获宅基地资格权的主体也应当仅限于具备原集体经济组织成

---

① 胡佳.农村宅基地"三权分置"之权利内容与实现形式[J].重庆文理学院学报(社会科学版),2020,39(01):24.

员身份的人。如果原资格权人的子女并不具备集体经济组织成员的身份,就不能继承身份属性的资格权和申请重获宅基地,但这并不能妨碍其子女通过遗产继承制度来取得具有财产权属性的部分宅基地权利。

(三)放活宅基地使用权,实现宅基地财产价值

宅基地使用权放活首先要求权利主体多元化,这意味着权利主体可能会突破农户范围。不仅要将宅基地使用权主体扩展到自然人、法人以及非法人组织等主体,还要对其权益内容进行适当扩张,逐步扩展到对宅基地、房屋以及附属建筑的使用权利,包括对宅基地使用、经营、收益的权利等。通过设定优惠政策,广泛吸纳各类主体下乡投资,能够最大限度地为城市优质资源进入乡村提供便利,为乡村发展提供有力支撑。这需要在坚持宅基地资格权不变的前提下,放活对宅基地及房屋等建筑的使用权,引导社会资本进入乡村,拓展宅基地的使用功能,为乡村富裕提供用地保障。

不同试点地区对于宅基地使用权的改革侧重点各有各的特色。[①]首先,在宅基地流转条件上,福建晋江市、广东南海区、湖北宜城市等地区设定的宅基地流转先决条件为宅基地及地上附着的建筑必须先确权。青海湟源县在确权后颁发确权证明,而重庆市大足区的条件是在宅基地及其附着物确权的前提下,还必须有其他的合法房产,这种方式充分地考虑了居民的居住权,避免农村居民失去居住场所。其次,在流转范围设定方面,重庆市大足区将流转范围扩大为本市符合条件的自然人、法人(非营利法人除外)以及其他组织等社会主体。广东南海区则将流转范围从村民小组扩大到村委会一级。最后,在流转方式方面,各地区都采用抵押、出租、出让、入股等方式推动宅基地使用权流转,当然,这些流转方式或多或少会设定期限,如湖北宜城市转让期限为七十年,青海湟源县规定最高年限不得高于三十年。

宅基地"三权分置"改革要想实现宅基地的财产属性和增加农民财产收入,应当推动形成宅基地使用方式多元化的局面。一是出租方式。集体经济组织成员在获得宅基地后大多会在申请到的宅基地上建设房屋以及附属设施,对于闲置的

[①] 周江梅.农村宅基地"三权分置"制度改革探索与深化路径[J].现代经济探讨,2019(11):117.

宅基地房屋建筑可以通过出租方式提高宅基地的利用率。原宅基地使用权人可将宅基地以及宅基地附属建筑部分或统一打包出租给社会主体,其实质是将宅基地及其建筑的一定期限的使用权让渡给非集体经济组织成员以获取租金。但是,出租期限需要受到法律规定最长期限二十年的限制。理论上说,承租人的范围可以不受限制,但承租人不能对宅基地再行转租,并且不能改变宅基地及建筑的用途。二是转让方式。主要有两种:第一种是农户直接向社会主体转让宅基地的使用权,其缺点在于农户与社会主体并非完全处在平等的交易环境,任何交易如果存在信息差,就容易造成实质上的不平等。在农户缺乏经济理性的情况下自由出让宅基地使用权,会导致农村宅基地使用权转让的乱象,损害农户权益。第二种是通过集体经济组织或者政府组织的第三方交易主体,将宅基地以集体为单位,通过集体组织或第三方主体与宅基地使用权交易对象协商,可以出让一定比例的转让金作为报酬支付给集体经济组织或者第三方交易主体。宅基地使用权可以通过出让的方式无限期转让给受让人,而由受让人无限期获得宅基地的使用权,集体经济组织成员在转让宅基地使用权后应当丧失对宅基地的使用权。三是抵押方式。在当前法律规范语境下,宅基地及其上房屋是不允许作为抵押财产的,原因之一是宅基地使用权具有身份属性与财产属性,允许抵押会加剧农村居民失地和失居风险。但在"三权分置"改革中,宅基地的身份属性被剥离成为宅基地资格权,宅基地使用权中的财产权利得以作为抵押财产,农村和农民借此可以获得创业、生活、投资的资金,而社会主体则可以盘活宅基地资产,促进宅基地资源的流转,实现宅基地的金融功能。

二、宅基地权益实现障碍背后的制度困局

关于农村宅基地权利的实现机制改造,学者们的观点集中在居住保障和市场变现两个方向上。笔者认为,宅基地作为农民住房保障的底线定位和要求绝对不能突破,但也要协调好底线保障要求与宅基地权利的积极市场化改造之间的矛盾。而赋予农民相应的处分权利后,农民就可以自主决定如何处置其宅基地,只有让农民自己做主,自己评估风险和收益,才不容易造成因为赋权导致农民失去

宅基地进而产生流离失所的极端后果。①

(一)所有权虚化弱化导致权利内容不完整

作为农村的根本性土地制度,农村土地的集体所有制极大地提高了农村生产力和各主体之间的合作水平。但是随着经济社会发展,这种集体所有权主体的虚化表现得越来越明显。宅基地空置、废弃导致土地资源的利用效率被严重降低,侵占基本农田和公共设施用地现象频发。②诸多现实制度难题,需要在"三权分置"改革中予以重视并采取有效的应对之策。

一方面,农民作为农民集体的成员,其地位存在着虚化的现实,农民集体权益也有所弱化。按照我国法律规定,可由乡镇政府、村集体或者村民小组三级组织来代行农民集体的宅基地所有权。但是,农民集体是由众多具有特定权限和资格的农民共同组成,而且是一种较为松散的集体组织。法律明确规定了由集体经济组织行使所有权,如果尚未成立集体经济组织的,则由村民委员会代行相关权利。集体经济组织或者村民委员会组成人员来自广大农民,一旦其手握代行宅基地所有权的集体意见表达权和决策权,就很难确保其不因为难以承受利益诱惑而走到广大农民集体成员利益的对立面来。如果不对宅基地的所有权主体地位予以明确,一旦发生了有损农民利益的事件,不仅会影响法律实施的效果,更会给村务自治机制的权威性和公信力造成难以修复的破坏。

另一方面,宅基地所有权的各项权利内容之中并没有赋予其完整意义上的处分权。如前所述,宅基地作为农民居住权保障的物质载体,系由符合集体成员身份的农户向农民集体提出申请,经审核同意之后无偿取得和永久使用的一项用益物权。尽管分配给农民实际占有和使用,但是农民集体作为所有者,仍然可以依托其所有权来对宅基地施加控制力和影响力。

(二)资格权认定标准不明导致权能不清晰

当前我国宅基地审批权限是按照土地管理制度相关规定加以确定的。宅基地资格权既然已被纳入"三权分置"改革要求,作为一种独立的权利类型,其所应

---

① 刘守英.农村宅基地制度的特殊性与出路[J].国家行政学院学报,2015(03):24.
② 赵振宇,等.乡村振兴与城乡融合发展:主体投入及土地制度保障[M].杭州:浙江大学出版社,2020:160.

发挥的制度效用主要体现在对宅基地申请和取得的实质性审查阶段。申请人是否具备宅基地资格权,将是其是否能够获得批准取得宅基地使用权的法律要件。但这主要是从宅基地使用权的初始取得角度来做出的安排,对基于流转(买卖、赠与、抵押)取得宅基地的实际使用者而言,资格权是否应为其必备的法律要件则需立法进一步明确。如果要求实际使用者也要具备资格权作为前提要件,那么就会面临以什么标准来判定实际使用者或者申请者是否具备资格权的问题。笔者认为,对宅基地资格权的认定应当着重落实在对集体经济组织成员资格的审查上,以成员身份为资格权主体的认定标准。但是,由于成员身份的认定本身仍然缺乏统一标准,各地试点改革也没有给出明确的解决方案,成员身份的认定同样存在困难。实践中,对集体成员资格的界定多结合户籍审查、以土地为基本生活保障、在村庄有固定的生产生活等情况加以判断的。

一是以户籍身份作为资格权主体的认定依据。按照户籍管理制度相关规定,户籍是公民身份的证明,记录的是公民的基本信息,采取户籍登记信息作为判定集体经济组织成员资格的基本标准具有较强的可操作性。有的地方从便于实践操作的角度出发,采取户籍身份作为认定集体经济组织成员身份的标准,以户籍登记机关载明的户籍所在地和性质作为判定当事人是否具备集体经济组织成员身份的客观依据。但是这种方法在当前取消城镇和农村居民户口身份区别的改革背景下,已经丧失了制度操作层面的现实意义,而且也与当前政策鼓励农民进城落户的精神相悖。

二是以土地为基本生活保障的事实作为判定依据。以土地为基本生活保障作为集体成员资格界定的标准,是很多地方试点改革中采取的资格权认定标准。该标准背后的考虑因素主要在于,"在原有的以户籍为基本标准的基础上新增是否以土地为基本生活保障等认定标准,为进城务工农户留下一条后路"[①]。尽管该认定标准更为复杂,但相比单一的户籍登记信息标准更为科学合理。

三是以在本集体有比较固定的生产生活作为界定标准。该标准主要是为了让愿意并且实际在农村进行生产生活的人获得集体成员资格,以此达到吸引更多的人才下乡、返乡创业支持农村发展的现实目的。对于现实中存在的诸多返乡创

[①] 王欣."三权分置"下农村宅基地资格权研究——基于四川省泸县宅基地制度改革试点实践[J].广西质量监督导报,2020(02):51.

业的退伍军人、毕业大学生来说,他们的户籍可能早已迁出本集体而成为城市居民,但由于政策支持和鼓励返乡下乡行为,是否应当赋予其对现有宅基地申请的资格权,是需要明确的制度性问题。

当然,上述资格权认定标准目前尚未获得立法的统一确认,而是存在于各地的试点改革政策文件中,是否应当在宅基地"三权分置"的立法转化中吸收这些实践做法,仍需进一步探讨。笔者认为,基于当前我国农村户籍制度改革的现实情况,不宜再以户籍登记信息及其性质来作为确定集体经济组织成员身份的唯一标志。而从实际操作的便利性和有效性来考虑,应当整合试点改革中曾经使用的一些规范性和成熟度比较高的实践经验,将其转化为国家层面的规范化和要素化判定标准,指导宅基地资格权的认定实践。

(三)宅基地经营性用途转换中存在的问题

宅基地"三权分置"就是要对既有的宅基地权利体系进行重构和优化。而经营性用途所赖以存在的宅基地使用权又是其中最适合担当此种使命的权利类型。若将其中的经营性用途与其特有的经营权能内容加以整合,尽管转化效果值得期待,但也要充分预见宅基地经营用途转化过程中的诸多现实难题。

一是乡土社会传统观念的阻滞效应。中国农村是典型的乡土社会,而维系乡土社会的重要纽带就是以家族血缘关系为主线的天然的关联性存在。即便是沿海发达地区,这种传统血缘纽带关系的影响作用依旧很强,或多或少对试点改革产生了一定的阻滞效应。一方面,血缘关系的亲疏远近直接决定了宅基地使用权流转的范围和效果。由于血缘本身即代表着一种信任关系,当地农民天然地对外来人口有着排斥和怀疑的态度。笔者的调研团队曾到湖南省浏阳市农村进行实地调研,和当地村民进行交谈时发现,村民们并未意识到闲置宅基地和农房会带来多大损失,比较消极地对待外地人租住房屋的需求。用当地村民们的话说就是"房屋空起就让它空起,免得出租出去以后再发生扯皮的事情就更加麻烦了"。另一方面,村民们对于祖宅的情感十分深厚,常常将其视为自己年老之后回归乡里的最后寄托。这种特殊的精神寄托,使得村民们对其祖宅有着复杂的情感,而不愿意将房屋交给其他并无血缘关系的人。再加上农村房屋租赁价格本就十分低,相比空置房屋所能避免的担忧和麻烦,每月几百元的房屋租金就显得更加无足轻重了。

二是区位差异带来用途转化的限制。这种区位差异主要存在于不同农村之间,而导致这种差异的因素是多样的。如前所述,按照距离城市的地理位置差异,可大致将围绕着城市的乡村区域分为城郊村庄、特色保护类村庄以及非城郊非旅游类村庄。基于地理位置的差异,宅基地的价值要素也会有所不同,而与城市距离较近和旅游、生态资源较为丰富的乡村,在宅基地用途转化上明显表现出了更强的优势,但同时也面临各自不同的实践难题。如果某个乡村附近拥有丰富的旅游资源,吸引众多外来游客观光旅游,进而带动餐饮、采摘农业、休闲农业等商业模式进驻乡村。而对于城郊地区的乡村(包括传统的城中村),外来务工人员难以负担城市房屋的高额租金,于是选择就近到农村租住价格低廉的农房,容易形成相对聚居的状态,也容易滋生宅基地及房屋的入市交易的各种乱象。加之宅基地用途转换的管制较弱,容易形成宅基地用途转化过程中的脱法行为,最终使其实质性盘活利用受到阻碍。而对于那些既无生态和旅游资源,又缺乏城市辐射效应的偏远乡村,其产业发展相对单一,基本停留在传统的耕作农业层面,难以发展出具有较高附加值和劳动力吸附力的产业。这些村庄的青壮年多外出务工,导致大量农房因其盘活利用价值较低而被动闲置,造成一定意义上的资源浪费。

三是宅基地居住保障的单一性关注。我国宅基地制度的初衷是要对农户进行有效的居住保障,并且作为农民的一项福利政策,保障农户的居住权益,而对宅基地的经济价值和财产属性关注较少。而且确实也有一些村民对于宅基地和农房的价值认知水平尚未跟上国家政策发展的速度,很多村民并没有意识到宅基地的经济价值,外出务工的村民不愿意采取他们觉得麻烦的方式对其宅基地进行盘活利用,留守的村民又不知道如何转换自家宅基地的用途。宅基地价值观念的滞后,既造成村民的消极对待,也对他们的宅基地财产实现造成了事实上的束缚。农民对于宅基地占地行为本就缺乏足够的经济敏感性,加上宅基地多系无偿获得,农民心中对其市场变现的价值期待还有待唤醒和激活。就公共管理和服务而言,基层政府所代表的乡村治理责任主体,不仅对宅基地的开发利用现实缺乏执法敏感性,甚至有意地选择性执法,很容易形成制度性的监管松懈。

第五章
宅基地"三权分置"中农民权益实现的法律难题

完善农民权益的法治保障体系和制度是宅基地"三权分置"制度改革的应有之义,也是改革者希冀达到的治理效果。法治保障问题首先表现为法律纠纷和法律适用难题。而按照权力运行和制度功能的划分,宅基地体现了公法管控和私权运行的内容,其中宅基地管理和分配属于管理性的行政治理问题,而宅基地开发、利用、流转等则属于私法规制的范畴。本章主要基于管理和运行两个维度并结合司法实践中反映最多、纠纷集中高发的典型案件,总结司法裁判观点,对宅基地当前利用和流转现实中的法律问题以及"三权分置"政策立法转化将要面临的法治难题进行预判和分析。同时,对农民权益实现的具体诉求展开类型化分析,反思制度改革模式缺陷、行政监管执行失范、流转合同效力等诸多实践难题,提出合理化建议。试图在证成农民权利体系构造的同时,为宅基地权利的取得、流转、退出、变现等提供有意义的规范指引。

第一节 宅基地管理中的法律问题

宅基地"三权分置"为土地管理制度变革提供了实践依据,但是宅基地"一户一宅"、无偿分配、面积法定、不得流转的法律规定,客观上制约了农民宅基地用益物权的财产性利益变现,造成宅基地和农房闲置、空置的现象。2019年8月,全国人大常委会第三次修正了《土地管理法》的相关规定。在宅基地制度完善方面,增加宅基地户有所居的规定,明确人均土地少、不能保障一户拥有一处宅基地的地区,在充分尊重农民意愿的基础上可以采取措施保障农村村民实现户有所居。考虑到农民变成城市居民到真正完成城市化过程的长期性,现行《土地管理法》还规定国家允许进城落户的农村村民自愿有偿退出宅基地,这也就意味着地方政府不得违背农民意愿强迫农民退出宅基地。此外,在总结试点经验的基础上,现行《土地管理法》还进一步下放宅基地审批权限,明确农村村民住宅建设由乡(镇)人民政府审批。2019年9月,《中央农村工作领导小组办公室、农业农村部关于进一步加强农村宅基地管理的通知》明确提出农业农村部门负责宅基地改革和管理有关工作,切实加强农村宅基地管理,同时鼓励村集体和农民盘活利用闲置宅基地和闲置住宅,通过自主经营、合作经营、委托经营等方式,依法依规发展农家乐、民宿等。在法律和政策层面强化宅基地盘活利用的同时,对宅基地管理工作和制度衔接也提出了更高的要求。

一、宅基地行政管理职权配置及其行使

宅基地"三权分置"改革措施落地转化直接面对的前提性问题就是行政主管职能安排。按照2018年机构改革方案和现行《土地管理法》的规定,实际上将宅基地制度改革的相关职能交由国务院农业农村部来承担,有关宅基地的权属登记、地籍调查等职能则由国务院自然资源部来承担。那么,中央层面的主管部门由中央机构改革方案来分配事权,地方则应由地方政府根据历史传统和现实需要进行相应的机构调整和职能转隶,以便和中央层面匹配,形成全国统一、规范协调的职能运转体系。

(一)宅基地改革和管理事权分配的冲突

宅基地制度改革和管理的职能安排,应当确保农民房屋建设用地供应、宅基地分配、农民建房规划管理等工作的连续性和稳定性。但也要看到现实中各地存在的管理职能衔接不畅的实践难题。

一方面,宅基地管理体制改革进展不平衡,消极对待现象比较常见。有的地区工作进展相当快,但有的地区工作进展缓慢,存在着等待和观望的态度,导致该

地区宅基地管理职能不能实现平稳过渡,距离中央机构改革方案和法律规定的要求还有很大差距,尚未形成与中央层面农业农村部对应的宅基地管理体系。在具体交接工作中,工作进展缓慢的地区不是存在着工作职能、档案资料等方面的交接纰漏,就是在人员配备和编制方面存在着交叉和重合的问题。有的地方的农业农村主管部门认为,为了确保职能工作的无缝衔接,不仅要移交工作职能还要转隶相关的专业人员,仅仅移交档案资料而没有配齐专业人员是无法迅速开展工作的,专业力量配备不足是制约其管理职能有效发挥的关键因素。而受限于地方政府机构和人员编制的既定安排,在工作移交过程中各地的农业农村部门和自然资源部门因为职能衔接和事权分配方面发生推诿扯皮也就在所难免。有的地方的农业农村部门认为,在完成包括人员和职责的全部移交之前,相关职责仍应当由自然资源和规划部门继续承担。自然资源和规划部门则认为,按照中央改革方案和法律规定要求,其已经没有继续承担相关管理职责的法律依据,如果农业农村部门在交接和过渡的过程中需要其协助和配合,自然资源和规划部门可以在其职权范围内尽可能地提供协助。

另一方面,宅基地管理职能范围界定不清晰,工作机制尚未完全理顺。首先,在宅基地的认定问题上,不同职能部门存在着不同观点。农业农村部门认为宅基地是农村村民用于建造住宅及其附属设施的集体建设用地,包括住房、附属用房和庭院用地等;而自然资源和规划部门则认为应从主体、性质、用途三方面来判定,对应村民、集体土地、住宅三个关键要素。其次,关于违法查处的范围,各职能部门基于各自职责权限的理解也存在着不同的观点。农业农村部门认为本部门仅负责涉及宅基地的违法行为的查处,非宅基地类违法行为在其查处职责范围之外。自然资源和规划部门则认为宅基地不仅属于农村建设用地,而且只要涉及农村村民在集体土地上违法建造住宅的,都应当由农业农村部门负责查处。

(二)宅基地行政管理和执法机制不顺畅

宅基地行政管理,在规范意义上指的是土地管理行政机关(自然资源主管部门和农业农村主管部门)在其法定职权范围内,按照法定程序、依据法律规范要求对涉及宅基地利用、开发以及流转等法律事实进行确认、登记和审批,并对违法行为进行查处和纠正的各种行政强制、行政执法和行政制裁行为的总称。随着农村经济发展，农民改善居住条件的愿望日益迫切，宅基地利用需求与日俱增。同时，由于城乡一体化融合发展需要，下乡、返乡创业创新的需求增加，资本、技术、人才等资源到农村寻求更大的发展空间，对于农村土地支持的需求增长。农村闲置宅基地发挥了土地利用需求补充的功能，为农民增加了财产收入，这本是一件双赢的好事，但却因为在现行法律规范语境下缺乏合法性依据，导致这类事实难以获得有效的法律认可和保障。宅基地管理制度实施中的具体法律问题五花八门，归根结底都是由当前我国宅基地行政管理和执法机制建设不同步，工作协调和配套机制不顺畅所致。

一是《土地管理法》与《中华人民共和国城乡规划法》等法律制度在实施中缺乏有效对接和统一协调机制。如前所述，即便是同一个地区，自然资源部门和农业农村部门对同一区域的建设用地规划范围和耕地保护范围也可能存在不一样的观点和主张，在对同一类型法律规范的理解上，往往基于本部门的工作职责履行和任务完成的便捷性考虑，从而做出更有利于本部门的解释。而在法律规范文本上，对于同类管理职责的授权在客观上又存在着多头管理的情况，加上工作范围和规范不统一，造成村庄规划和建设以及宅基地对耕地占用、违规建房等违法乱象频频发生。这种多规适用必然带来两方面的后果：一方面，各地制定的国民经济和社会发展规划对于本地区的城乡规划和土地管理存在着层次不同的目标和工作要求，各职能部门在执法过程中把握的侧重点存在差异，并且缺乏统一的协调和沟通机制，容易形成执法的盲区和真空地带。另一方面，不同的执法主体对法益保护范围和程度存在不同认识，加上长期养成的非制度性的执法惯性，容易造成在具体的违法整治和查处中认定标准和尺度不一的现实情况。

二是在城乡规划和土地管理执法主体方面，缺乏统一授权，存在多头执法的情况。多头执法易导致执法规范不统一和执法效率低下等问题。而土地管理制度中对于宅基地违法利用行为存在着法律责任配置及其法律后果规定不明确、责任承担形式单一、处罚力度不够等问题。例如：关于责任承担形式，仅明确县级以上人民政府土地行政主管部门责令违法当事人退还非法占用土地、限期拆除新建住宅及设施；而对于不退还或者不按期拆除违法建筑的违法行为人如何采取进一步的处置措施,仅明确可以移交人民法院强制执行。但实际情况却是,强制拆除执行到位的情况较少,违法责任追究和承担最终不了了之。而且移交法院来实施司法强制执行,不仅可能牵涉行政和司法机关的职权分配问题,而且行政主管部门还要接受司法机关对行政管理和执法行为的合法性审查,这是很多地方行政主管部门都不太愿意主动去面对的一项考验。此外,农村集体经济组织在宅基地管理体制中扮演何种角色,也是当前需要考虑的问题。因为按照现行农村土地所有制,农村集体经济组织代表农民集体行使土地所有权,而其与作为宅基地使用权、资格权主体的农村村民又存在着组织与成员之间的类从属关系。在这种组织关系架构下,农村村民作为集体经济组织的成员,与农村集体经济组织具有从属关系,这种关系也可以被定性为内部管理关系。尽管在宅基地管理业务的具体行使方面,农村集体经济组织对本集体经济组织内部的宅基地进行统一管理和安排、强制收回宅基地等行为彰显了一定的行政管理职能,但是这种管理并非基于行政法律规范,因而不具有行政管理行为所应具备的外部行政行为的关键要素,不能产生土地行政管理法律规范意义上的法律效果。在法律法规未对农村集体经济组织或者村民委员会赋予宅基地违法行为行政处罚权的前提下,前述宅基地管理行为在本质上仍属于村民自治管理范畴,因而不具有行政法上的可诉性。

三是对于宅基地违法使用、超标使用行为的执法标准,各个地方存在着把握尺度不一致的情况。《土地管理法》第六十二条明确规定:"农村村民一户只能拥有一处宅基地,其宅基地的面积不得超过省、自治区、直辖市规定的标准。"这一规定意味着各个省级地区可以根据本地区的具体情况来设定自己的宅基地面积标准。实际上,国土资源部在2009年就发布了《国土资源部关于促进农业稳定发展农民持续增收推动城乡统筹发展的若干意见》,该文件目前仍然有效。其中,关于宅基地面积标准的制定,要求各地遵循工业化、城镇化进程中的客观规律,按照节约集约用地原则,根据城乡不同的地域特点,区分不同住宅类型,抓紧修订现有的宅基地面积标准,建立和完善农村人均用地标准,控制宅基地和村庄建设用地规模。[①]由此可知,宅基地面积标准的确定应当根据城乡不同的地域特点,区分不同住宅类型。但是,从各省级地区设定宅基地面积标准的实践情况来看,标准最高的省

[①] 参见《国土资源部关于促进农业稳定发展农民持续增收推动城乡统筹发展的若干意见》(国土资发〔2009〕27号)

份超过300平方米,面积标准较低的省份上限只有80—100平方米。例如:江苏省确定,人均一亩以下的市县上限为135平方米,人均一亩以上的市县上限为200平方米,尤其是该省条例还规定建筑占地不得超过宅基地面积的70%。[①]从农村生活居住的习惯来看,很多地方农村住房设计一般有主房、厢房及车库、厕所等,如果僵化地适用统一的面积配置标准,对于村庄规划来说是相当困难的。

四是在宅基地管理规范的具体适用中存在着多样性和创新性要求。各地在确定宅基地标准时,不仅要考虑人口数量、土地规模、生产生活的便利性等因素,还要兼顾到当地民俗、居住习惯等,尽量与新农村、小康标准、幸福指数等评价体系进行有效契合。随着城乡一体化融合发展,农村宅基地功能正在发生着改变,从原有的居住保障到如今的财产收入增长需求,政府在设定宅基地管理政策和目标时,也要适时加以引导,灵活调整有关政策制度,对宅基地面积标准予以合理设定。在宅基地面积管理方面,各地采取了相应的措施,也取得了一些实际效果。"安徽省六安市金寨县对超标准占用的宅基地按累进方式收取有偿使用费,对节约集约使用宅基地的农户给予奖励,低于宅基地面积标准(160平方米)的,每减少1平方米给予100元奖励,自愿放弃申请宅基地的,每户奖励2万元。湖北省宜城市按宅基地等级划分收费标准,对超出标准部分征收有偿使用费。"[②]《中共中央、国务院关于建立健全城乡融合发展体制机制和政策体系的意见》明确指出:"推动各地制定省内统一的宅基地面积标准,探索对增量宅基地实行集约有奖、对存量宅基地实行退出有偿。"[③]在税收政策方面,"增减挂钩项目中农村居民经批准搬迁,原宅基地恢复耕种,新建农村居民安置住房占用耕地面积不超过原宅基地面积的,不征收耕地占用税;超过原宅基地面积的,对超过部分按照当地适用税额减半征收耕地占用税"[④]。

(三)宅基地违规占用行为的治理难度增加

宅基地管理面临"一户多宅"、超面积占用、建新不拆旧以及宅基地实际使用

[①] 任亚,谢家旺,方斌.宅基地管理制度创新路径分析——以江苏省为例[J].中国国土资源经济,2016,29(02):49.
[②] 参见《国家发展改革委办公厅关于印发第一批国家新型城镇化综合试点经验的通知》(发改办规划〔2018〕496号)。
[③] 参见2019年4月15日发布的《中共中央、国务院关于建立健全城乡融合发展体制机制和政策体系的意见》。
[④] 参见《财政部关于城乡建设用地增减挂钩试点有关财税政策问题的通知》(财综〔2014〕7号)。

行为难以管理等现实问题。主要原因在于,我国现行宅基地制度以"一户一宅"、无偿分配、永久使用等为特点,特别是无偿分配这一制度现实导致农民对于宅基地的申请和利用普遍存在着"不占白不占"的心理。"'因人成户,因户需宅'的关系构成了宅基地使用的系统稳态,'人''户''宅'的关系变化又进一步推动了宅基地制度改革。因此不同地区实施'三权分置'"应当根据'人''户''宅'关系变化而产生的不同问题,因地适宜的施行改革方案。"[①]

一方面,宅基地治理难题主要在于"一户多宅"、宅基地违规占用现象较为普遍。虽然从整体上来看,全国农户存在着"一户多宅"的情况所占比例并不太高,但是就局部地区而言,"一户多宅"和农房闲置所导致的"空心村"事实不容忽视。例如:江西省余江县在改革试点之前就曾摸底调查,数据显示该县7.3万农户中,"一户一宅"的农户有4.4万户,"一户多宅"的农户有2.9万户,"一户多宅"的农户占比竟然高达40%。[②]而且,随着农业的产业化发展,农村和城市的经济交往越来越密切,许多下乡创业人员以及半工半农的新型农民和兼业农民大量涌现,他们对于农村生活水平有着更高的要求,新生代农民的权利诉求有了更多新的内容。而随着经济收入和消费水平的提高,这些新型农民往往会持有保留农村宅基地的强烈愿望。过去农民的家庭收入主要源自农业生产的收益,客观上导致农民在宅基地选址问题上更关心新宅基地与其承包地之间的距离,其通常更愿意选择在较短的耕地半径内新建住房,甚至为了获取这种便利而不惜占用耕地,造成对基本农田的侵蚀,不利于国家粮食安全。而与过去的选址观念和习惯相比,如今的农民更倾向在农村交通沿线两侧修建新房,客观上造成了"一户多宅"以及老宅闲置的现象。而且随着农民进城务工的季节性现象日益突出,宅基地和农房的季节性闲置问题也逐步显现,虽然造成了一定的农房资源浪费,但作为农民向城市进取和回乡退守的居住保障,在维护农村社会稳定方面的积极作用是不容忽视的。

另一方面,闲置宅基地治理难度明显增加。在《闲置土地处置办法(2012修订)》中对于闲置土地做出的定义是:"国有建设用地使用权人超过国有建设用地使用权有偿使用合同或者划拨决定书约定、规定的动工开发日期满一年未动工开发的国有建设用地。已动工开发但开发建设用地面积占应动工开发建设用地总

[①] 田逸飘,廖望科."三权分置"背景下农村宅基地相关主体性关系变化与重构[J].农业经济,2020(03):89.
[②] 张乃贵.完善"一户一宅"的"余江样板"——江西省余江县宅基地制度改革的启示与建议[J].中国土地,2017(11):46.

面积不足三分之一或者已投资额占总投资额不足百分之二十五,中止开发建设满一年的国有建设用地,也可以认定为闲置土地。"[①]宅基地属于农村建设用地,并非国有土地,因此其并不适用该办法所称的闲置土地的定义以及关于闲置期限的认定标准。理论上说,农民宅基地的闲置状态可以一直持续下去,但宅基地的闲置还有另外一层意思,就是农民举家外迁或者进城务工导致农房无人居住和宅基地事实上闲置的状态。正因为如此,有人将闲置宅基地定义为:无论宅基地上是否存在建筑物,只要该地块未发挥出应有的保障农民居住的功能,即可被认定为闲置宅基地。实践中,闲置宅基地主要指的就是那些长期无人居住的空置农房和面积超过各地政府划定标准的宅基地。宅基地作为农民自建住房用地,本身并无动工建设的期限要求,这容易导致宅基地因为闲置而陷入失范状态中。因为何时动工新建、改建甚至扩建,均由农民自主决定,只要按照要求向村集体组织办理审批手续即可。

二、闲置宅基地清理和"空心村"治理

作为当前农民所拥有的最大的"隐性资产",闲置宅基地和闲置农房备受各方主体的青睐,成为启动农村经济加速发展的关键。当前农村中存在着宅基地闲置的两种典型行为:一种是"占而不建",即:虽然申请了宅基地,却不在其上修建房屋,是真正意义上的土地闲置;另一种是"建而不住",即:虽然在宅基地上修建了房屋,但却由于各种原因导致房屋废弃、无人居住。此外,还有一种是超标占用宅基地和超居住需求而超面积修建房屋,造成多余房屋的空置。无论是哪种情形,都是对土地资源的浪费。或许农民自己并不觉得其权益受到了损害,但集体经济组织作为所有权的代行主体未能从中获得任何利益,集体利益受损却是事实。而且一旦某个乡村的宅基地闲置达到一定比例(比如30%),就会造成"空心村"现象,这对乡村治理和发展而言都是非常不利的。这一现实使得农村宅基地管理面临极大挑战,同时也成为农民宅基地权益实现中的最大障碍。

---

① 参见《闲置土地处置办法(2012修订)》(中华人民共和国国土资源部令第53号)第二条。

(一)"空心村"的空心化表现

"空心村"是在工业化、城镇化背景下农村变迁的阶段性外在表现。但是,"空心"并不一定是一种空间形态,"而是土地、人口、经济、社会、文化等各要素偏离和谐'运行轨道'的结果,是农村多要素'空心'的综合"[1]。"空心村"当前主要表现为两层意义上的空心化问题:一是人口空心化。大量农村青壮年劳动力进城务工,老人和儿童留守农村,呈现出农村活跃人口不足的现状。二是地理空心化,又可称为住宅空心化。具体表现为农村居民围绕着交通要道新建房屋,从而造成原有聚居村落的中心区域原有宅基地被闲置、废弃,呈现出被抽空的现实。"以地理空间上的外扩内空为直观表现形式的空心村,实际上是村庄外围的新宅环绕着村庄内部的旧宅逐渐向外层铺开,从而呈现出的一种外部气派与内部衰败对比悬殊的特殊景观。"[2]实际上,随着农村人口的大量流出,"村庄人口空心化逐渐主导了农村住宅的空心化,住宅空心化是人口空心化的表象"[3]。此外,空心化问题还体现在产业空心化、政治空心化、文化空心化等方面。

(二)"空心村"形成的多重原因

"空心村"的形成是多方面因素共同作用的结果,既有主观方面的农民传统乡土情结和权属观念的影响,也有客观方面的农村经济基础薄弱、土地管理规范欠缺等方面的影响。

一是传统的产业观念。一方面,农民的传统观念中存在着较强的"安土重迁"的乡土情结。"传统的'多一处宅基、多一份家业'的小农思想,以及盲目的攀比心理、特定的社会观念与文化习俗,成为祖辈宅基地深度开发利用的阻力所在,客观上加剧了农村宅基地废弃化和农村空心化发展。"[4]另一方面,农村产业发展观念滞后,青壮年劳动力单向外流居多。不少年轻人进城买房置业或在村庄另建新居后,宁愿原有的旧宅空置也不愿意交还集体。

---

[1] 姜绍静,罗泮.空心村问题研究进展与成果综述[J].中国人口·资源与环境,2014,24(06):51.
[2] 许加明.乡村振兴战略视角下空心村问题的多维审视及治理对策——基于苏北刘村的个案考察[J].河北农业大学学报(社会科学版),2020,22(01):85.
[3] 李玉红,王皓.中国人口空心村与实心村空间分布——来自第三次农业普查行政村抽样的证据[J].中国农村经济,2020(04):127.
[4] 刘彦随,刘玉.中国农村空心化问题研究的进展与展望[J].地理研究,2010,29(01):35-42.

二是现实的置业需求。"空心村"产生的一个重要的客观原因还在于农村基础设施薄弱、产业发展落后,加上近年来农村居住环境恶化等倒逼出来的生活质量、就业发展问题,使得农民进城买房置业的愿望日渐强烈。而且这种愿望随着农民进城务工和从事非农生产的收入增长,也有了可期待的现实底气。但是,我国农村长期存在着土地所有权虚置、宅基地退出机制缺失的问题。农民在无法通过市场化交易充分实现其宅基地和农房价值的情况下,在主观上也不愿交回自己基于集体经济组织成员身份取得的宅基地使用权,这在客观上导致了农村宅基地闲置和农房废弃的现象。

三是缺位的规范管理。我国农村发展长期缺少系统规划,前期农民获取多余宅基地成本太低,导致迁出人员"离乡不离土"、在村人员"建新不拆旧"。首先,制度建设层面的法律规定不完善,《土地管理法》并未明确规定违反"一户一宅"管理规定的法律后果和责任,没有对预留宅基地行为的违法性予以明确界定,缺乏针对废弃、老旧宅基地的处置办法。农村宅基地和农民房屋的权属还没有形成较为清晰、完善的制度体系,造成农房交易市场缺乏、宅基地流转困难。其次,制度执行层面的规划管理不到位。虽然目前有些地方编制了城乡一体的社区建设规划,但是实际上能够纳入其中的也只是少数经济条件和区位条件较好的村庄,大多数村庄的农房建设依旧存在着较强的随意性和盲目性,不太注重老旧农房的改造和利用。

第二节　宅基地资格权法律问题

宅基地资格权是指农村居民基于集体经济组织成员的身份,对农村集体所有的宅基地享有的无偿占有、使用、收益的权利。[1]宅基地资格权作为"三权分置"改革所创新的一项新型权利,如何在实践中加以认定是法律制度建构中应当考虑的现实命题。

---

[1] 毛毅坚.农村宅基地法律实务与裁判规则[M].北京:人民法院出版社,2019:29.

一、农村集体经济组织成员的表述不明

宅基地资格权直接与其集体经济组织成员身份紧密相连,对集体经济组织成员身份做出准确识别是各项权利赋予和实现的前提。但是关于何谓集体经济组织成员,现行立法中并未给出规范定义。这给实践中如何准确识别农民、村民、返乡人员、集体经济组织成员等农村人员的法律属性增加了难度。

(一)现行立法中存在着概念混用的现象

在我国2019年修正的《土地管理法》的规范文本中,对于农村集体经济组织成员的表述,实际上存在着与"农村村民""农村集体经济组织成员"概念混同使用的情况。如:《土地管理法》第四十八条、第五十九条、第六十二条、第七十八条中使用的是"农村村民";而在《土地管理法》第四十七条、第六十三条中使用的又是"农村集体经济组织成员"。通过对比可以发现,使用集体经济组织成员身份表述的地方,往往涉及需要运用集体决策程序,[1]这是将其纳入集体范畴的一种规范表述。由于立法并未对"农村村民"和"农村集体经济组织成员"概念做出明确的法律界定,所以二者之间的区别难以厘清。而且在文本表述上存在着两种概念混用的现象,且在不同的语境下经常被赋予不同的法律意义,导致在实践中认定集体经济组织成员身份面临诸多不确定性。

(二)农村集体经济组织成员身份的识别

尽管从法律文本上来看,存在着农村村民与农村集体经济组织成员概念的混用现实,但是这两个概念使用的场景和语境却存在着差别。农村村民,在户籍制度改革背景下,其规范的户籍登记信息载明的就是"农村居民"。因为按照全国人大常委会1958年1月9日颁布并实施的《中华人民共和国户口登记条例》(以下简称《户口登记条例》)(现行有效)的相关规定,农村以合作社为户口登记单位,发给

---

[1]《土地管理法》第四十七条第二款规定:"多数被征地的农村集体经济组织成员认为征地补偿安置方案不符合法律、法规规定的,县级以上地方人民政府应当组织召开听证会,并根据法律、法规的规定和听证会情况修改方案。"第六十三条第二款规定:"前款规定的集体经营性建设用地出让、出租等,应当经本集体经济组织成员的村民会议三分之二以上成员或者三分之二以上村民代表的同意。"

户口簿,只有登记在社的农村村民才具有社员身份。①但是,《国务院关于进一步推进户籍制度改革的意见》明确提出:"建立城乡统一的户口登记制度。取消农业户口与非农业户口性质区分和由此衍生的蓝印户口等户口类型,统一登记为居民户口,体现户籍制度的人口登记管理功能。"②按此改革意见,我国户口登记信息将不再区分农业户口和非农业户口。那么,究竟采取何种方法来识别集体经济组织成员身份呢?实践中,农村集体经济组织一般是根据《村民委员会组织法》赋予的权限制定自治章程和村规民约来作为判断成员标准的依据。③但是,这种方法具有一定的随意性,如果所制定的自治章程和村规民约本身就存在着违反法律要求的情况,一旦产生争议,就需要通过司法途径来解决。回到制度现实来看,我国现行立法并未对集体经济组织成员身份判定设置明确的规范依据,因此,当务之急是通过立法完善的路径从根本上解决集体经济组织成员身份的认定依据和标准欠缺的问题。

二、集体经济组织成员资格的取得、认定和消灭

如前所述,宅基地资格权创设的目的是通过进一步的权利解绑实现宅基地使用权的财产性功能。正如有的学者认为,"'三权分置'下的资格权是农户将宅基地'使用权'流转给非集体经济组织成员后依然保留的集体经济组织成员的身份,这种身份的行使尽管会给农户带来一定的财产利益,如农户以其集体成员身份申请获批,集体成员则享有了宅基地使用权,但这种身份本身并不具有财产性"④。资格权与农村集体经济组织成员身份紧密相连,而这种成员身份具有"人役权"的属性,其并不具有财产权属性。只在资格权的非财产性基础上讨论集体经济组织成员资格认定,方能体现法律的规范意义。实践中,宅基地的财产价值备受青睐,导致其成为纠纷标的物的可能性增加。那么,谁来认定农村集体经济组织成员资格以及如何来认定这种资格等问题均应纳入"三权分置"改革探索的主题范畴。

---

① 《户口登记条例》第四条规定:"农村以合作社为单位发给户口簿;合作社以外的户口不发给户口簿。户口登记簿和户簿登记的事项,具有证明公民身份的效力。"
② 参见2014年7月24日发布的《国务院关于进一步推进户籍制度改革的意见》(国发〔2014〕25号)。
③ 刘高勇,高圣平.论基于司法途径的农村集体经济组织成员资格认定[J].南京社会科学,2020(06):87.
④ 申建平.宅基地"资格权"的法理反思[J].学习与探索,2019(11):74.

(一)农村集体经济组织成员资格的取得方式

宅基地资格权解决的实际上是宅基地使用权的主体范围问题,但作为宅基地使用权初始取得主体,应当具备集体经济组织成员身份。按照我国现行《土地管理法》的相关规定,目前并没有关于农村集体经济组织成员年龄和性别等方面的限制条件,只要满足法定条件都有权向本集体经济组织提出宅基地使用的申请。但是,有些地方却对农村村民申请宅基地设定了年龄条件,以便和法定结婚年龄和独立分户的条件关联起来。比如:山东省滨州市就曾明确规定农村村民未满二十周岁的,申请宅基地时不予批准。①当然,除了满足规定的条件之外,在对申请取得宅基地的申请人进行审核时,还要以其是否具备集体经济组织成员资格为前置条件。通常情况下,集体经济组织成员资格的取得存在两种方式:一种是原始取得,主要指的是基于血缘关系而以本集体经济组织的某个家庭成员身份取得的集体经济组织成员资格。这是通过人口的自然繁衍,依据其父母的成员资格而当然地取得其父母所在的集体经济组织的成员资格。另一种则是加入取得。所谓加入取得,就是指原来并非本集体经济组织成员的人基于特定的法律关系和法律事实而取得本集体经济组织成员资格。加入取得方式更加复杂和多元,在实践中主要有婚姻、收养、移民等具体情形。

我国现行法律主要规范的是原始取得,但是加入取得方式在当前的宅基地取得实践中日益常见,且因为缺乏相应的法律规制而容易产生纠纷。其中,以回乡落户人员的宅基地资格争议问题最为典型。这些人通常因为早年离乡,集体经济组织并未为其保留宅基地,加上多年未在本集体生产生活,自然也就不具备本集体经济组织成员资格,因而无法通过《土地管理法》及相关规定申请取得宅基地。按照现行有关规定,对于这些人,在村庄、集镇规划区内需要使用集体所有的土地(包括耕地)建造住宅的,依照规定的审批程序办理。②也有地方规定,外来人口经落户成为本村成员且没有宅基地,以及经县级以上人民政府批准回原籍落户并且在农村确无住房的人员可以提出宅基地申请,③但是并不存在着对集体经济组织成员资格进行前置性认定的要求。而有的地方却明确规定,外来人口在本村落

---

① 参见滨州市人民政府2018年12月6日发布的《滨州市农村宅基地管理办法》(滨政发〔2018〕26号)。
② 参见国务院1993年6月29日发布的《村庄和集镇规划建设管理条例》(中华人民共和国国务院令第116号)。
③ 参见滨州市人民政府2018年12月6日发布的《滨州市农村宅基地管理办法》(滨政发〔2018〕26号)。

户,要申请宅基地,除了要满足在本村没有宅基地的基本条件之外,还应当首先成为本集体经济组织成员。①从前述中央和地方有关规定可以看出,现行土地管理制度对于宅基地申请资格并未严格限制在集体经济成员身份的审核上,有必要在后续的"三权分置"制度建构和完善过程中考虑修正相关内容,使其真正符合资格权设定的制度目标。

(二)农村集体组织成员资格认定的标准复杂

现行法律规范中所称的农村村民或者农村居民,指的是在农村居住的人员。随着农村产业化发展,下乡返乡创业人员等大量涌入农村,使得农村居民构成日趋复杂。在此背景下,农村居民的主体构成人员虽然还是农村集体经济组织成员,但也有相当一部分的非农村集体经济组织成员。而农村集体经济组织成员,通常是指拥有土地共有权、保留型土地使用权、承包经营权、集体资产管理与处置的参与权、集体收益分配权等多项完整权利,承担完全义务的农村居民。如果仅仅是居住在农村,而并不享有前述权利的人员,就不是集体经济组织成员。但是,也有一些原来虽然是本集体经济组织成员的人,后来通过参军、升学、就业等途径迁出本集体经济组织或者进城落户之后,即丧失了集体经济组织成员的身份,待其退休、毕业之后又产生了迁回原所在集体经济组织落户的需求。对于这类人并不是当然地就要恢复其集体经济组织成员的身份,更不可能直接赋予其享有前述成员权利。而且结合2018年修正的《村民委员会组织法》的相关规定可以看出,有权参加村民委员会选举的人员,并不是以户籍是否在本村作为唯一判定标准的,户籍不在本村的人员在满足相应条件的情况下也能享有选举权,户籍虽在本村的人员也可能并不享有选举权。②换句话说,仅凭户籍登记信息是不足以判定某个集体经济组织成员身份的。

---

① 参见河北省人民政府2002年5月27日发布的《河北省农村宅基地管理办法》(河北省人民政府令〔2002〕第7号)第七条规定:"农村村民符合下列条件之一的,可以申请宅基地:(一)因子女结婚等原因需要分户,缺少宅基地的;(二)外来人口落户,成为本集体经济组织成员,没有宅基地的;(三)因发生或者防御自然灾害、实施村庄和集镇规划以及进行乡(镇)村公共设施和公益事业建设,需要搬迁的。"

②《村民委员会组织法》第十三条规定:"村民委员会选举前,应当对下列人员进行登记,列入参加选举的村民名单:(一)户籍在本村并且在本村居住的村民;(二)户籍在本村,不在本村居住,本人表示参加选举的村民;(三)户籍不在本村,在本村居住一年以上,本人申请参加选举,并且经村民会议或者村民代表会议同意参加选举的公民。已在户籍所在村或者居住村登记参加选举的村民,不得再参加其他地方村民委员会的选举。"

当然,户籍标准只是实践中存在的一种可以有效识别的客观认定标准。除此之外,还有事实标准和复合标准。事实标准主张以是否在农村实际生活、履行村民义务、拥有承包地等事实依据判定是否具有成员资格。复合标准实际上是在户籍考量的基础上,兼顾诸如生存保障、对集体所尽的义务、生产生活关系、土地承包等因素而设定的一套评价标准体系。但是这三种标准,或多或少都存在一定的问题:在单一的户籍标准下,容易导致利益驱动下的富裕集体经济组织的户籍人口急剧膨胀;事实标准则因为相关事实的认定具有很强的主观性,导致实践操作中的争议较大;复合标准虽然在实践中经常使用,但由于差异化条件的设置,跨区域司法裁定的难度增加。而且实践性标准的客观存在也给集体经济组织成员身份的识别增添了不小的难度,因而需要在一定层级的制度规范中予以科学界定。特别是在宅基地"三权分置"的配套改革制度的完善过程中,应当对相应的户籍登记制度以及集体经济组织运行程序和认定标准等做出修正。例如:对于特殊返乡人员或者下乡创业人员,在尊重其本人意愿的前提下,农村集体经济组织或者村民委员会按照相应的法律程序,可以批准其申请宅基地用来建造住宅。也有学者提出,可以考虑将集体经济组织成员资格的认定标准划分为强制性社会保障标准与任意性标准,即:以社会保障作为集体经济组织成员身份确认的强制性实质标准,而以在农村生产生活和依法负有抚养、扶养、赡养义务作为形式标准。同时,进一步厘清"权利义务""经常或长期居住""生产生活""特定身份"等诸多因素与前述强制性和任意性标准之间的关系。在强制性标准与任意性标准下,权利义务、经常或长期居住、生产生活等可以作为界定成员资格的参考因素。[1]当然,还要考虑现实情况通常会远远超出理性和抽象的制度预设框架而呈现出不适应性,比如:外嫁女、外出经商或务工人员、返回原籍的复员军人、大中专院校毕业学生、刑满释放人员等具有特殊因素的人群。因此,不宜将判定标准规定得过于精确和具体,应当给有权认定相应资格的主体一定的规则适用灵活性和解释空间。

(三)确认农村集体经济组织成员资格的主体

实践中,对于集体经济组织成员资格认定的标准既没有统一的立法规范,也

---

[1] 肖新喜.论农村集体经济组织成员身份的确认标准[J].湖南师范大学社会科学学报,2020,49(06):57-58.

没有具有惯常性和统一性的可循先例,通过实体标准的确定化来解决这一现实法律难题确有必要。对于有权认定农村集体经济组织成员资格的主体如何做出制度安排,也是值得探索的法律问题。

司法实践中,对于因集体经济组织成员资格确定主体不明产生的争议,有的法院将其作为民事诉讼案件直接予以受理,如:在原告朱××、任××与被告侵害集体经济组织成员权益纠纷一案中,原告认为其应享有与同组村民同等待遇,而被告某村一组未给予其同等待遇,故而起诉到法院,该案一审法院遂判决原告享有同等村民待遇。[①]但是,也有法院将这类纠纷不作为民事诉讼案件予以受理。不作为民事诉讼案件予以受理的观点和理由主要有三种:

第一种观点,法院认为集体成员资格应由成员(村民)自治认定。如:在上诉人祝××等148人因与被上诉人抚顺市顺城区河北乡西葛村村民委员会侵害集体经济组织成员权益纠纷一案中,二审法院就非常明确地认为,当事人请求确认其集体经济组织成员资格,属于村民自治范围内的事项,不属于人民法院受理民事诉讼范围,一审法院驳回原告起诉并无不当。[②]当然,对于集体经济组织成员资格认定问题究竟是否属于村民自治的范畴,仍然存在着争议。例如:安徽省高级人民法院就曾在其做出的裁判文书中认为,按照《安徽省实施〈中华人民共和国农村土地承包法〉办法》第八条规定[③],集体成员资格的确认有明确标准,即以户口在本村为主要标准,并非村民自治议定事项。[④]

第二种观点,法院认为集体成员资格认定应由当地政府或者有关部门解决。例如:在上诉人周××、刘×、周××因与郁南县都城镇水塘村民委员会水塘村民小组侵害集体经济组织成员权益纠纷一案中,二审法院就明确认为:"农村集体经济组织成员的资格认定,不属于人民法院受理民事诉讼的范围,应由当地有关行

---

① 参见陕西省兴平市人民法院(2017)陕0481民初1444号民事判决书。
② 参见辽宁省抚顺市中级人民法院(2016)辽04民终103号民事裁定书。
③ 安徽省人大常委会2005年6月17日发布的《安徽省实施〈中华人民共和国农村土地承包法〉办法》(安徽省人民代表大会常务委员会公告第57号)第八条规定:"符合下列条件之一的本村人员,为本集体经济组织成员:(一)本村出生且户口未迁出的;(二)与本村村民结婚且户口迁入本村的;(三)本村村民依法办理子女收养手续且其所收养子女户口已迁入本村的;(四)刑满释放后户口迁回本村的;(五)其他将户口依法迁入本村的。"虽然该办法明确规定了集体经济组织成员应当满足的条件,但也没有明确规定将认定集体经济组织成员资格问题排除在村民自治议定事项的范围之外。因此,单凭这一条规定也不能得出该问题就不是村民自治议定事项的结论。
④ 参见安徽省高级人民法院(2020)皖民再192号民事裁定书。

政部门协调解决。"①尽管法院作为司法机关表达了其对该项权力行使主体的判断观点,但由于司法机关和行政机关并不具有权力统属关系,此类裁判结论对于地方政府和行政主管部门而言,仅能对行政行为实施构成一定的参考和指引效力,而并不具有当然的强制执行效力。换句话说,法院虽然有权拒绝受理案件,但并不会因为其拒绝受理就能迫使行政机关出面解决相关争议。

第三种观点,法院认为集体经济组织成员资格的确定不属于平等民事主体之间的纠纷。例如:在上诉人简××因与被上诉人广州市海珠区华洲街小洲第十经济合作社侵害集体经济组织成员权益纠纷一案中,二审法院就认为,该案事实认定涉及对《小洲经济联合社股份制章程》的理解与适用,该类问题的处理属于农村集体经济自治管理的范畴,不属于人民法院受理民事案件的范围,一审法院驳回简××的起诉并无不当。②该案经过广东省高级人民法院做出再审裁定,将该案件争议定性为实质是村民认为集体经济组织做出的决定侵害村民合法权益而产生的纠纷,属于民事诉讼案件受理范围,最终适用《物权法》第六十三条第二款"集体经济组织、村民委员会或者其负责人作出的决定侵害集体成员合法权益的,受侵害的集体成员可以请求人民法院予以撤销"的规定,撤销原审裁定,纠正了原审法院处理本案的法律适用错误。尽管错误的裁判观点被再审裁定予以纠正,但是全案诉讼救济过程的复杂性和漫长性,恰恰说明各级法院在同一问题上存在不同观点,客观上也给当事人维权带来了消极影响。

结合上述裁判观点可以看出,法院系统内部对于此类集体经济组织成员资格判定其实还是存在着法律适用上的不稳定和不统一问题。有学者归纳分析认为,法院作为民事诉讼受理后针对集体成员资格的确定问题至少存在9种裁判思路,而法院在经行政机关处理前置作为行政诉讼受理后也至少存在5种裁判思路。③司法机关裁判思路和观点不统一的现实反映出集体经济组织成员资格认定主体不确定的法律障碍。该障碍的存在至少带来两方面的体制性难题:一方面,当事人很难做出确定的维权决策,是通过民事诉讼救济还是通过行政机关申请处理;另一方面,即便行政机关收到了当事人提出的申请材料,也很难根据现有法律和

---

① 参见广东省云浮市中级人民法院(2014)云中法立民终字第66号民事裁定书。
② 参见广东省广州市中级人民法院(2016)粤01民终10038号民事裁定书。
③ 骆谦冲.集体经济组织成员资格的确定主体研究[D].广州:广东财经大学,2019:6.

政策确定该事项是否属于其有权处理的职责范围。笔者认为,在宅基地"三权分置"改革背景之下,要通过积极的制度建构达到覆盖和完善的目标,以务实的解决方法从根本上消除司法实践中的法律适用争议。由于集体经济组织成员资格的认定涉及全体成员的切身利益和权益格局,故而该项资格确认的权力应由全体村民大会或者村民代表会议来行使。这一制度性安排既明确了有权确认的主体,又为确认程序提供了充分的依据,即按照全体村民大会或者村民代表会议的民主决策机制来行使该项权利。农村村民只有经过了民主讨论和决策程序确认为本村集体经济组织成员之后,才能获得宅基地资格权。与此对应,乡镇政府和人民法院即便收到相关申请或者起诉,也不能直接确认其成员资格,否则有违《村民委员会组织法》和《土地管理法》的规范意旨。

(四)农村集体经济组织成员资格消灭的情形

宅基地资格权是使用权申请和取得的前提条件,但是使用权属于财产权范畴,而资格权则属于非财产性的身份权范畴。资格权不具有直接的财产内容,也不能用金钱来衡量其价值,并且资格权也不具有可转让性。使用权可以通过买卖、赠与等行为获取其中的流转财产价值,而资格权却不能通过转让方式获取财产利益。尽管实践中存在着这样的隐蔽流转情形,但其转让效力是不能获得法律的强力保障的。资格权作为集体经济组织成员所享有的身份性权利,是无法通过转让资格权的方式来予以消灭的,而只能按照法律规定来确定其是否消灭。我国现行法律规定了宅基地资格权消灭的两类情形:

第一类情形是因为集体经济组织成员资格的消灭而消灭。也就是说,原来享有宅基地资格权的村民,因为特定原因丧失了集体经济组织成员资格,一般情况下也应当同时消灭其在本集体经济组织的宅基地资格权。具体包括:户口迁出本集体经济组织、集体经济组织成员自然死亡或者被依法宣告死亡、集体经济组织成员自愿放弃自己的成员资格、现役军人服役十年以上且户口已经迁出本村、大专院校学生毕业后落户外地已经迁出本村,以及被国家机关和企事业单位正式招录聘用且户口已经迁出本村等丧失本村集体经济组织成员资格的情形。

第二类情形是因为农村住宅房屋的出卖、赠与而消灭。我国现行《土地管理法》第六十二条规定:"农村村民出卖、出租、赠与住宅后,再申请宅基地的,不予批准。"按此规定,农村村民基于其原有的宅基地资格权而取得宅基地使用权并建造房屋,且基于个人财产利益或者其他需要而将房屋出卖、赠与给他人,应当根据"地随房走"的原则,只要出卖和赠与行为被确认为有效,就应当由受让房屋者作为宅基地事实上的占有者而取得宅基地使用权。对于转让房屋的村民而言,反正其在现行法律规定之下已经无法再申请取得新的宅基地,其原有的宅基地资格权也就没有存在的现实必要性。从这个意义上来理解,房屋转让行为必然导致宅基地使用权的事实性转让,宅基地资格权也将因为宅基地使用权的消灭而丧失其存在的法律依据。尽管现行《土地管理法》将农民出租其房屋的行为作为不再对其批准新的宅基地的情由,但出租行为与出卖和赠与行为有着本质上的不同。房屋出卖和赠与涉及的是房屋所有权流转的问题,而出租并不改变房屋所有权主体。

第三节 宅基地流转的法律问题

宅基地流转是实践中为了应对土地权利转让现实需求而创设的一个概念术语。2018年12月29日全国人大常委会修正后的《农村土地承包法》中关于"土地承包经营权的流转"规定之中所使用的"流转"指的是土地承包经营权的转包、出租、互换、转让等行为。[1]在各地制定的与土地权利有关的规范性文件中,通常也仅是在此种意义上对流转方式展开列举,却没有对"流转"本身的内涵做出界定,而且各地在具体的流转方式设定上也存在着开放或者限定的态度差异。[2]由于缺乏关于"流转"的统一内涵界定,造成了无法准确界定其行为的合法性和必要性的

---

[1] 参见《农村土地承包法》第三十六条规定:"承包方可以自主决定依法采取出租(转包)、入股或者其他方式向他人流转土地经营权,并向发包方备案。"
[2] 参见2005年6月23日广东省人民政府发布的《广东省集体建设用地使用权流转管理办法》第二条规定:"集体建设用地使用权出让、出租、转让、转租和抵押,适用本办法。"由此可见,该办法所称的"流转"即包括:出让、出租、转让、转租和抵押,但同时值得思考的是,在列举这些具体流转方式的时候,并未使用"等"字予以兜底,是否说明对于流转方式及其范围采取的是严格限定态度。

实践难题。除了流转方式难以依法确定之外,还容易在宅基地流转环节产生各种法律争端。

一、宅基地使用权流转的法律争论

宅基地流转的目的在于实现权利主体的权益期待和诉求,因此,权利主体才是宅基地流转的价值归属和目的所在。尽管《物权法》之中已经明确规定了宅基地使用权的用益物权性质,但是较之同为用益物权的国有土地使用权,宅基地使用权却不能完全依据当事人的意思自治通过私法规则来进行流转和处分。农民自建的房屋所有权属于农民,但宅基地却是农民集体所有,因此作为一种以农村集体经济组织成员身份而无偿取得的土地使用权,农民对其是否应当享有自由处分的权利,这一问题本身就是值得深思的,而且在司法实践中仍旧存在着诸多争议。例如:王××犯非法转让土地使用权罪一案处理过程中,一审和二审法院对此问题就存在截然相反的意见。[①]该案的审理过程充分说明各级法院在关于宅基地流转行为的定性是存在法律适用分歧的,其根本原因在于宅基地使用权流转行为的合法依据欠缺,并且缺乏明确的裁判规范。这一根本性的制度欠缺,又衍生出一系列的法律适用问题,包括向谁转让、何时转让、如何转让等。综合来看,关于宅基地使用权是否可以流转的问题,学界主要存在三种不同观点,即:禁止流转、限制流转和自由流转。

(一)禁止流转的观点

按照禁止流转的观点,宅基地使用权制度是国家土地制度中最为重要的组成部分,应当严格限制宅基地使用权的流转。2004年10月21日,《国务院关于深化改革严格土地管理的决定》(国发〔2004〕28号)就曾经明令禁止城镇居民在农村购买宅基地。2004年11月2日,《国土资源部印发〈关于加强农村宅基地管理的意见〉的通知》也明确提出:"严禁城镇居民在农村购置宅基地,严禁为城镇居民在农村购买和违法建造的住宅发放土地使用证。"

持有禁止流转论者的主要理由有三:第一,土地资源状况和农民生活现状决

[①] 参见安徽省宿州市中级人民法院(2014)宿中刑终字第00412号刑事裁定书、安徽省灵璧县人民法院(2014)灵刑初字第00311号刑事判决书。

定了宅基地对农民的生存保障作用,宅基地并非单纯的集体组织福利,丧失宅基地的农民将会面临流离失所的问题。宅基地是农民的安身立命之所,并且属于稀缺资源,对农民实行定量分配恰恰是为了保障其居住权益的底线性要求。第二,宅基地的无偿分配制度决定了宅基地使用权的不可交易的属性,反过来,这种不可交易的属性又能保证宅基地的无偿分配制度得到有效贯彻。因为,如果承认了宅基地使用权的可交易性,就会导致宅基地多次分配和重复分配,造成农村宅基地利用和转化乱象丛生、禁而不绝的现实。第三,宅基地使用权禁止流转的制度安排是为了保证社会稳定,防止以资本为代表的社会力量侵害农民群体利益。

(二)限制流转的观点

限制流转的观点主要从宅基地使用权的性质、功能和价值的角度进行分析,认为宅基地不适宜流转,不能实行抵押、转让等处分行为;即便不采取绝对禁止的措施,至少也要进行严格的限制。这种观点的主要理由是,宅基地使用权的身份性和无偿性决定了其应当具有保障和稳定农村的社会功能;农民缺乏足够抵御交易风险的经济能力,放开流转后可能会造成具有更大的社会破坏力的流民群体;开禁或变相开禁农村宅基地交易的主张更多体现了强势群体的利益诉求,[1]如果法律和行政控制不力,很可能会导致利用农民贫困而廉价兼并农村土地的现象发生。笔者认为,应当采取更加开放和理性的态度,考虑社会现实发展需要以及农民对流转和增收的现实需求,按照先试先行的原则对宅基地使用权流转进行试点改革,逐步放开特定的流转方式,以达到市场环境整体增效的目的。在"三权分置"政策明确适度放活宅基地和农民房屋使用权的前提下,学者们对此展开了更加开放的理论解读,并且多倾向于认为"适度"即蕴含着有限流转的意思。至于何谓适度,则各有不同的解读。有人认为应当从流转范围进行限制,有人则认为应从流转方式进行限制。有学者认为,将宅基地"三权分置"解读为"所有权+资格权(主要是最先受让权和优先受让权)+不动产用益物权",可普遍适用于住房财产权跨集体转让模式和宅基地上共建共享模式之中。[2]在此基础上,适度放活即可涵盖跨集体经济组织的农房转让行为。也有学者认为,"宅基地使用权的分离和放

---

[1] 孟勤国.物权法开禁农村宅基地交易之辩[J].法学评论,2005(04):25.
[2] 高海.宅基地"三权分置"的法律表达——以《德清办法》为主要分析样本[J].现代法学,2020,42(03):120.

活,使得宅基地使用权可以在一定程度上突破身份限制。农民集体以外的社会主体,若符合当地的开发政策并履行一定程序,可以直接获得宅基地使用权和农房所有权"[1]。这意味着适度放活也可以包括特定条件下的身份限制的解绑。

(三)自由流转的观点

自由流转观点的理论依据主要是宅基地使用权所具有的用益物权性质。尽管宅基地使用权是农民基于自身的特殊身份而从集体经济组织无偿取得的,但是这种权利一旦取得之后就固化为一种私权,也就具备了物权所应有的支配性和排他性,任何人都不得对权利人行使权利的行为构成干扰和阻碍,否则就会面临被追究侵权责任的法律后果。而且从社会公平角度来看,城镇居民购买的房屋具有完整产权,可以抵押、担保、买卖,而农民在集体所有的宅基地上合法建造的房屋却不具有完整产权,不能抵押、担保,也不能转让给本集体经济组织成员以外的其他主体。在市场经济条件下,公平和效率是两个必须同时兼顾的社会价值,放开农村宅基地使用权流转能够在法律上有效打破城乡居民权利不平等的二元格局,同时"市场的效率规则也会促使对土地资源的合理利用"[2],从而赋予农村土地与国有土地同等的市场机会。此外,随着农村经济的不断发展,农民改善居住条件的需求也在不断增强。宅基地的保障性作用似乎正在逐渐减弱,资产属性和增值收益功能逐步凸显,限制宅基地使用权流转的制度已不符合经济发展的趋势。

事实上,农村社会中已经出现了一些流转需求和行为:一方面表现为民间自发的隐性流转;另一方面则是地方政府主导下的流转试点,主要有温州、义乌的"将集体土地征为国有土地后再按国有土地相关规定办理土地流转"、天津的"宅基地换房"以及重庆通过宅基地置换建设用地指标即地票交易等。地票交易的实质是一种改变土地用途权利的交易,即通过将宅基地使用权或集体建设用地使用权转变为土地承包经营权,还原了耕地的初始状态,然后再将对此耕地进行非农化开发的权利通过地票交易方式与城市用地者进行交换。[3]而对于农村和农民而言,这种交易虽然可以帮助其获得收益,但也会使其失去对该土地进行非农建设

---

[1] 陈小君.宅基地使用权的制度困局与破解之维[J].法学研究,2019,41(03):67.
[2] 任中秀.农村宅基地使用权制度研究[M].济南:山东大学出版社,2012:71.
[3] 黄忠.地票交易的地役权属性论[J].法学,2013(06):20.

的权利。《中共中央关于全面深化改革若干重大问题的决定》已经明确指出要保障农户宅基地用益物权,推进农民住房财产权抵押、担保、转让,探索农民增加财产性收入渠道。宅基地使用权流转一旦得到立法的正式承认,农村房屋买卖合同效力认定等一些基础性制度难题也许就能迎刃而解。应当说,上述三种观点中,最符合政策制定意图的应该是第二种,也就是限制流转的观点。如果要对此观点做进一步解读,关键问题仍然是要处理好对于流转的各种限制。"对宅基地土地流转的法保障研究要区分地域,关注差异,概而全的立法模式恐怕难以适用于现阶段农地法治建设。"[1]当然,在现行法律尚未正式修订之前,还存在着对既有规则如何选择适用的空档期。当务之急还是要协调好司法实践与规则供给之间的现实矛盾,以更为审慎的司法态度妥善处理宅基地使用权制度改革中的各种法律适用问题。

二、宅基地隐性流转的现实存在

就一般的自由流动财产而言,只要能够有效保障其自由交易就可以通过市场机制的作用来达到资源的优化配置。由于宅基地为农民集体所有,而资格权又固定归属于具有集体经济组织成员身份的农户,那宅基地权利体系中事实上能够流转的也就只有使用权。因此,宅基地流转实际上指的就是宅基地使用权流转,即:在经济利益和改善居住条件需求的驱动下,农民将其依法取得的宅基地使用权通过转让、出租、互换、抵押和赠与等方式转移给他人使用、收益的法律行为。就流转对象是否超出了集体经济组织范畴,又可以将宅基地流转分为内部流转和外部流转。由于内部流转局限于本集体经济组织成员之间,其并未超出法律规定的许可空间,因而更加值得讨论的是将宅基地流转给非本集体经济组织成员的外部流转及其有关问题。在大量农村宅基地闲置的现实基础上,农村存在着隐性的宅基地流转市场。所谓的隐性流转指的就是这种处在灰色地带的外部流转行为,并且在现行法律规范框架下很有可能被评价为违法流转的行为。客观上讲,这种自发形成的隐性市场在一定程度上满足了农民渴望增加生活来源和提高生活质量的现实需求,缩小了城乡经济发展差距和贫富差距。但是,毕竟现行法律制度并未

---

[1] 姚虹.论城市化进程中宅基地使用权流转的法律保障[J].东北农业大学学报(社会科学版),2021,19(01):90.

明确肯定宅基地隐性流转的制度性和合法性,其流转事实背后的制度和现实原因值得进一步分析。

(一)宅基地使用权流转的限制性规定

宅基地具有居住保障功能,其流转受到土地用途管制和流转范围、主体等方面的限制。而且这些限制性规定多散见于我国部分法律和行政机关出台的规范性文件之中。

一是用途功能限制。2019年8月26日发布的《土地管理法》第四条规定:"国家实行土地用途管制制度。国家编制土地利用总体规划,规定土地用途,将土地分为农用地、建设用地和未利用地。严格限制农用地转为建设用地,控制建设用地总量,对耕地实行特殊保护。前款所称农用地是指直接用于农业生产的土地,包括耕地、林地、草地、农田水利用地、养殖水面等;建设用地是指建造建筑物、构筑物的土地,包括城乡住宅和公共设施用地、工矿用地、交通水利设施用地、旅游用地、军事设施用地等;未利用地是指农用地和建设用地以外的土地。"按照这一规定,我国农村土地分为农用地、建设用地和未利用地。而宅基地则归属于农村建设用地范畴,在第五章"建设用地"第六十二条中专门对宅基地的"一户一宅"等做出了规定。其中的第五款规定:"农村村民出卖、出租、赠与住宅后,再申请宅基地的,不予批准。"从这一规定可以看出,现行法律主要针对的是农民流转自家住房的三种行为,即出卖、出租和赠与,并且规定这三种行为的发生将触发农民丧失再申请宅基地的权利。这也就意味着如果农民仅有一处宅基地可供使用却又将其流转给他人的话,不论是内部流转还是外部流转,都将导致农民丧失再申请宅基地的权利。

二是流转对象限制。在法律规范意义上,宅基地流转的对象仅限于本集体经济组织成员,也就是说,农民只能将自己的宅基地在本集体经济组织内部进行流转处置。《国务院关于深化改革严格土地管理的决定》明确规定了"禁止城镇居民在农村购置宅基地",随后《国土资源部印发〈关于加强农村宅基地管理的意见〉的通知》又重申了这一政策要求,不仅严禁城镇居民在农村购置宅基地,而且严禁为城镇居民在农村购买和违法建造的住宅发放土地使用证。2007年12月30日,《国务院办公厅关于严格执行有关农村集体建设用地法律和政策的通知》(国办发〔2007〕71号)再次强调:"农村住宅用地只能分配给本村村民,城镇居民不得到农村购买宅基地、农民住宅或'小产权房'。"这些规范性文件均对农村宅基地的流转对象进行了严格的限制,是出于对农村土地资源的保护,制度性地压缩了流转的渠道,从而避免土地食利者和投机者的出现,确保农村社会基本面的安全和稳定。

三是流转方式限制。同为集体所有的农村建设用地,集体经营性建设用地的流转方式的相关规定对于宅基地流转方式设定具有参考意义。2019年修正的《土地管理法》对同样属于集体所有的农村经营性建设用地流转方式做到了尽可能地解绑和放宽。《土地管理法》第六十三条第三款规定:"通过出让等方式取得的集体经营性建设用地使用权可以转让、互换、出资、赠与或者抵押,但法律、行政法规另有规定或者土地所有权人、土地使用权人签订的书面合同另有约定的除外。"这也就意味着农村的集体建设用地使用权的流转方式包括转让、互换、赠与、抵押四种。《土地管理法》第六十二条第五款的规定:"农村村民出卖、出租、赠与住宅后,再申请宅基地的,不予批准。"但是,相比集体经营性建设用地的流转方式,宅基地的流转方式之中并无抵押。根据《民法典》的相关规定,宅基地使用权尽管已被确定为不得设定抵押的财产,但紧跟相关法条表述之后又补充了一句但书:"但是法律规定可以抵押的除外。"[1]

(二)宅基地流转具有潜在的市场需求

既然是隐性流转,自然是游离在现行法律规范之外的非正常流转。首先,隐性流转的前提仍然是宅基地存在着闲置的事实。从土地管理的规范性角度来看,农民作为集体经济组织成员,享有对其分配的宅基地永久的使用权,但是不享有对宅基地流转的权利。近些年来,农村进城务工人员数量逐年增长,截至笔者完稿时,人数接近3亿,占农村常住人口总量的50%,占全国人口总量的比例已逾20%。[2]农村将近一半的青壮年劳动力都热衷于进城务工,而留守农村的多为老

---

[1] 《民法典》第三百九十九条规定:"下列财产不得抵押:(一)土地所有权;(二)宅基地、自留地、自留山等集体所有土地的使用权,但是法律规定可以抵押的除外……"
[2] 国家统计局发布的《2018年农民工监测调查报告》显示,2018年我国农民工总量为2.8836亿人,比上年增加184万人,增长0.6%;农民工的平均年龄为40.2岁,比上年提高0.5岁。其中,50岁以上农民工占比22.4%,比上年提高1.1个百分点,近5年呈现出逐年提高的趋势。

人和小孩,农村房屋空置和宅基地闲置已是不争的事实。其次,隐性流转建立在流转的客观需求基础上。正常合法的流转是建立在市场交易自由的法律规则保障基础之上的,隐性流转由于缺乏法律的有效保障,权益实现常常会面临落空的风险。实践中,经常发生农民对外转让农房的情况,多表现为变相租赁或者私下的隐形交易,此种情况下的受让方并不能合法地取得房屋产权。最后,隐性流转的发生很大程度上是钻了政策和法律的漏洞。现行法律的有关规定虽然对宅基地的取得流程和用途做出了规范要求,但是关于宅基地的概念本身仍然存在着内涵和外延界定较为含糊的问题。2010年3月2日,《国土资源部关于进一步完善农村宅基地管理制度切实维护农民权益的通知》(国土资发〔2010〕28号),其中明确规定:"宅基地是指农民依法取得的用于建造住宅及其生活附属设施的集体建设用地。"尽管该通知文件已经失效,但是其中关于宅基地与住宅的定义仍然具有较强的指导意义。从文本意义上理解"住宅"概念,本身并无太大的分歧,但是关于"生活附属设施"却存在着相当大的弹性解释空间。各地在制定具体的宅基地制度的时候,存在着不同的解读。比如:"浙江省把附属用房和庭院用地界定为生活附属设施,四川则把生产性用房、庭院用地以及屋周林盘界定为生活附属设施。"[1]加上政策文件所具有的灵活性和宏观性,各地结合地方实践而做出变通的解读,这种做法也是符合政策要求的。

(三)宅基地隐性流转利益的保障欠缺

宅基地的隐性流转体现了宅基地流转的现实需求,如果缺乏正常的交易机制保障,这种需求就会试图在既定的法律体系之外寻求更有效率的交易方式。尽管在前述王××非法转让土地使用权罪一案中,二审法院及最高人民法院均对该行为是否入罪表明了否定的态度,但是这种裁判观点和态度本身属于个案解释的范畴,仍旧缺乏对普遍性的流转行为的合法肯定。况且,该案仅仅是阻遏了流转行为入罪,却并不意味着就对民事性质的流转行为做出了合法性的肯定,尚不足以为当事人权益提供充分的预期和保障。这种流转行为仍然可能存在承担行政责任和民事责任的风险。

---

[1] 朱明芬,邓容.农村宅基地使用权隐性流转情况的实证调查[J].农村经济,2012(12):17.

首先，这种隐性流转是不利于农民权益保障和集体所有者利益维护的。因为农民获得宅基地使用权是基于成员身份资格而无偿取得的，却因为隐性流转的存在而获得了一份财产性收益，虽然这份收益客观上给农民带来了一时丰厚的回报，但农民集体作为所有权主体应当获得的收益却被莫名其妙地剥夺了。而且从长久来看，由于欠缺法律保障，农民作为流转的当事人往往会成为处在法律评价最为不利的境地中的一方主体，一旦因为遭遇法律障碍而导致交易无法继续履行，所产生的民法意义上的损害赔偿责任以及行政法上的违法责任等不利后果，是其最初获得的"不当"收益所无法完全弥补和覆盖抵消的。

其次，在隐性流转中，宅基地的价值并不能通过合理的流转价格来得到体现。农民在流转其宅基地时往往只考虑了建造房屋而投入的有形成本，却忽略了其背后更具有根本性和价值性基础的成员资格。这种资格一旦丧失将成为农民无可挽回的沉没成本，失去资格的事实如果成就，也就意味着农民再难通过意思自治或者申请审批的路径来重新获得宅基地。

最后，宅基地的集体所有权性质在隐性流转中并未得到充分彰显。作为所有权主体的农民集体和作为宅基地使用权主体的农户，均有权主张对宅基地流转所获财产收益的分享权和索取权。但是正因为是隐性流转，意味着是农户绕开集体做出的私人决策，农民集体或者代行所有权的集体经济组织在流转决策中并未发生实质性作用，其既不应当承担违法的风险责任，也不宜从违法风险性行为中获得"不当"利益。隐性流转行为既可能是基于法治观念淡漠，也可能是基于利益独占目的而故意规避集体经济组织的权利和制约。不论何种原因，这种隐性流转所导致的收益为农户独占的局面都是集体经济组织所不能容忍的。

三、宅基地使用权流转的合同效力认定

《民法典》第三百六十五条规定："已经登记的宅基地使用权转让或者消灭的，应当及时办理变更登记或者注销登记。"该规定在逻辑上并未禁止宅基地使用权转让的行为，只是从物权变动规则的角度将其限定为已经登记的宅基地使用权。目前也有相当一部分学者认为，应对农村房屋买卖行为进行严格限制，特别是对转让的对象范围应当加以必要的区分和限定。根据买方身份之不同，通常可以将

农村的房屋买卖行为区分为三种类型：一是本集体经济组织的成员购买农村房屋；二是其他集体经济组织的成员购买农村房屋；三是城镇居民购买农村房屋。

(一)本集体经济组织成员间转让

从现行有关法律规定来看，立法并未禁止农民向其所在集体经济组织内的其他成员转让宅基地使用权，只是发生转让之后如果其再提出宅基地使用的申请将面临不被批准的法律后果。相关的规定主要存在于国务院的有关政策性文件之中。各地司法机关的做法也较为统一，比如北京、上海等地的高级法院就曾出台了相关的指导性意见，承认过该类买卖合同的有效性。[①]处理过程中，一般需要审查以下五个条件：一是转让人与受让人应为同一集体经济组织内部的成员；二是受让人没有住房和宅基地，且符合宅基地使用权分配条件；三是转让行为须征得本集体经济组织同意；四是宅基地使用权不得单独转让，必须与合法建造的住房一并转让，即"地随房走"；五是是否已办理有效的宅基地审批手续，通常只要审批手续完备就会认定其效力。[②]

(二)向其他集体经济组织成员转让

关于不同集体经济组织成员之间转让宅基地及其房屋的合同效力问题，主要有邻近村庄之间的村民互相买卖房屋、进城务工农民购买房屋等具体情形。有的法院对这种不同集体经济组织成员之间转让宅基地及其房屋的合同采取一概否认其效力的做法。笔者认为，对于该类宅基地转让合同的效力，应当根据具体情况做出处理，结合农民的实际生活需要满足程度、是否在当地已经建立稳定社会关系(比如和当地村社居民联姻)、是否获得当地集体土地所有者同意并办理审批手续等情况进行综合考量。结合司法实践中已产生的纠纷，笔者认为发生以下三类情形时应当肯定房屋买卖合同的效力：一是购房的其他集体经济组织成员与本

[①] 参见北京市高级人民法院《关于农村私有房屋买卖纠纷合同效力认定及处理原则研讨会会议纪要》(京高法发〔2004〕391号)，上海市高级人民法院《关于审理农村宅基地房屋买卖纠纷案件的原则意见》(沪高法民一〔2004〕4号)中对于这类问题均肯定其效力。

[②] 当然，如果同村农民之间买卖房屋过多、过滥，也可能产生土地兼并、流离失所等不利于农村社会保障和稳定的后果，但这已经超出司法裁判对个案的考虑范畴。这并不是说司法机关就可以"漠视"其存在，更重要的是通过行政审批机制来发挥有效控制和防范的作用，因此不宜对司法审判寄予过高的期望。

集体经济组织内部成员购房后形成婚姻家庭关系的,如购房后结婚的房屋买卖双方(含为子女结婚而购房的父母);二是在其他集体经济组织取得土地承包经营权或因承包地调整、变更,为方便就近生产和生活需要而向该集体经济组织成员购买房屋的;三是在其他集体经济组织开办的企业工作或从事个体经营而向该集体经济组织购房的。只要符合当事人意思自治且向宅基地所在农民集体办理了宅基地使用权变更审核手续的,原则上应认定合同的效力。

第一,厘清集体土地权利的归属主体。"对于集体土地所有权的主体,我国现行立法使用的是'农民集体'这样一个模糊的用语。"[1]事实上,"中国有关法律所谓的农村土地'集体所有'是一种虚设,其实农村土地并没有真正的所有权主体"[2]。因此,在处理不同集体经济组织成员之间的宅基地使用权转让问题时,第一步就要明确其属于哪一层级集体组织,进而作为确定其所有权归属以及同意权行使的依据。

第二,审查集体经济组织同意是否作为合同的有效要件。通常认为,合同的有效要件有四:一是行为人具有相应的民事行为能力;二是意思表示真实;三是不违反法律或者社会公共利益;四是合同标的须确定和可能。[3]但是,对集体经济组织同意在合同中的性质定位的思考,又可延展出三个问题:

首先,集体经济组织的同意究竟是有效要件,还是生效要件。从概念本身的反向语义来推断,"有效"对应的只能是"无效","生效"对应的只能是"不生效"。作为"合同有效"的相反概念,"合同无效"则指严重欠缺有效要件,不允许依照当事人合约的内容而赋予其法律效果的情形。纯粹的民事合同只要基于当事人的意思自治,并且不违背现行法律法规的禁止性规定,一经当事人签订就应当认定其效力,即承认其有效性。合同的有效要件欠缺则意味着合同是无效的。合同生效的区分意义仅在于合同条款中是否附加了生效条件或者期限。由于集体经济组织的同意并不构成具有私法意义且未来不确定发生的合同生效条件的内容,相反却具有满足公法意义上的行政管理要求的作用。因此只能将集体经济组织同意纳入合同的有效要件之中,只要欠缺该要件,合同就应当是无效的。

---

[1] 温世扬.集体所有土地诸物权形态剖析[J].法制与社会发展,1999(02):39.
[2] 高圣平,刘守英.宅基地使用权初始取得制度研究[J].中国土地科学,2007,21(02):34.
[3] 崔建远.合同法[M].3版.北京:法律出版社,2003:70-71.

其次，如何判定是强制性规定还是任意性规定。合同行为作为典型的民事法律行为，其要件的判断难点在于对"不违反法律"存在着不同的理解。对此，当然可以依据《民法典》第一百四十三条关于民事法律行为有效要件的规定来做出反向判断，只要不违反法律、行政法规的强制性规定，不违背公序良俗，且满足其他有效要件，都应当肯定该民事法律行为的效力。①其中，对于何谓强行法、如何认定合同无效的具体情形，尤其是违反强行法的条件以及如何对强行法规则进行准确界定等一系列问题，在司法实践中依然存在着相应的判断障碍。其中的主要疑问在于：如何判定强制性规定是否属于直接影响合同效力的规范？"一户一宅"规则中关于宅基地转让后的再申请不予批准的规定是否当然地决定了合同的无效？该规定是禁止性规定还是任意性规定？如果仅仅从字面意义理解，其中的"只能""不得"等字眼明显具有强制性，但是否就此可以认定这些规则属于强制性规定，本身还存在着分歧。而且目前有关宅基地管理的大量国务院规范性文件即便被当作行政法规来对待，但其中的一些规定更多的是管理性强制性规定而并非效力性强制性规定，并不必然导致合同无效的结果。②笔者认为，"一户一宅"规则仅仅明确了宅基地使用状态的独占和对应的属性，从而对宅基地的占用、流转、腾退行为给予必要的规范指引，其本身不是私法意义上的效力强制性规定，而应当是一种行政管理性规定，因此不宜纳入合同效力判定的有效要件之中。

最后，如何判定是合同行为还是物权行为。尽管"一户一宅"和集体经济组织同意是办理权属过户手续时需要予以审查的内容，但按照物权和债权区分的原则，其并不必然产生物权变动的效力。实践中，有的地方法院认为，只要当事人在一审辩论终结前，取得了出卖人所在集体经济组织的同意，就可以认定房屋买卖合同有效。③因为，要发生物权变动的法律效果，还须以转让合同的有效性为前提，合同作为债权行为被认定为有效，才能更加准确地界定其物权行为的效力。不仅如此，之所以将集体经济组织同意作为合同的有效要件，主要是从当事人权

---

① 《民法典》第一百四十三条规定："具备下列条件的民事法律行为有效：（一）行为人具有相应的民事行为能力；（二）意思表示真实；（三）不违反法律、行政法规的强制性规定，不违背公序良俗。"
② 《民法典》第一百五十三条规定："违反法律、行政法规的强制性规定的民事法律行为无效。但是，该强制性规定不导致该民事法律行为无效的除外。违反公序良俗的民事法律行为无效。"该条规定之中"但是"后面所称的"强制性规定"就是管理性强制性规定，其并不必然导致民事法律行为无效。
③ 参见《重庆市高级人民法院关于当前民事审判若干法律问题的指导意见》。

利救济的角度考虑,即使合同因欠缺集体经济组织的同意要件而最终被确认无效或者撤销的,当事人还可以通过主张过错方承担因其行为导致合同撤销的损失赔偿责任的债权保护路径来获得救济,比如返还财产、折价补偿以及过错赔偿等。这样既能维护社会公平,又可以对违规转让行为起到必要的警示作用,从而规范宅基地使用权的转让行为。通过债权保护方式的设计,可以有效缓解现有私法规则供给不足而导致众多当事人难以获得救济的问题。

第三,宅基地使用权的物权变动应采登记生效主义。宅基地使用权流转及农村房屋买卖相关制度改革必须以宅基地确权为基础,其中首先要解决应由哪一级的农民集体经济组织来具体行使所有者同意及相关权利的问题。随着城乡统筹一体化发展格局的全面构建,近年来国家土地管理部门一直致力于推动全国性的宅基地使用权统一登记和确权工作。[①]一些地方甚至已经全部实现了确权颁证。对现有宅基地的权利事实状态登记确权后,其作为一种有据可查的用益物权,自然应当遵循一般物权变动之规则,即:"宅基地使用权的取得、变更与消灭都需以登记为生效要件。"[②]这样不仅与物权制度中有关不动产物权变动的规则保持一致,还体现了法律原则、现象不断进步发展的趋势和要求。物权变动的前提在于物权行为与物权合意,即:"以交付或登记为外在表现形式的物权变动之合意。"[③]但在宅基地使用权的统一登记制度尚未建立之时,如何从外在具体地表现出物权变动之形式要件,着实令人感到为难。笔者认为,通过向所有权主体提出申请所表达的此种合意,可作为其物权变动的要件之一,但这样的处理也只能是权宜之策。如果允许宅基地使用权向集体之外的其他农民流转,势必还要建立起配套的登记和审批制度,并且"应当突破行政管理权限的区分,还原土地登记的公示属性和服务功能,规定统一的土地登记机构"[④]。

[①] 参见《国土资源部关于进一步加快宅基地使用权登记发证工作的通知》(国土资发[2008]146号),其中要求各地加快开展农村宅基地确权登记发证工作,并且明确提出了"力争在2009年底前,基本完成全国宅基地使用权登记发证工作,做到权属纠纷基本解决,农民合法使用的宅基地全部发证到户"的目标。
[②] 耿卓.论宅基地使用权的物权变动[J].政治与法律,2012(05):34.
[③] 尹田.物权法理论评析与思考[M].北京:中国人民大学出版社,2008:206.
[④] 高圣平,刘守英.土地权利制度创新:从土地管理法修改的视角[J].经济社会体制比较,2010(03):66.

(三)向城镇居民转让

城镇居民是不具备任何集体经济组织成员身份的,而且已经被纳入城镇社会保障体系,享有社会公共福利,宅基地对于城镇居民而言并不具备居住和生存保障功能,而是具有投资、休闲等方面的实际功用。城镇居民到农村购房的事实动因主要表现为两方面:一方面,因生活质量、就业发展以及生产经营(比如到农村购房开办"农家乐")等需要;另一方面,因城市高房价、居住环境恶化等问题倒逼出的宅基地及其上房屋的市场增值潜能不足及农民致富心切。

首先,关于城镇居民到农村购买房屋的合同效力认定问题,主要存在着两种观点。一种观点认为农民对其房屋享有所有权,根据"地随房走"原则应当是允许城镇居民购买的;另一种观点则明确禁止城镇居民购买农民的房屋,其理由主要有四:一是农村房屋所占据的宅基地为农民集体所有,是集体经济组织为保证农民安居而给予的一种集体福利措施,具有绝对的身份性,无集体成员身份就绝无享有该项利益的资格;二是从农村社会稳定的考虑,住房是稳定农民生活的重要物质保障,出卖赖以生存的房屋往往是一种无奈之选,农民基于现实、紧迫的需要将房屋出卖本身就不是自觉自愿的行为,而且一旦将其出卖,农民则会面临无房居住的窘况,会造成大量流民,不利于社会稳定;三是城镇居民购买房屋的首选地域多为城市周边农村,能够通过转让房屋获益的仅仅是城郊农民,事实上会加大城郊农村和偏远农村之间的经济发展差距;四是现有国家政策禁止这种转让行为,例如:《国务院办公厅关于加强土地转让管理严禁炒卖土地的通知》规定:"农民的住宅不得向城市居民出售,也不得批准城市居民占用农民集体土地建住宅,有关部门不得为违法建造和购买的住宅发放土地使用证和房产证。"《国务院关于深化改革严格土地管理的决定》规定:"加强农村宅基地管理,禁止城镇居民在农村购置宅基地。"从这些文件表述可以看出,至少在国家公共政策层面对于农民向城镇居民转让宅基地的行为是持否定态度的。笔者认为,如果要从根本上解决法律适用中的困惑,必须依赖于国家立法机关的修法工作。但现阶段必须考虑国情和立法的现状,如果"在司法审判中完全抛开行政机关制定的非法律规范性依据,这样做只能使司法审判活动脱离社会、脱离实际"[①]。

---

① 张庆华.土地物权疑难法律问题解析[M].北京:法律出版社,2007:83.

其次,当前持有反对城镇居民到农村购买房屋观点的学者依然很多。因为,允许城镇居民购买农村房屋可能会产生诸多法律纠纷,房屋所有权转让的结果必然要求宅基地使用权一并发生转移。这种现实必然倒逼司法实践对宅基地使用权转让合同效力进行必要的确认。从潜在的纠纷案件体量来分析,一些地方事实上存在着的城镇居民到农村购房现象并非个例,甚至客观地说还可能是一种普遍现象,处理时不能单纯地考虑国家的有关禁止性规定,还要汇集各种因素进行综合考量。[①]因为,国家相应的禁止性规定的本意在于稳定农村社会、强化农地用途管制、防止集体土地流失,从而保护集体经济组织成员的基本成员权利。笔者认为,宅基地使用权作为一种财产权利与农民的集体经济组织成员身份或者资格密不可分,应当以其成员资格来确定其利益分配的时间节点。因为,"社员权中的具财产性质的权利,如利益分配请求权,在未经具体分配时,是一种抽象的总括的权利,不是债权"[②]。这种成员资格的丧失并不必然导致利益减损,如果已经进行了具体的分配或者已确定了具体的分配额,仍可转化为债权,甚至可以单独转让或继承。毕竟宅基地使用权是基于集体经济组织成员身份获得的,一旦宅基地使用权流转限制进一步放开,相应的问题都将迅速呈现在司法裁判者面前。

四、宅基地使用权隐性流转诱因及其治理

现实中的宅基地流转有很多具体形态,包括买卖、租赁、继承等。在现行法律制度框架下,严禁城镇居民到农村购买宅基地是一条制度红线,因为这涉及对宅基地基本属性和功能的破坏。但随着宅基地隐性市场价值的提升,宅基地也成为地方政府和企业获取利益的对象,发生道德风险的概率越来越大。如果不通过确定化的法律制度加以规制,隐性流转中侵害农民利益、违规占用宅基地的问题将会愈演愈烈。

[①] 2007年,由于北京房价上涨,北京通州区宋庄的"画家村"的村民们后悔当初将房屋卖给城里来的画家,遂以"城里人不得买卖农村集体经济组织成员住房"为由起诉,请求法院确认合同无效。类似案件当年就起诉了13起。如:北京市通州区人民法院(2008)通民初字第02041号李××与马××买卖合同纠纷一案民事判决书,其中认为对于"买受人信赖利益损失的赔偿,应当全面考虑出卖人因土地升值或拆迁、补偿所获利益,以及买受人因房屋现值和原买卖价格的差异造成损失两方面因素予以确定"。

[②] 谢怀栻.论民事权利体系[J].法学研究,1996(02):76.

（一）宅基地隐性流转的深层诱因剖析

有学者对农民宅基地流转意愿影响因素进行的研究表明，"农民受教育水平、农户家庭年收入、农民宅基地流转经历和对宅基地能否自由买卖的赞同度，对宅基地流转意愿有显著影响"[①]。

一是经济利益方面的刺激。在我国"十分珍惜和合理利用每一寸土地，切实保护耕地"的基本国策下，土地用途管制格外严格，耕地被牢牢锁定在18亿亩红线范围之内而不能轻易改变用途，造成城市和农村建设用地需求持续旺盛的局面。另一方面，则是农民社会保障性不足所导致的自身财务状况改观的需求。农村开发中对于耕地和宅基地的征收使得农村可利用土地日益萎缩，农民增收难度加大，而通过宅基地的出租或者转让，可以将其多余宅基地或闲置农房的资产属性"唤醒"并转变为实际的财产性收入。在一些城郊地区特别是工业企业、高校等人口集聚的地区，附近农民已然将其房屋租赁作为增加家庭现金收入的重要来源。

二是进城务工发展需求的驱动。农业生产受到季节和气候的影响较大，对劳动力的需求呈现出季节性和阶段性特点，这为农村富余劳动力向外转移提供了时间和空间基础。农民职业和身份的分化趋势在进城务工发展需求面前得到进一步增强，进而造就了农民职业分化和经济分化的现实，同时对农民的土地流转意愿产生着正向影响。[②]

三是农业生产的融资需求日盛。乡村振兴战略实施以来，出台了一系列利好政策，推动资本、技术和人才等优质资源下乡支持乡村产业发展。农民家庭在此政策驱动下，也蠢蠢欲动地开始从事或者扩大原有的非农业生产。相比于过去的小打小闹，近些年的创业实践也帮助农民提高了技能、开阔了眼界，很多农业经营户开始具备规模化和产业化的发展理念。但是，扩大产业规模、调整产业结构、提升产品附加值等任何一项新的举措实施都需要资金支持。

四是"逆城市化"催生的休闲养老需求。由于我国人口基数庞大，城市化必然带来大量人口向城市集中，即便整体城市化率仍然不高，但是在一些地方已经出

[①] 杨富茂.新一轮宅改后农户宅基地流转意愿影响因素分析——基于云南省大理市试点农户调查数据实证检验[J].云南农业大学学报（社会科学），2020,14(03):93.

[②] 许恒周,郭玉燕,石淑芹.农民分化对农户农地流转意愿的影响分析——基于结构方程模型的估计[J].中国土地科学,2012,26(08):74.

现了"逆城市化"的现象。交通拥挤、环境恶化、食品安全以及人情淡漠等城市问题日益暴露,加上传统的乡土情结,城市居民越来越憧憬传统的乡村环境和生活模式,希望下乡购房、颐养天年和休闲养生的城市居民开始涌向乡村。在城市居民的需求推动下,农民的财产收入增长需求很容易与之形成利益互补。

(二)宅基地流转乱象治理的法律对策

宅基地隐性流转容易滋生两方面问题:一方面,由于宅基地使用权不能进入公开的交易市场,导致农民房屋被随意定价、超低压价,不仅给集体经济组织造成资产收入的流失,更是侵害了农民的财产利益;另一方面,宅基地流转长期处在隐性市场之中,既缺乏有力的法律保障,又为双方当事人预埋了发生争端的"定时炸弹",这也构成了农村社会的不稳定因素。在宅基地"三权分置"改革背景下,对宅基地历史和现实中存在的隐性流转情况进行摸底调查和细致甄别,清理那些严重违背土地管理法律规定和妨碍农民权益实现宗旨的不合理流转行为,打造农村宅基地合规、合理、公开的适度流转机制确实具有现实的必要性和可行性。

一是将宅基地使用条例制定作为规范宅基地流转的制度前提。构建农村宅基地使用权的法律体系是实现宅基地流转规范化和法治化的前提。2019年"中央一号文件"明确提出"稳慎推进农村宅基地制度改革,拓展改革试点,丰富试点内容,完善制度设计。抓紧制定加强农村宅基地管理指导意见。研究起草农村宅基地使用条例"[①]。按照中央改革要求,需要做好三方面的工作:第一,做好现有关于宅基地的法律法规的清理工作。主要是对包括《土地管理法》和国务院行政法规以及自然资源部、农业农村部、住房和城乡建设部等部委制定的部门规章、其他具有全国性效力的规范性文件进行调整和修改。同时,还要挖掘宅基地"三权分置"改革试点中行之有效的制度经验,予以充分吸收和借鉴,将其上升和转化为具有普遍适用效力的全国性法律规范。第二,明确宅基地使用条例的立法思路。按照《民法典》关于宅基地使用权的定义条款以及第三百六十三条的规定:"宅基地使用权的取得、行使和转让,适用土地管理的法律和国家有关规定。"当然,此处所称的"土地管理的法律"并不限于《土地管理法》,也就是说,将来立法条件成熟时仍

---

① 参见2019年1月3日中共中央、国务院发布的《关于坚持农业农村优先发展做好"三农"工作的若干意见》。

可制定专门的宅基地管理法律,而国务院行政法规以及有关部门规章均可对其做出规定。立法思路可以确立为两个方面:一方面,应确立农民权益保障和实现的基本宗旨,兼顾农民宅基地使用权的财产性和保障性,更多地回归宅基地使用权制度的私法属性。另一方面,应当完善宅基地使用权的内容,通过渐进式的制度推进方略允许宅基地使用权的有限流转,待时机成熟时再逐步予以放开。此外,在具体的规范性文件制定路径上,可以采取先规章再法规的方式逐步实现改革政策的法治转化,即:由自然资源部或者农业农村部率先出台宅基地利用和管理的部门规章,再由国务院制定具有行政法规效力的宅基地使用条例。第三,确定宅基地使用条例的具体内容。无论是即将制定的宅基地使用条例,还是将来可能需要制定的宅基地管理法,二者的内容应具有一定的承继关系,以保持法律规范的稳定性和可预见性。就具体的规则内容和体系结构而言,可以采取总则和分则的体例。总则部分应包括宅基地使用权条例的立法目的、上位法依据、实施原则、调整范围、行政主管部门及其职权范围和内容,特别是对于宅基地概念和性质应当做出明确的界定,彻底消弭实践中的分歧。而分则部分则主要是对宅基地利用和管理工作的规范,以及对各方主体的权利义务和职权内容做出安排,具体应包括:宅基地使用权的具体内容,宅基地的规划、管理和审批程序,宅基地申请条件和要求,宅基地权利登记和发证,宅基地流转的对象范围和方式,宅基地退出和征收补偿,宅基地复垦和增值收益分配,以及违反相应规定所要承担的法律责任等。

二是明确集体经济组织所有权和规划监督权的主体责任。首先需要明确的是村一级的集体经济组织作为宅基地所有权代行主体,有权对宅基地的使用进行规范管理,并采取相应的监督措施。在1962年9月党的八届十中全会正式通过并颁布的《农村人民公社工作条例(修正草案)》确定了"队为基础、三级所有"的农村集体土地所有制。2011年,国土资源部等部门联合发文明确提出,"把农村集体土地所有权确认到每个具有所有权的农民集体"[①]。作为这一土地制度的延续,《民法典》物权编也规定了我国当前农村土地所有权的代行主体主要有乡镇集体、村

[①] 参见《国土资源部、中央农村工作领导小组办公室、财政部、农业部关于农村集体土地确权登记发证的若干意见》(国土资发〔2011〕178号)。

集体和村民小组三级,并对代表行使所有权的主体予以明确规定。①然而这种分层次的土地所有权行使的主体结构,不利于农村宅基地权利效能的及时和有效实现。村民委员会作为基层群众自治组织,其成员均由本村村民直接选举产生,但是本村内重大事项仍由村民代表大会集体决定,村民委员会仅对日常事务行使职权。由于村民委员会系选举产生,其成员本身在村内具有一定的代表性和权威性,由村民委员会来代表行使所有权具有较多的便利因素和更稳固的群众基础。而且村民委员会作为常态化运转的组织机构,有相对健全的行政组织和工作机制,既能代表集体行使宅基地的所有权,又能对宅基地使用和管理进行有效、及时的监督。乡镇级集体组织职权覆盖范围过大,进行日常监督管理的成本更高,而且日常事务处理对于工作半径要求较高,若达不到要求,监督的实效很难得到保证。村民小组能够深入各个农村基层,与农民日常生产和生活水乳交融,但其组织体量小、职权模糊、管理涣散,很难在短期内通过整合组织和制度形成有效的监督执行力。因此,通过制度化的改造,将村集体作为宅基地所有权主体,以村集体经济组织和村民委员会作为确定的行使所有权主体,更具有现实可行性。

三是从主体、方式和市场机制等方面推进宅基地流转机制的体系完善。首先是明确宅基地流转的主体,包括宅基地供给者和宅基地需求者。此处的供给者应当限于合法的宅基地使用权主体,即:按照宅基地申请和审批程序初始取得宅基地使用权的农户,或者通过其他合法途径从其他初始取得宅基地的农户那里取得宅基地使用权的主体(不限于本村村民)。而宅基地的需求者,实践中多是因为指标受到限制或者不符合申请条件等而无法通过正常的初始取得途径取得宅基地的集体成员,包括因原来户内分家而导致原有宅基地不能满足自身需求以及村内出租、转让宅基地后又没有落实住处但尚未迁出本集体的申请人员。对于这些供给和需求主体,应当区分具体情况来对待,设定其对外流转或者取得宅基地的条件,待外部法律和政策环境允许时,也可以放开城镇居民作为适格的宅基地使用权受让主体。其次是丰富宅基地流转的形式。可以借鉴土地承包经营权"三权分

---

① 《民法典》第二百六十二条规定:"对于集体所有的土地和森林、山岭、草原、荒地、滩涂等,依照下列规定行使所有权:(一)属于村农民集体所有的,由集体经济组织或者村民委员会依法代表集体行使所有权;(二)分别属于村内两个以上农民集体所有的,由村内各该集体经济组织或者村民小组依法代表集体行使所有权;(三)属于乡镇农民集体所有的,由乡镇集体经济组织代表集体行使所有权"。

置"改革所确立的流转方式,同时根据宅基地使用权与房屋不可分离的特点,针对不同情况允许宅基地使用权采取多元化的流转方式。除了现有的隐性流转中常见的不改变所有权性质和用途的出租、继承、转让(主要是向村集体之外的其他人)、赠与方式之外,还可以采取抵押、入股等方式进行流转。现行法律虽然明确禁止宅基地使用权抵押,但是仍然为将来立法改变这一规则赋予了可能性。有学者曾对宅基地使用权入股进行制度设计:"以宅基地入股成立农民股份合作社,农民成为股东,由村委会管理公司,统一经营土地,宅基地流转收益归农户和集体共有,村民凭借股权,享受资产增值和股份分红权利。"[1]对于宅基地使用权的流转方式,不能用静态的眼光来看待,而是要结合当下试点地区已经尝试运行并且效果不错的经验,为宅基地使用权流转提供多元化的制度空间。最后是打造宅基地流转的市场机制。经济资源的优化配置,除了供应和需求之间及时获得匹配和满足之外,还要借助有效率的交易平台和机制来提供保障,建立统一、开放和高效的宅基地使用权流转交易场所和工作机制。对于某一行政区划而言,建立单一的宅基地使用权交易机制存在着制度配置和行政资源浪费的可能性。而且很多地方将土地承包经营权、宅基地使用权、建设用地使用权等涉农土地权属整合成可交易的产权要素,通过建立统一的农村产权交易中心并配套相应的管理办法,实现农村土地资源的优化配置。而公开的信息平台、合理的价格评估体系的建设是保障农村土地产权交易公平性和开放性的关键。因此,还要通过健全的中介服务体系,为有需要的供给者和需求者提供信息咨询、资产评估、合同起草、土地融资等综合性服务,避免因为地方政策抵牾、操作流程不同等造成当事人的信息误判和权益实现落空,确保宅基地流转成交的合规性和有效性。

(三)宅基地使用权继承与流转的区别

长期以来,关于宅基地使用权能否继承的问题一直缺乏明确的法律规定。严格意义上来说,宅基地使用权的继承与流转在法律性质上存在着本质差别。继承是基于被继承人死亡的法律事实而发生,而流转更多的是基于法律行为,特别是当事人的意思自治而发生。但是,无论是宅基地使用权的继承还是流转,二者外

---

[1] 史卫民.农村发展与农民土地权益法律保障研究[M].北京:中国社会科学出版社,2015:225.

观上都表现为宅基地使用权从让出权利主体向受让权利主体移转的事实,并且二者同样面临受让权利主体是否具备宅基地资格权的问题。在前文的论述中,笔者已经讨论过在宅基地使用权流转中,受让主体是否具备集体经济组织成员身份条件对于流转行为的法律效力会产生不同的影响。同样的,宅基地使用权的集体成员的专属性特点也给其权利的继承带来了法律难题。实践中常见的问题是,年老农民的子女往往通过求学、就业等途径在城市扎根置业和落户,转成非农户口并丧失了原有的集体经济组织成员资格身份,而一旦年老农民去世,就会面临其遗留下的宅基地和房屋权利由谁继承的问题。农民作为自建房屋的所有权主体,理论上可以按照意思自治原则对其加以自由处分。尽管房屋所有权可以依法继承,但由于房屋和土地事实上的不可分离性,继承房屋就必然涉及宅基地的实际占有,如果继承人不具备集体经济组织成员身份,就可能会受到宅基地初始取得的资格条件的限制。

就当前的司法实践情况来看,法院的判例呈现出不允许继承、允许在农房存续期限内继承、允许继承等不同的态度。[1]如果允许城镇居民继承,将会产生城镇居民等外部主体实际占有使用宅基地的局面;如果不允许城镇居民继承,又可能面临侵害公民合法财产权的现实窘境。由于年老农民的法定继承人已是城市居民,不再享有原集体经济组织成员资格和身份,继承房屋即意味着在事实上要行使对宅基地的占有和使用权利,而这一权利的行使又与城市居民身份存在矛盾,而且已经进城落户的人也不能通过再回迁农村的方式恢复其集体经济组织成员资格。所幸的是,司法实践中已经明确了相应的裁判观点。如:在河南省郑州市二七区人民政府与赵××拆迁安置补偿一案中,最高人民法院做出再审裁定认为,农民的宅基地使用权及其上房屋可以依法由城镇户籍子女继承,不能以继承人在继承时并非该村村民为由,而否认对案涉宅基地享有合法使用权。[2]有权继承宅基地使用权的主体,应为被继承人的法定继承人,包括第一、第二顺位的法定继承人、代位继承人以及对被继承人尽到主要赡养义务的丧偶儿媳和女婿等。[3]

---

[1] 高海.宅基地使用权继承:案例解析与立法构造[J].东方法学,2018(05):99.
[2] 参见最高人民法院(2020)最高法行申9610号行政裁定书.
[3] 参见《民法典》继承编的第二章"法定继承"部分所列出的第一千一百二十七条、第一千一百二十八条、第一千一百二十九条等相关条文规定.

如果承继宅基地使用权的"继承人"超出了法定继承人的范围,那就不是继承而是遗赠或者赠与,当然不适用继承规则(包括法定继承和遗嘱继承)来取得宅基地使用权。但是,对于被继承人是否可以任意在其法定继承人范围之内指定遗嘱继承人,并且突破现有的宅基地使用权取得的资格条件,是否可以适用此种继承规则并产生宅基地使用权继承的法律效果,仍需司法机关给出明确的裁判观点。

第六章
宅基地"三权分置"与保障农民权益的法治路径

农民权益的保障关系到农民群体的生存权和发展权的实现。宅基地"三权分置"改革为农民实现其宅基地资源的市场价值提供了法治机理和规范依据。2021年"中央一号文件"再次对此项改革政策进行了重申,同时强调加强宅基地管理,稳慎推进农村宅基地制度改革试点,探索宅基地所有权、资格权、使用权分置有效实现形式,规范开展房地一体宅基地日常登记颁证工作。农民财产性收益不仅取决于他们拥有多少财产权利,还取决于权利实现机制的法治完备程度。因此,"三权分置"的有效实现形式是当前试点探索的重点内容,而规范开展登记颁证工作则是宅基地权益实现的前提和基础。改革不能止步于既定措施本身,而应当坚持农民权益保障这一核心思路来展开路径规划和制度设计,从农民财产性收益增长的目标主旨来做出系统规划,将宅基地权利实现机制细化分解,赋予农民宅基地权利更多的积极属性。当然,宅基地使用权的入市流转,或许会面临诸多市场风险,但同时也必然促成财产权利的积极转化,这是农民当前最突出的利益期许。国家政策制定者和改革者所要做的就是,在守好法治原则和政策底线的基础上,逐步释放宅基地权利流转的内容和范围,以权益的法治保障和实现方式来维护农民的利益期许,维护农村社会稳定和持续发展。

第一节　农民权益实现目标融入"三权分置"

从宏观的立法层面来看,农民权益保障有赖于国家基础性法律制度的构建,特别是需要在宪法和法律层面分别对农民的生存权和发展权内容进行宏观建构和规则确认。为此,也有学者提出应当加强农民权利的系统性保护,对于农民涉及生存和发展的权利事项展开体系化的制度建设,特别是通过制定《农民发展权保护法》来达到这一目的。在法律层面,将农民作为中国最大的弱势群体实行特别保护策略,同时不断完善农民权益专门保护的相关法规和条例,系统性配套设置具体的流程规范,构建起基本法律和单行法律法规相结合的完整严密的法律保护体系。[①]应当说,此种体系性的立法建构思路融合了许多理论性和现实性因素的考量,确有值得借鉴之处。但是,笔者认为,就"三权分置"中的农民权益法治实现路径设计而言,应当将其锁定在较为具体的土地管理或者宅基地使用制度层面,待将来具体领域的规范和做法取得更具妥适性和操作性的检验之后再考虑展开更高位阶的立法设计,方能体现实践认知反作用于立法革新的辩证发展理论。因此,当务之急仍在于通过赋予和保护农民财产权利,从实践运行层面对"三农"问题展开制度破局的尝试。首先,应坚持以宅基地所有权归集体所有、耕地红线不突破、农民利益不受损为基本原则,以盘活闲置宅基地、适度放活宅基地使用权实现农民财产权益为基本目标。其次,应从宅基地所有权、资格权、使用权三项权利的法治保障路径入手,运用整体性思维,兼及农村社会保障、劳动就业、生态权益等关联和交叉内容,推动农民权益保障和实现的全方位和多元化的制度建构。最后,还要建立农民权益的自我保护和调适机制,从集体所有权保障、成员资格认定、使用权流转、行使和救济等方面着手,推动农村土地制度的配套改革。宅基地的资产资本功能不断显化,使得宅基地制度和功能变迁之间产生矛盾和冲突,为宅基地制度改革必须适应功能变迁的现实赋予了紧迫性和必要性。[②]农户在城镇

[①] 丁德昌.农民发展权法治保障研究[M].北京:中国政法大学出版社,2015:304.
[②] 张军涛,张世政.农民特性、政策工具与宅基地功能——基于江西余江宅基地制度改革的分析[J].农村经济,2019(05):29.

购房,其居住方式发生改变的同时,原有宅基地的居住保障功能也就日益减弱。①宅基地制度改革应当在宅基地保障功能和财产属性之间取得平衡。过去之所以限制宅基地权利的积极行使是为了防范和规避市场风险,保障农民住有所居。"三权分置"改革则是要将宅基地权利的权能类型做进一步细分,"原本宅基地的基本保障功能由'农户资格权'实现,'宅基地使用权'侧重体现财产权,实现彰显宅基地及其地上房屋财产性的价值目标"②。在此基础上,实现不同性质权利的各自归位,并通过完善市场流转和运行体系,推动消极权利转变为具有市场基因的积极权能。

一、权益主体的立法确定

相比土地所有者的权益保障,非所有者的权益实现更加具有现实意义。我国农村土地制度改革内含了所有权虚化的现实,需要逐步让位于其他有利于农民财产权益的实质内容。只有当宅基地的交易价值得到有效保障,农民才会更加重视和珍惜宅基地,才会极力寻求其财产权益的实现机会。因此,以农民权益保障和实现为主线构建宅基地的"三权分置"权能运行机制,关键还是在于落实和维护农民的权利主体地位。

(一)所有权主体仍需立法确认

宅基地所有权、资格权、使用权的分置,不仅是新的概念创设,更是权利行使和权益享有主体格局的重新确立。制定农村集体经济组织法,确立农村集体经济组织作为宅基地所有权的主体地位和法人资格,明确农村土地权利和义务关系,是宅基地权利实现的法治基础。我国《民法典》已将农村集体经济组织作为特别法人加以设置,并肯定其特殊性主要体现在设置目的、成立程序、财产范围、成员构成、收益分配机制等制度层面。③但是仍然缺乏细化的配套规则,无法对其特殊性给予充分的现实关照。这样单薄而孤独的立法条文,无法应对日益复杂的宅基地权益表达现实。作为一种现实存在,农村集体经济组织对于集体的剩余土地拥

---

① 刘守英.城乡中国的土地问题[J].北京大学学报(哲学社会科学版),2018,55(03):90.
② 温世扬,梅维佳.宅基地"三权分置"的法律意蕴与制度实现[J].法学,2018(09):55.
③ 屈茂辉.农村集体经济组织法人制度研究[J].政法论坛,2018,36(02):28-40.

有分配的权利,这一权利的行使又容易与农民个体的权益发生交叉和冲突。从宅基地"三权分置"角度来看,农村集体经济组织作为土地所有者当然地享有所有权的全部权能。但从农村集体经济组织立法设计来看,除了应当在程序上对其给予保障之外,还要对其权利类型做出合理安排。正如有的学者所言,可将农村集体经济组织的权利分解为集体产权行使权、集体经济发展权、自主经营权、乡村治理参与权四大权利。[①]而集体产权行使、集体经济发展权、自主经营权这三类权利的行使将直接影响农民财产权益的实现效果,应当上升到系统性建构的高度来规范设计这三类权利的行使和运行机制。

(二)资格权和使用权主体的确认

"无论是对当前集体所有制的争论,还是对土地相关产权的建设,其主要目的就是为了去除那些妨碍农民从事出于个人利益的活动的限制,从根本上保护和实现农民利益。"[②]但同时,集体所有者权利的虚化,使得农民个体权利及其主体地位的实化要求更加凸显其重要性和必要性。"宅基地使用权等现行农村土地权利制度仍然以是否具备集体成员身份作为权利主体认定的主要依据,与《物权法》将宅基地使用权等农村土地权利作为用益物权,以及宅基地使用权的占有、使用、收益与依法处分等权利内容实现的非身份性存在不协调乃至冲突。"[③]要让农民真正成为宅基地权利的享有者,不仅需要立法确定集体的所有权主体地位,还要明确宅基地的权利类型和范围。

关键的问题在于,农民也就是农村村民,其作为集体经济组织成员的身份如何确定?有学者认为,"'三权分置'格局下宅基地农户资格权应定位为成员权,具有占有、收益和处分等权能;而宅基地使用权为用益物权,包含占有、使用、收益和处分等权能"[④]。在进一步细化农民宅基地资格权和使用权的权能内容、实现途径、程序条件等时,要做好必要的前期准备工作。首先,应当加快推进农村集体土地确权登记发证工作,为集体颁发土地所有权证和使用权证,为农民颁发宅基地使用权证,将使用、收益和部分处分权能明确赋予农民,为维护农民宅基地财产权

---

① 韩俊英.《农村集体经济组织法》的立法路径与方案设计[J].农村经济,2019(02):136.
② 王银凤.转型期中国农民利益论[D].上海:复旦大学,2005:155.
③ 杨青贵.进城落户农民宅基地权益保护的现实表达与法治回应[J].重庆大学学报(社会科学版),2019,25(03):148.
④ 陈振,罗遥,欧名豪.宅基地"三权分置":基本内涵、功能价值与实现路径[J].农村经济,2018(11):40.

益构筑有效的基础依据。其次,通过确权登记明晰宅基地的使用权主体,以有效减少宅基地权属争议,维护和谐的农村社会关系。最后,在登记确权工作中对农村宅基地利用和农房闲置现状展开摸底调研,为各地支持乡村旅游发展、扶持下乡返乡创业等相关政策出台,以及适当放活宅基地的工作措施和发展地方经济提供科学的决策依据。

二、流转权利的权能设置

现有的宅基地"三权"之中,能够为农民收入增长提供较大助力的实际上只有宅基地使用权。虽然宅基地使用权的用益物权属性已获得立法的确认,但其具体的权能和边界尚未得到进一步明确。现行立法只是从一般的法概念意义上对宅基地使用权进行了命名,而没有赋予其内含的财产权利要素,更未预见到"三权分置"改革后如何重新划分和定义宅基地使用权的具体权能内容。

(一)宅基地使用权的权能配置

如前所述,宅基地的功能正在发生着历史性的改变,其保障功能逐步弱化的同时财产功能日益凸显。现行立法规范要素的缺失,使得宅基地使用权权利体系不完备、权能要素不齐全,进而又使得改革措施的落地面临规则如何配套跟进的实践考验。既然是一项财产权利,那么,其权能制度的设计,就应当围绕处分和收益两方面展开。因此,"适应于宅基地由农民居住保障功能向财产功能的转变,应在保障农民宅基地用益物权的占有与使用权能得到落实并不受侵害基础上明确增补宅基地的'收益权能',使宅基地使用权人从宅基地流转上获得租金、转让收入完全具有合理性和正当性。同时,应为农民宅基地使用权创立部分'处分权能'"[1]。这样的权能设计和立法完善思路,均是从物权制度完善的角度做出的考量。当然,还有学者提出强化宅基地使用权的租赁保障,运用债权保护方法进一步实现和保障农民的宅基地权益,也具有一定的现实可行性。不论立法最终采取何种实践路径,上述观点中的合理内核都可以作为完善宅基地"三权分置"制度的题中之义。

---

[1] 张克俊,付宗平.基于功能变迁的宅基地制度改革探索[J].社会科学研究,2017(06):51.

（二）农民对宅基地的流转期待性

要让农民的宅基地真正成为能够为农民创造财产性收入的经济资源，就必须赋予其在一定程度和范围内的价值可期性和流转可行性。当然，"农村宅基地制度改革的方向是进一步扩大权能，赋予农民更多财产权利，而不是指宅基地可以自由买卖"[①]。虚置所有权的目的就是从宅基地中拿出一部分没有必要禁止流转的权能，通过分置权利的方式为宅基地使用权流转提供法理依据。围绕这一目标，可以设计三项解绑措施：一是实现宅基地使用权的身份解绑。将使用权从身份属性之中释放出来，让不具备本集体经济组织成员身份的农民也能有机会获得特定的宅基地使用权。二是实现宅基地使用权内容的解绑。宅基地使用权不仅应包括农民利用宅基地进行住宅建设的需求，还应当包括对已建成住宅的使用需求，占有和使用农民住宅就是对宅基地的间接利用，当然也包括对住宅附属物的使用。为避免实践中对宅基地使用权的内容和范围进行任意的扩大解释，应当通过立法完善的方式来对此做出明确的限定。三是实现宅基地使用权流转方式的解绑。不能将宅基地流转方式死死限定为宅基地及其房屋的出租，适度放开特定对象和特定范围的其他流转方式（包括抵押、入股等），确保宅基地使用权流转方式的多元化，拓宽农民财产权益的实现渠道。

三、权益实现的保障机制

农民财产权益的实现有赖于现行制度对权利运行的规范和保障作用的发挥。

（一）宅基地使用权的流转保障

一方面，要完善多方利益的协调机制。宅基地存在着多方利益主体，既有农村村民，又有集体经济组织，甚至还会牵涉村委会、党支部以及与农村密切联系的各级基层政府、行政主管部门等。基于利益协调的考虑，有学者主张将新型社区型股份合作制作为创新农村集体经济组织法权关系的选择路径，强调应当处理好两类关系："一是协调好集体经济组织内部的社区公共服务职能与社员利益最大

[①] 胡存智.宅基地改革方向是扩大权能而非自由买卖[J].国土资源，2014(01):28.

化的关系,做到效率与公平并举,让社员公平分享制度改革的成果。二是处理好农村集体经济组织与村委会、党支部、政府等外部主体的关系。"[1]另一方面,要妥善处理宅基地使用权流转中的供求关系。城市房价居高不下的现实客观上将城市居民的购房、租房的需求导流到了农村。抛开现行法律禁止城市居民下乡购买农房的规定,城市居民事实上已成为宅基地使用权流转的现实需求者。而从农民财产变现角度来看,如果失去了城市居民的利用需求,农民作为农房供应方的市场价值也很难得到实现。

协调宅基地的利用需求与供给间的法治平衡,为农民权益实现开辟了新的可行路径,也是宅基地使用权流转法治化保障路径设计中的应有之义。具体来说,可以从三个方面展开制度设计的考量:第一,宅基地"三权分置"将使用权明确为可流转性权利,保证了交易双方的权利供给和价值转换行为的合法性。第二,使用权的流转对象范围不应当再局限于集体经济组织成员,而是应当视流转的目的和用途,进一步扩大流转交易对象的范围,在特定情形下甚至还可以拓展到城市居民。第三,采取立法条文中加以列举的方式,明确规定利用宅基地的禁止性行为,如:城市居民利用宅基地使用权建设别墅大院和私人会馆等,在以行为的合法性为依据进行合同效力判定时,应当严格遵循"法无禁止即授权"的私法自治原则。2018年10月,最高人民法院发布了《关于为实施乡村振兴战略提供司法服务和保障的意见》,其中就明确提出对于违规违法买卖宅基地、违反土地用途管制、工商企业和城市居民下乡利用农村宅基地建设别墅大院和私人会馆的行为,依法认定无效,以此司法政策和裁判观点来支持和保障宅基地制度改革深入推进。其中,所遵循的效力判定依据乃是《土地管理法》有关土地用途管制的规定。但是,如果城市居民下乡利用宅基地建设非别墅大院和私人会馆的行为又当如何定性呢?对于城市居民下乡利用宅基地从事非明令禁止的行为是否属于违反强制性规定,对其效力问题应当具体分析,至少不应一概否定。毕竟"利用"并不等同于"买卖","利用"不改变所有权归属关系,而"买卖"才会触发所有权的变更。

---

[1] 赵万一,张长健.农村集体经济组织法权关系的创新——以社区型股份合作制法人组织的构建为研究对象[J].西南民族大学学报(人文社会科学版),2012,33(06):89.

(二)宅基地使用权的退出保障

农民退出宅基地时的利益实现,是对农民财产权益保障的兜底性考量。一般来说,农民退出宅基地不外乎三种情形:一是基于国家规划用地安排,需要对宅基地等集体土地进行征收。虽然这是基于国家公权力为了实现公共利益需要,但征收宅基地牵涉农民居住权保障和社会稳定安全,应本着公平、合理的原则,对农民的宅基地权利给予必要补偿。不仅要做到农民与农民之间的公平,还要做到补偿标准和范围的公平。二是基于宅基地权利主体的绝对灭失,作为宅基地权利主体的农民死亡、被宣告失踪、宣告死亡且没有继承人。该项权利应当被收归集体,或者暂由集体代为管理,待相关事由消除之后再将该宅基地作为存量地分配给其他具备资格的人员。三是宅基地权利主体暂时缺位导致宅基地处于闲置状态。此时,宅基地使用权的权利人在事实和法律上是存在的,集体经济组织应当在能够与权利人实现对接的情况下充分征求其意见。如果权利人明确表示其并无使用宅基地的打算,那么集体经济组织本着资源有效利用的原则,可以合理价格主张回购宅基地使用权及其房屋,以用于宅基地的整体调配。宅基地收回的具体情形可以进一步明确规定为:进城买房落户农民闲置的;非法占据的;原宅基地权利人死亡且无继承人的;超过合理面积的;"一户多宅"的;城镇居民违规购买的;城镇居民通过继承取得宅基地后其上附着的房屋损毁的;政府因建设需要征地的;等等。虽然在这些情形下集体有权收回宅基地,但是还要视情况给予原权利人适当的经济补偿。

第二节 农民财产权益与宅基地"适度放活"的法治实现

2018年"中央一号文件"指出:"让农业成为有奔头的产业,让农民成为有吸引力的职业,让农村成为安居乐业的美丽家园。"并且提出宅基地"三权分置"改革,将这一政策表述为:"落实宅基地集体所有权,保障宅基地农户资格权和农民房屋财产权,适度放活宅基地和农民房屋使用权。"各试点改革地区进行了积极探索。

但是,目前尚未形成可以复制的制度经验,宅基地"三权分置"的探索和实践还不够充分,特别是关于所有权、资格权以及使用权的性质、边界等问题未形成共识。[①]有关宅基地"三权分置"的改革表述依旧过于笼统,仅对"适度放活宅基地和农民房屋使用权"做出了宏观指向,而关于"适度放活"的目标、内涵以及具体途径等尚无明确的制度建设方案。对于农民宅基地财产权益的体系性观照不够,宅基地权益实现机制的具体规范缺失。[②]

一、作为"三权分置"改革目标和主体的"农民"

农民作为农村社会关系的主体,始终是农村土地制度改革的目的。学者们关注较多的是土地制度改革与农民财产性收入增长的保障,而对宅基地"三权分置"与农民财产权益实现及其主体性价值的制度关联性的讨论还不够。因此,有必要从农民主体性发展和价值诉求出发展开探讨。

(一)农民身份和职业发展的现实趋势

农民作为集体名词,原指广大居住在农村或者以农业为生存发展职业的人群。2018年"中央一号文件"从农民的主体价值出发,提出"适度放活"宅基地和农民房屋使用权,将实现农民财产权益作为乡村振兴战略的目标。

一是传统农民身份和职业的统一。我国传统意义上的农民,具有制度身份、职业、收入和空间"四维合一"的典型"三农"特征,融合了身份性和职业性要素。"身份性"就是由集体所有制及农民与集体建立在集体资源(土地、资金、资产等)之上的成员权所决定并且仅由具有集体成员分享和利用的现实。"职业性"则是农民利用集体所有的土地(尤其是农用地)而形成稳定承包关系并以农业生产为主要内容的职业行为。[③]而根据农民与农用地的利用关系,可进一步将农民分为三种类型:第一种是土地承包型农民。他们拥有土地承包经营权,且具有集体经济组织成员身份,是初始取得农村土地承包经营权资格的农民,也是最具有典型意

---

① 参见《国务院关于农村土地征收、集体经营性建设用地入市、宅基地制度改革试点情况的总结报告——2018年12月23日在第十三届全国人民代表大会常务委员会第七次会议上》。
② 参见国家发展改革委2020年4月3日发布的《2020年新型城镇化建设和城乡融合发展重点任务》,其中明确提出了要探索宅基地权益转让的具体办法。
③ 杨青贵.进城落户农民宅基地权益保护的现实表达与法治回应[J].重庆大学学报(社会科学版),2019,25(03):150.

义的"农民"。第二种是土地流转型农民。他们是伴随着农用地制度改革,特别是承包权和经营权分离之后通过流转而承接他人的承包地而从事农业生产和经营的农民。第三种是社会服务型农民。这类农民并不直接从事农业生产经营活动,而是为农业生产的各环节提供社会化服务,属于与农业相关或者相近的第三产业从业人员。随着农业产业化、科技化以及城乡一体化发展,农业结构调整必然促成从业人员数量和构成的变化,第三类社会服务型农民在职业农民中所占的比例将会越来越大。而大量不具备农村集体成员身份的农业服务型人员涌入农村,也将催生出更多的宅基地和农房市场化的利用需求。

二是农民职业性和身份性的分离。我国农村经济社会发展长期落后于城市,"户籍制度作为权益分配的重要依据,使得农民长期被隔离在城市主流权利体系之外"[1]。农民进城的目的在于谋求非农财产性收入,但其既与农村土地和农民身份未实现彻底脱离,也难以真正融入城市体系。"进城农民"仅在职业外观上脱离了农业,最终被立法正式表达为进城就业的"农村劳动者"。[2]随着城市发展对农村的交互影响增大,农民的身份和职业属性逐步分离。农民进城务工、经商,城里人下乡从事农业生产的情况比比皆是,并且由过去主要是单向的"进城"转变为"下乡""返乡"等"逆向"事实并存的局面。2014年7月,《国务院关于进一步推进户籍制度改革的意见》提出,建立城乡统一的户口登记制度,建立居住证制度。并重申:"不得以退出土地承包经营权、宅基地使用权、集体收益分配权作为农民进城落户的条件。"城乡权益分配机制得到矫正,在实现农民身份解绑的同时也促成农民群体的分化。受到教育程度、技能水平甚至务农态度的综合影响,农民群体内部又大致分化为务农农民、非农农民和兼业农民三种类型。[3]除了从事传统农业生产的"农民"之外,还存在着农民工、手工业者、农村知识分子、私营企业主以及农村个体工商户等具体职业。因此,农民进城和市民下乡共同促成了农民群体的内部结构变化。农民职业的"吸引力"不仅在于让既有的"老农民"保有留在农村的意愿,还要让其他社会成员通过职业选择的方式融入农村社会,成为扎根农

---

[1] 陈丹,李雪敏.农民权益实现视角下的户籍制度改革[J].农业经济,2010(12):21.
[2] 参见《就业促进法》第三十一条规定:"农村劳动者进城就业享有与城镇劳动者平等的劳动权利,不得对农村劳动者进城就业设置歧视性限制。"
[3] 傅晨.调查:农民身份和职业的分化[N].北京日报,2014-04-21(018).

村的"新农民"。至此,"农民"将不再是禁锢其身份的制度性工具,而是真正成为一项可以选择的职业。

(二)农民结构及其对财产权益的影响

在我国确立市场经济体制的改革进程中,更多的是围绕城市建设和工商业发展而进行的制度供给,农业往往被放置在次要位置,农村社会成为自治领地,农民的财产权利在现行法律体系中缺乏对应的市场地位。因此,建基于城市市民社会的制度供给和权利配置格局,对于农民财产权益的实现并不能产生持续的推动力。而宅基地"三权分置"正是要打破这一格局,促成宅基地权利架构变化的同时证成农民权利体系及其权益的具体实现路径。

一是农民财产权益结构的体系化。伴随着农民职业分化,农民权益结构更趋丰富,利益诉求也更趋多元。现代财产权利按照权能来划分,分为所有、占有、使用和收益。结合我国现行法律规定,农民作为集体经济组织成员主要拥有三类财产权:第一类是所有权,包括对其合法收入、房屋、生活用品、生产工具、原材料等不动产和动产享有的所有权;第二类是用益物权,农民依法享有农村土地承包经营权和宅基地使用权,以及对集体所有的土地进行占有和使用的权利;第三类是集体利益的分享权,农民可以行使其集体经济组织的成员权,参与集体共同决定的利益分配方案(如:土地拆迁安置补偿费的使用和分配办法)的制定程序。其中,农民的房屋财产性收入包括对房屋进行出租、转让、拆迁等取得的收入。宅基地由于用途限定,仅能用于建造农民自住房及其附属设施。相比城市房屋,农民的自建住房无法获得土地和房屋市场增值的收益,这让农民很难拥有强烈的财富获得感。我国实行房地一体主义,宅基地的实际占有和使用情况会随着农民出租、转让房屋而改变。现行《土地管理法》明确农民有权依法自愿有偿退出宅基地,但盘活利用方式依旧单一,仍需立法进一步做出明确。

农民宅基地及其房屋的财产收益权能的立法确定将是改革的重点命题和实践任务。首先,我国农民财产权利体系并不完整而且还过于简单。按照《民法典》物权编的相关规定,宅基地使用权仅有占有和使用权能,而没有收益权能。在不完整的权能体系下,农民难以利用宅基地获得"财产性"权益,客观上压制了农民对宅基地权益实现的预期。其次,宅基地作为公有制下的财产客体,"政府对宅基地使用权的严格限制,使得农村宅基地在农民财产性收入中所发挥的作用仅限于农民之间的房屋所有权和宅基地使用权流转,所占比例较低"①。而改革的本意是要让农民分享改革发展的成果,将财产性收入增长作为核心目标和题中之义,并通过宅基地使用权和农民房屋使用权的"适度放活"路径来加以实现。最后,宅基地"三权分置"所明确的所有权、资格权和使用权,各自的实现方式有所不同。所有权主体是农民集体组织而非农民个体,这种虚化的主体和权利配置难以为农民带来直接的财产收益。而资格权又与集体成员身份紧密相连,具有身份权属性,无法纳入财产权利体系。在"一户一宅"原则指引下,宅基地使用权的身份性、无偿性、无期限等特点,又使其具有明显的"人役权"属性。就现实因素而言,农民也有着对自己利益的理性判断,一旦其认为宅基地流转并不能匹配其收益预期,就会倾向于宁可闲置也不退出,而只有当其认为能够通过市场实现其财产权益时才会做出更为积极的选择。

二是农民权益实现预期的多元化。农民对其宅基地权益的实现预期取决于权利体系和权能配置格局是否完备。但在现有制度体系下,农民的这一预期面临制度瓶颈。"老农民"依然较为注重宅基地的使用和继承等,而近年来涌现的"新农民",却有着截然不同的利益诉求。新型职业农民渴望实现规模经营,有着更大的土地利用需求,更加关注土地本身的使用性;而下乡创业或者从原有农民群体中涌现的私营企业主、个体工商户则对农业相关产业的资金需求量较大,更加看重宅基地使用权和农房抵押、出租的价值性。②

与财产权益内在结构的变化同步,农民职业构成的复杂化也将促成其权益实现要求的多元和显化,具体表现为就业、社会保障、公共事务参与等方面。现阶段,农民的社会就业权可以通过多元化的方式来实现,有了更多的就业选择,并且享有与城市职工同等的就业权利。进城农民落户城市不再受到限制,并且可以申请城市的保障性住房,在经济条件许可的情况下还可以购买城市商品房,并在契税、首付比例以及贷款利率等方面享受优惠政策。在社会保障权方面,进城农民务工人员与用人单位建立劳动关系的,与城市职工同工同权,城乡居民养老保险

---

① 吴九兴,周楠.农村宅基地制度改革对农民财产性收入的影响研究[J].土地经济研究,2018(02):62-75.
② 赵敏,郑兴明.农户分化视角下的农民土地权益保障路径探析[J].农村经济与科技,2019,30(03):208.

制度的建立也使得农民的社会保障措施更加健全,保障水平更高。现行制度的变革和发展,使得宅基地制度预设的居者有其屋和防止失地流民的功能正在逐步隐化。

此外,在农民权利行使和运行程序方面,现行制度之中也有相应的安排。2018年12月29日修正的《村民委员会组织法》规定,作为农村集体经济组织的成员,农民有权参与村务决策,特别是关于集体资产处置、宅基地分配等关系农民切身经济利益的事项,更要给予农民充分的参与权和知情权保障。[1]同时,该法还明确了即便户籍不在本村,符合条件的也可以参与村务决策。[2]该条规定很有现实意义,因为在农民职业化背景之下,原有的农民有权退出农村集体组织,而城市居民如果下乡成为职业农民或定居农村,也应当赋予其村务参与和决策的权利。当然,最关键的问题并不在于权利如何设定,而在于如何通过制度的有效运行来保障既有权益的落地和实现。

二、"适度放活"对农民财产权益实现目标的融入

农民内部结构的变化容易导致农民对其宅基地权益实现的预期发生转向,即由传统社会保障性质的居住权转向市场价值的财产权益实现的需求。宅基地"三权分置"使得"原本宅基地的基本保障功能由'农户资格权'实现,'宅基地使用权'侧重体现财产权,实现彰显宅基地及其地上房屋财产性的价值目标"[3]。改革政策对宅基地强调的是"适度放活",即使其最终成为农民财产权益实现和增效机制,也要在符合法律规定的"适度"范围内加以"放活"才能确保有效性。

(一)宅基地"适度放活"的制度前提与目标

"适度放活"应当围绕着如何落实宅基地使用权的财产功能来逐步展开。而

---

[1] 根据《村民委员会组织法》第二十四条规定,宅基地的使用方案作为涉及村民利益的事项,应当经过村民会议讨论决定方可办理。虽然该条并未对"使用方案"做进一步细分,但是根据立法本意,涉及村民利益的事项不仅仅是申请和分配,还应当包括宅基地利用的各种行为。

[2] 《村民委员会组织法》第十三条规定,应当列入参加选举的村民名单的人员包括三类:"(一)户籍在本村并且在本村居住的村民;(二)户籍在本村,不在本村居住,本人表示参加选举的村民;(三)户籍不在本村,在本村居住一年以上,本人申请参加选举,并且经村民会议或者村民代表会议同意参加选举的公民。"但是,以户籍在村与否为标准,即使户籍不在本村,在本村居住一年以上的人员是否包括下乡租住农房的城市居民,仍有待立法的进一步明确。

[3] 温世扬,梅维佳.宅基地"三权分置"的法律意蕴与制度实现[J].法学,2018(09):55.

且"适度放活"的特殊含义在于采取何种方式以及在何种幅度内予以"放活",只有这一问题得到妥适解决才能避免盘活利用中的法律争议和矫枉过正。

一是在"适度"前提下的"放活"。何谓"放活",对此学者们有诸多理解。有学者将其理解为有偿和有期限的市场化利用行为,即:"在突破本集体经济成员身份限制基础上进行有偿、有期限的市场化利用,有序扩大宅基地权利主体的开放性,通过市场行为彰显闲置宅基地财产价值。"[①]但是,"适度放活"应该是在"适度"前提下的"放活",即:此处的"适度"应当包含放活的范围、方式、对象等三方面的具体内容。首先是放活范围的限制。基于严格的土地用途管制,宅基地的用途被限制用于建造农民居住用房及其附属设施,而根据改革政策,该单一用途将逐步扩展到民宿、养老、小型加工项目等。而且明确"放活"的范围限于"乡村旅游"和"养老产业",以吸引更多资金、技术和人才等要素流入农村市场,利用农村闲置房屋经营民宿、农庄、农家乐等,带动农村电商、农副产品加工等产业发展。其次是放活方式的限制。现有中央政策和法律尚未对宅基地使用权的放活方式做出规范。现行法律并不明确禁止农民出租和转让房屋,而是要在此基础上杜绝宅基地的重新申请行为。可以预见的是,一旦确定了农民对外转让房屋的合法性,那么抵押和入股等盘活方式也要逐步放开。最后是放活对象的限制。目前宅基地使用权的流转放活仅限于同集体经济组织成员之间。改革试点中的"跨村流转"和"合村并居"说明将在不同集体经济组织成员之间放开流转。虽然政策已经明确禁止城镇居民购买农房,但对于下乡创业或者有志于从事农业的城镇居民和取得城镇户籍的返乡农民能否作为存量宅基地的流转对象,仍有获得立法确认的可能性。

二是以"放活"为目标的"适度"。深化宅基地"三权分置"改革应以宅基地使用权和农民房屋使用权的"适度放活"为制度目标和价值指向。[②]放活的目的是支持农民创业就业,促进农民增收致富。2020年"中央一号文件"即《中共中央、国务院关于抓好"三农"领域重点工作确保如期实现全面小康的意见》提出:"以探索宅基地所有权、资格权、使用权'三权分置'为重点,进一步深化农村宅基地制度改革试点。"基于宅基地保障农民居住权利的功能,要将适度放活解读为"不宜允许城镇居民以生活居住为目的下乡流转宅基地,否则会出现大规模'逆城市化'现象。

---

① 刘广明,张俊慈."适度放活"视阈下宅基地使用权流转的理路探索与制度重构[J].世界农业,2021(03):30.
② 宋志红.宅基地"三权分置"的法律内涵和制度设计[J].法学评论,2018,36(04):142.

而是应定位于志在投身乡村建设、助力乡村振兴的社会主体,允许其通过一定的条件和程序流转获得宅基地使用权"[1]。

在此前提下,需要深入探讨的问题在于以什么方式、在什么程度内予以放活。首先,将"适度放活"从政策术语转变为法律术语,是宅基地权利运行及其法治化实现要求的题中之义。"三权分置"改革主要针对的是宅基地取得、使用和退出制度不完整,用益物权难落实,土地增值收益分配机制不健全,兼顾国家、集体、个人之间利益不够等具体问题。其背后的制度成因可以凝练总结为权利流转"不活"和权能配置"无益",即:宅基地使用权权能配置不全、流转管控太严,有使用和占有却无收益。其次,如何通过体系化的制度建构,将宅基地"适度放活"纳入法治化和规范化的轨道。通过法律规则和制度红线的划定,为宅基地放活提供充足的运行空间和路径规制。如果能够通过现行立法解决和确立权利的类型,就没有单独进行立法创设的必要。最后,"适度放活"在具体路径设计上,仍需沿着传统两权分离的制度逻辑来展开。在农村土地集体所有基础上探索制度创新,实现赋权让民的策略,夯实公有制的基础地位。但是,这需要从理论上回答宅基地使用权作为身份专属和社会保障性质的权利,何以引入社会主体对宅基地的利用权利,又如何以市场为导向赋予宅基地使用权以流转方式实现的收益权能,以及宅基地使用权人何以具有分离转让宅基地经营性的使用和收益的权能。归根结底,还是要解决如何在宅基地制度改革中推动权利的体系化这一基本问题,从而实现不同权利类型的确定和归位,确保让身份权利回归身份、让财产权利进入市场。

(二)"适度放活"中的宅基地市场价值实现

根据农民属性和农业发展的现实,"三权分置"改革政策将农民财产权益实现路径表达为对不同权利主体设计不同的权利实现路径。这既是权利的"分置",也是权益的"分配",更是"立足于现实基础的对宅基地使用权功能定位的体系化反思和以经济价值利用为目的的制度突围及理性重构"[2]。

首先,现行法律关于宅基地使用权的市场价值尚无明确的肯定。受限于现行制度,宅基地"三权分置"的改革探索和实践还不够深入和充分。特别是关于宅基

---

[1] 刘广明,张俊慈."适度放活"视阈下宅基地使用权流转的理路探索与制度重构[J].世界农业,2021(03):30.
[2] 陈小君.宅基地使用权的制度困局与破解之维[J].法学研究,2019,41(03):49.

地"三权"各自的权利性质和边界认识还不一致。但与承包地的"三权分置"相比,二者之间在基本目标和法理构造上存在着较高的重合性,可以互为制度借鉴。二者改革基础均在于农民的房屋所有权、居住权、土地承包权和社会保障权不被侵害,农村社会不乱,农民生活有保障。在此基础上,由土地承包经营权派生出来的经营权被赋予市场化的使命,成为农村土地资源化的载体,并以此融入了《农村土地承包法》修正的技术性要求。因此,从宅基地使用权中分置出相应的具有市场经营性质的权能要素,也可以成为未来立法的重要选项。

其次,现行法律对于宅基地使用权缺失"收益"权能的配置,客观上阻碍了其市场价值的实现。在《民法典》立法起草过程中,学者们曾就宅基地使用权的性质展开过热烈的讨论。但最终立法成典公布时,仍然沿袭的是《物权法》的旧有规定,未能体现近些年来的宅基地制度改革成果。根据《民法典》物权编的现行规定,宅基地使用权作为法定的用益物权种类,依旧只有"使用"和"占有"权能,而无"收益"权能,而且还明确规定不得以宅基地使用权设定抵押权。①尽管这样的立法配置有一定的合理性解释基础,但民事基本法上的权利和权能缺位,使得宅基地权利的制度扩张和实践赋予依然缺乏有力的规范支撑。

最后,法律关于宅基地市场价值实现的方式受到国家土地管理制度的约束。宅基地使用权作为法定用益物权应当承载何种公共利益或者社会义务,虽非民事立法的主要规制内容,但也不能置身事外。在立法技术上,《民法典》同样延续了原《物权法》的相关规定,将这项规制权力通过引致性条款的方式授予土地管理法律和国家有关规定。②因此,在土地管理制度框架内对作为宅基地使用权的用益物权附加特定的社会义务,乃是私法和公法的共同使命。这是因为,"不论是私法逻辑嵌入公法逻辑,还是公权在私权中的限制,都体现了宅基地使用权流转制度设计上'公'与'私'的深刻交织,流转制度的改革也应体现出私法和公法复合的价值取向"③。宅基地制度改革的目的在于实现农民财产性收入增长,为乡村振兴注入活力,因此,宅基地"适度放活"的制度建构更应当贯彻改革政策的内涵和要求,

---

① 参见《民法典》第三百六十二条规定:"宅基地使用权人依法对集体所有的土地享有占有和使用的权利,有权依法利用该土地建造住宅及其附属设施。"第三百九十九条规定:"下列财产不得抵押:(一)土地所有权;(二)宅基地、自留地、自留山等集体所有土地的使用权,但是法律规定可以抵押的除外……"
②《民法典》第三百六十三条规定:"宅基地使用权的取得、行使和转让,适用土地管理的法律和国家有关规定。"
③ 董新辉.新中国70年宅基地使用权流转:制度变迁、现实困境、改革方向[J].中国农村经济,2019(06):2-27.

破除宅基地使用权身份属性,并实现其作为农民财产权益重要载体的市场价值解绑。

三、建立农民宅基地"适度放活"的市场化机制

宅基地"三权分置"充分借鉴了承包地的改革经验,但二者的权利构造和体系逻辑存在着诸多差异。一些学者通过解读政策文本提出了赋权扩能的立法思路,主张赋予宅基地使用权收益、外部流转、抵押等权能。结合宅基地制度改革实践来看,无论是浙江义乌市的宅基地流转试点,还是上海松江区的农民集体入股模式,都充分说明了对宅基地权利流转制度进行市场化改造的必要性。当然,也有学者主要从权利构建的角度出发提出了对宅基地权利进行扩权赋能的思路,也不失为具有逻辑自洽性和现实可行性的做法。有学者提出:"适度放活宅基地和农房使用权的实质为在保障农户居住底线思维框架约束下,有序扩大宅基地产权结构的开放性,允许其向集体经济组织之外成员流转,从而通过与社会资本结合,显化宅基地的财产功能。"[1]也有学者认为:"改革的制度设计必须遵循基本立法政策,符合宅基地使用权的性质,不应单纯为宅基地使用权赋权扩能。"[2]笔者认为,无论何种路径设计均绕不开宅基地权利体系对"适度放活"政策内涵的逻辑观照,而应当从宅基地使用权的可流转性、权能内容以及流转方式等多个方面的制度建构需求给出具体的设计思路。

(一)明确宅基地使用权的可流转性

改革政策的立法转化需要协调宅基地的利用需求与制度供给间的法治平衡,从而为农民的权益实现开辟可行的路径。一方面,应当将宅基地使用权进一步分解或明确其中的"宅基地经营性使用权"为可流转性权利,以此保证交易双方的权利供给和价值转换行为的合法性。同时,明确宅基地使用权的流转对象范围不应局限于集体经济组织成员,而应当视流转的目的和用途,进一步扩大流转对象的范围,在特定情形下甚至还可以将范围拓展到城市居民。另一方面,应当采取立

---

[1] 李怀,陈享光.乡村振兴背景下宅基地"三权分置"的权能实现与深化路径[J].西北农林科技大学学报(社会科学版),2020,20(06):33.
[2] 韩松.宅基地立法政策与宅基地使用权制度改革[J].法学研究,2019,41(06):70.

法条文的"概括+列举"方式,明确规定利用宅基地的禁止性行为。而在以行为的合法性要件作为判定合同效力依据时,应当严格遵循"法无禁止即授权"的私法自治原则。实际上,最高人民法院曾于2018年10月发布《关于为实施乡村振兴战略提供司法服务和保障的意见》,其中明确对于违规违法买卖宅基地、违反土地用途管制、工商企业和城市居民下乡利用农村宅基地建设别墅大院和私人会馆的行为,依法认定无效。但是,其效力判定的依据仍是《土地管理法》的用途管制规定。而城市居民下乡利用宅基地建设非别墅大院和私人会馆的行为又当如何定性?城市居民下乡利用宅基地从事非明令禁止的行为是否违反强制性规定?对于这些问题目前尚无确定的裁判观点。因此,只有对宅基地盘活利用实践中出现的违规行为予以列举和禁止,设定具体的制度红线,才能确保流转行为的可预期性。

此外,还要积极探索宅基地跨集体流转的制度构建和完善问题。这是由宅基地"三权分置"所明确的适度放活宅基地使用权和农民房屋的政策路径所决定的。而跨越集体经济组织的宅基地流转,则是盘活闲置宅基地资产资源的重要抓手,体现的是农村土地有效利用的内在要求。在现行法律制度下,要确保宅基地所有权性质不变,在农村制度基础不变的前提下,宅基地跨集体经济组织流转是其中的可行路径。只有真正流转起来的宅基地才能真正实现其内蕴的市场价值盘活和利用的权益预期。如果将宅基地流转对象仅仅局限在同一集体经济组织成员内部,在内部流转需求低迷的情况下,通过市场实现资源有效配置的制度预设就会成为一句空话。而农民的宅基地和房屋也会继续处在闲置和僵化利用的状态之中,成为农民心中割舍不掉又不忍抛弃的"鸡肋",这样的"财产"不仅不会为农民增加财产收入,反而会成为农民的经济和心理负担。当然,对于这种跨集体流转的制度落地和实施也不能太过操切,应当在已进行的试点改革措施实施基础上做好效果评估工作,展开科学的论证和决策分析。最重要的是,要因地制宜、区分不同地域的现实需求,既要满足农民积极的权益实现需求,又要为其基本利益设定底线保障,在确保农民利益不受损的情况下,逐步扩大试点成果的推广范围并适时促成立法转化。

(二)确定宅基地使用权的权能内容

基于宅基地的重要性和宅基地流转的复杂性,不宜立即放开其流转,而应采取"有条件、分阶段、分区域"的原则来逐步推动宅基地使用权的流转。宅基地使用权作为用益物权的法定种类,其权能内容只能由法律规定。而且由于宅基地的特殊功能和属性,也不能完全用私法所有权的权能来加以套用。[①]而如果将此确权赋能的任务交由效力层级较低的规范性文件来承担也不太可能。

首先,应当将宅基地使用权的"适度放活"要求系统性地融入物权和土地管理制度,以体系性的制度建构保证宅基地利用实践的法治贯彻。"在私法体系内,维持宅基地集体所有权与宅基地使用权的二元结构,引入宅基地集体统一利用制度,以实现宅基地使用权的适度流转。在公法体系内,将农户申请宅基地、无偿取得宅基地并长期占有宅基地的合法权益升级为宅基地农户资格权。"[②]

其次,在由资格权承载原有的居住保障功能基础上,应当还原和拓展宅基地使用权的用益物权属性,消除身份性对宅基地使用权的流转限制。

再次,应当通过调整法律和政策的方式,赋予农民对宅基地的部分收益权和处分权,适度放开宅基地流转的对象限制。笔者认为,对于向其他非本集体经济组织成员的农民流转宅基地的行为,并未改变土地本身的宅基地用途,也没有产生新的宅基地分配需求,确实不宜一概地否定此种流转行为的法律效力。因为基于农民权益实现最大化的目标考量,这种方式虽然超出了本集体经济组织的成员范围,也会影响本集体内部宅基地的存量,但是对于农村整体性资源配置和产业发展大局而言仍然是利大于弊的。当然,对于这种跨越不同集体经济组织的宅基地流转行为,还是应当以宅基地的所有者同意为前提。如果所在集体经济组织不同意对外转让,此时的转让行为的效力应为无权处分,当数无效。而对于意图对外转让其宅基地与房屋的农民而言,仍然要像初次申请宅基地一样,事先向本集体经济组织提出申请并报告拟转让的情况。如果本集体经济组织并未明确表示否定,或者虽然提出了反对意见,但是并未提出本集体经济组织内部尚有其他成员愿意以同等价款承接宅基地的异议,那就应当按照价高者优先取得的原则,集体经济组织原则上还是应当同意其对外转让。而且确定此种集体经济组织事先同意的规则,既能有效保障农户的财产收益最大化,又能很好地保持宅基地所有权关系的稳定。

[①] 龙圣锦,陶弈成.农村宅基地使用权抵押的权属障碍与破解路径[J].现代经济探讨,2018(11):43.

[②] 向勇.试点经验与自发秩序:宅基地立法的制度根基[J].中国土地科学,2019,33(07):26.

最后,应当赋予宅基地使用权的融资权能内容。宅基地使用权的融资权能实现依赖于流转性的进一步放活。宅基地流转融资权的建立是农民拓宽融资渠道的重要手段,在对其制度进行探索设置过程中应当充分考虑宅基地性质和用途的特殊性。[1]其制度构建的基础是通过提升宅基地流转性以进入融资市场,运用国家适度干预的制度手段,对宅基地的盲目流转和无序流转行为进行规制,使国家土地资源总体规划与农民权益实现预期之间达到协调和平衡。具体的制度建构措施可以从以下三个方面来展开:一是在保证宅基地用途不改变和农民集体同意的前提下,对受让宅基地融资权能的主体身份不应做过多限制,可以考虑放开银行、城市居民等主体成为该项权利的实际受让者。二是明确赋予宅基地使用权作为融资权客体内容,以确保特殊情况下的融资安全。如果农民以宅基地使用权作为融资标的,之后又出现了不能按时清偿融资债务的情况,受让者就可以通过行使融资权利来确保自身利益不会遭受减损。三是通过全方位和立体化的制度体系建构,系统性地完善宅基地使用权融资配套制度,包括宅基地使用方式监督制度、公开流转制度、无序流转的防控机制等。这样既能保障融资权益的最大化,又能避免宅基地在融资过程中出现违反法律基本原则和禁止性规范的行为,确保宅基地能够真正流转给有需求和有能力的受让者,实现资源的优化配置。

(三)推动宅基地流转方式的多元化

宅基地流转方式多元化是改革的重要方向。中央政策已经明确"慎重稳妥推进农民住房财产权抵押、担保、转让",拓宽农民财产性收入增长的渠道。具体的实施路径可以是,"在现有宅基地占有权和使用权基础上,赋予农户宅基地资格权,适度放活宅基地和农民房屋使用权,开放宅基地和农民住房转让、出租、抵押市场,放开宅基地使用主体限制,为农民增加财产性收入开渠筑道"[2]。首先,可以参考建设用地使用权的流转模式,逐步放开宅基地使用权在不同集体经济组织成员,乃至城乡居民之间的流转。其次,注意与民事权利和土地管理制度的衔接,明确放开的权利类型,赋予其登记和公示的法律效力,以立法的体系化、科学化来规

---

[1] 刘英博.当代中国农民土地权利的实现机制研究[M].北京:人民出版社,2017:247.
[2] 胡传景,汪英,杜静.改革政府财税征收 促进城乡融合发展——基于乡村振兴视角的宅基地"三权分置"改革路径探索[J].中国房地产,2020(06):76.

避流转的市场风险。最后,参照土地承包经营权抵押权的实现规则,完善农民房屋抵押权的实现规则。既要实现农民居住权益保障的政策目标,又要满足农民对房屋财产权益的价值变现需求。而且如果将农民房屋抵押对象放宽到不同集体经济组织成员乃至城镇居民,由于抵押权人作为房屋的受让方实际上并不会取得宅基地使用权,也就不存在以成员资格身份做出限定和排斥的必要了。因为,此时抵押人丧失的仅是房屋所有权,而并不必然丧失宅基地使用权,其仍旧可以依托宅基地使用权主体身份向受让方收取租金。[1]至于农民将宅基地上的房屋转让或者出租,应当如何处理所涉利益和收益分配,则应区分具体情况加以讨论。可以肯定的是,转让房屋的财产收益属于发展权的范畴,农民系无偿取得宅基地的无限期使用权,该权利具有生存权的性质,农民似乎不应借此生存权而获得任何财产利益。对此疑问,可参考我国保障性住房政策来处理农民转让房屋的收益分配难题。如果房屋权利人将此房屋通过市场交易获利,可通过设置集体收益补偿金制度,明确集体按照比例取得部分收益,这样既能让生存权得到保障,又能让农户财产收益不至于落空。

(四)建立权利放活的多元主体参与机制

宅基地使用权流转过程中牵涉众多利益主体,既有政府土地主管部门,又有集体经济组织,还有下乡的城市居民,更为重要的是还牵涉数量多且对宅基地使用权放活现实最为关心的农民群体。一方面,是基层政府作为宅基地流转和利用现实的管理者和改革实施者,对于宅基地使用权流转模式的探索受到体制性的责任机制驱动,而趋向于较为保守和理性的立场。另一方面,是在城乡一体化融合发展的背景下,城市生活日益渗透影响着农村,甚至从居住环境和权属观念上对农民产生了根本性的影响。农民自身对于宅基地权利实现的利益诉求更为多元,并且逐渐融入了环境改善和财产变现方面的具体内容,对市场化流转和多元化参与机制作用的发挥充满了期待。

在宅基地权利放活的多元化参与机制建设过程中,应当充分考察各地农村宅基地流转的现实情况,以及多方主体在宅基地利用中形成的资源共享和竞争依存

---

[1] 高圣平.宅基地制度改革与民法典物权编编纂——兼评《民法典物权编(草案二次审议稿)》[J].法学评论,2019,37(04):117.

关系,并在深入分析不同地区、不同类型的宅基地资源禀赋以及背后的权利主体利益诉求的差异性的前提下,探索如何更加有效地实现多方主体之间的联动和多方参与机制,进而真正将机制效能转化为权益实现的实质效果,实现"一加一大于二"的增益目的。需要做好两方面的具体工作:首先,要充分发挥集体经济组织,特别是村民委员会作为村民自治组织的平台作用。村民委员会作为村民自治组织,应当发挥出在农户与其他利益主体之间的中间桥梁和沟通机制作用。既要做好宅基地制度改革的政策宣讲,又要向其他利益主体做好诉求表达和协调联络工作,真正表达出农民最真实的利益诉求和意愿,协助基层政府推动改革举措和方案的实施,减小改革措施落地转化的困难和阻力。其次,要立足村庄聚居的历史文化传统,注重乡村文化的历史传承,及时融合城乡一体发展中传统农民与新农民之间由文化认知所导致的观念、行为和习惯等方面的差异。特别是关于宅基地放活政策的细化、落实、转化和推进的方案,应当充分考虑和吸收农村居民和其他利益主体的意见和建议。

第三节　农民财产权益实现中"适度放活"的法治贯彻

如前所述,以农民财产权益实现为主线构建宅基地"三权分置"的权能运行机制,关键在于落实和维护农民的权利主体地位。国家立法层面应明确宅基地权利体系及其法权逻辑,统一规划和制定宅基地"适度放活"的规范细则,对宅基地和农民房屋使用权的流转范围和对象以及程序等事项做出周密安排。

一、宅基地"适度放活"法治贯彻的基本遵循

尽管现行立法并未就宅基地使用权"适度放活"做出明确的制度安排,但《土地管理法》中的"一户一宅"和"面积法定"仍可作为宅基地放活的规范指引。

(一)确权赋能是"适度放活"的基础

现代产权理论认为,外部性问题治理的关键在于通过产权的界定和安排来实现外部性内在化。"适度放活"有赖于权利界定和权能内容的确定,其中,资格权和使用权是确权赋能的基础和关键。按照当前改革政策的要求,[①]宅基地的权属和成员资格的确定,仍需按统一的节奏和程序来推动。

一方面,是宅基地资格权的确权。宅基地资格权是立足我国实际而构建的经济权利保障的独特模式和方案。[②]从制度生发逻辑看,资格权应当先于使用权而产生,是进一步核定使用权申请的资格前提和放活的价值基础,也是确定宅基地其他权属边界及其权益分配、保护方法的依据。从宅基地制度的根本价值出发,资格权应当围绕农民财产权益实现的目标来组织其内在体系。"涉及宅基地资格权的确认,应兼顾农民居住保障和盘活宅基地,不能再秉承传统观点——因社会保障而漠视个人或集体的财产利益。"[③]因此,资格权作为成员权的组成不应当具有使用权的部分权能。在权利属性和运行机制的顶层设计方面,应将宅基地资格权的身份性归入其物权性,通过权利登记、转让、继承以及转让期限、权利担保等私法规则的体系化建构来彰显其物权属性和财产价值。

另一方面,是宅基地使用权的赋能。"适度放活"中的宅基地使用权并非既有权利的法权改造,这就在客观上导致了实践中对于宅基地使用权的确权存在着差异性。首先,宅基地权利人通常被限定在集体经济组织成员范围,对于使用权流转对象和收益权能内容还要根据集体组织在流转关系中的角色定位来确定。由于实践中宅基地权利取得的具体方式多有不同,包括继承、买卖、抵押等,对于不同方式取得的宅基地权利的确权做法也有所不同。其次,宅基地使用权作为以集体成员资格为前提取得的用益物权,与纯粹基于所有权和自由意志取得的普通用益物权不同,不能将使用权和资格权之间的关系界定为"互为剩余"。如果按照学者主张的在宅基地使用权上设置"次级用益物权",是否就意味着普通社会主体也能取得宅基地相关用益物权呢?事实上,在我国现行制度体系下,如果丧失了集

[①] 2020年"中央一号文件"提出:"全面推开农村集体产权制度改革试点,有序开展集体成员身份确认、集体资产折股量化、股份合作制改革、集体经济组织登记赋码等工作。"
[②] 翟国强.经济权利保障的宪法逻辑[J].中国社会科学,2019(12):120.
[③] 杨遂全.论宅基地资格权确权及其法理依据——以财产属性为视角[J].中国土地科学,2020,34(06):36.

体成员资格,宅基地之上是不能再设置占有和使用权能的。既然此路不通,可以尝试通过为其他社会主体设置除了用益物权之外的债权,或者逐步放开条件赋予宅基地和农村房屋以生产经营性权能,[①]使其具备和国有建设用地同等的用途。"视流转的目的和用途,可以将流转交易对象的范围做进一步的扩大。"[②]此外,还可以通过设定"法定租赁权"的方式"让农民对土地使用权有一定程度的自由处分权利"。[③]当然,新设权利概念可能会触动现行规则体系的整体协调,打破既有的权利边界与内在平衡,不宜作为制度完善的首选方案。

(二)违法纠正是"适度放活"的保障

宅基地的利用现状既有合规利用,也存在着大量"法外"利用的事实。试点改革地区经过全国人大常委会的授权暂停实施《土地管理法》等相关规定,宅基地用益物权实现方式呈现多元化,具体包括房屋出租、房屋出售、商铺出租、农房抵押、宅基地指标交易、宅基地私下流转等六种方式,宅基地的资产属性凸显。[④]由于不动产登记制度未能及时对集体土地利用需求做出回应,宅基地使用权在很长时期内没有相应的权属登记证书或登记混乱。宅基地利用也呈现诸如"一户多宅"、面积超标以及不规范的对外转让等客观现象。当然,对于"法外"利用的现实不能一概而论,其中一些行为也并不当然地就等同于违法利用,只是在现行法规则下没有明确的依据而已。一些试点地区针对"一户多宅"、面积超标开展有偿使用的同时,关于超标的部分与符合法定面积部分是否具有同等的法律地位,存在着差异性做法。

从权利归属角度看,农民对其合法自建的房屋应当拥有完全的所有权。虽然该所有权以宅基地使用权为基础,但是这并不意味着就能将农民的非本人居住利用或者向城市居民出租的行为界定为违法。而且"在因历史原因形成的'一户多宅''面积超标'中,很多情形下是因基层政府的管理混乱或者政策不稳定不衔接而导致,农户本身并无大的过错"。[⑤]因此,对于纠正违法利用行为也不能采取"一

---

① 韩立达,王艳西,韩冬.农村宅基地"三权分置":内在要求、权利性质与实现形式[J].农业经济问题,2018(07):43.
② 陈丹.宅基地"三权分置"下农民财产权益的实现路径[J].农村经济,2020(07):61.
③ 刘凯湘.法定租赁权对农村宅基地制度改革的意义与构想[J].法学论坛,2010,25(01):40.
④ 唐健,王庆宾,谭荣.宅基地制度改革绩效评价——基于全国5省土地政策实施监测[J].江汉论坛,2018(02):37-38.
⑤ 宋志红.乡村振兴背景下的宅基地权利制度重构[J].法学研究,2019,41(03):76.

刀切"的处理方式,而是应当进行必要区分。而近年来国家政策提倡社会主体下乡参与多种方式的宅基地盘活利用,①均体现了这种开放性的处理思维。在此前提下,还可以探索"完善关于农民房屋转让的规定,允许房屋所有人与本集体共同对房屋和宅基地作出处分,包括向城市人出卖房屋和宅基地,由集体取得建设用地(宅基地)的出让价值,由房屋所有人取得房屋的市场交换价值"②。

(三)制度红线是"适度放活"的底线

2019年修正的《土地管理法》依旧体现了强化土地管控的理念。但与此同时,中央政策再次申明了"鼓励农村集体经济组织及其成员盘活利用闲置宅基地和闲置房屋"。③因此,当务之急仍是从立法层面确认"适度放活"的具体要求,明确放活的权利内容和边界,对宅基地和农民房屋使用权的流转范围和对象以及程序等做出细致的制度安排。

2018年"中央一号文件"关于"适度放活"宅基地和农民房屋使用权,列举了几种典型违法行为并明确了禁止态度,作为宅基地"三权分置"的底线要求。2020年6月,中央全面深化改革委员会第十四次会议审议通过了《深化农村宅基地制度改革试点方案》,要求坚决守住土地公有制性质不改变、耕地红线不突破、农民利益不受损这三条底线,实现好、维护好、发展好农民权益。这为深化宅基地制度改革指明了方向,为乡村振兴增添了动力。一是禁止宅基地违规行为。如何对城镇居民设置宅基地使用权取得的条件和范围,引导宅基地利用行为规范化,正是"适度放活"的内在要求。虽然在关口设置上,应当对宅基地使用权申请和取得资格进行严格审查,但是对于符合特定条件的,宅基地利用主体仍可适当拓展到返乡下乡人员等非集体组织成员。④但是,这并不意味着就可以让城里人和工商资本到农村买房置地,要严格禁止下乡利用农村宅基地建设别墅大院和私人会馆。二是保障农民土地权益。农民群众是宅基地制度改革的主体力量,改革要尊重农民群众意愿,切实保障农民的知情权、参与权、表达权、监督权,不得以各种名义强制流

---

① 2017年"中央一号文件"《中共中央、国务院关于深入推进农业供给侧结构性改革加快培育农业农村发展新动能的若干意见》提出"探索农村集体组织以出租、合作等方式盘活利用空闲农房及宅基地,增加农民财产性收入"。
② 韩松.新农村建设中土地流转的现实问题及其对策[J].中国法学,2012(01):19.
③ 参见《中共中央、国务院关于建立健全城乡融合发展体制机制和政策体系的意见》。
④ 参见《国务院办公厅关于支持返乡下乡人员创业创新促进农村一二三产业融合发展的意见》(国办发〔2016〕84号)。

转宅基地和非法强迫农民"上楼",不得违法收回农民合法取得的宅基地,不得以退出宅基地作为农民进城落户的条件。2019年"中央一号文件"明确要求,不得以退出承包地和宅基地作为农民进城落户条件。三是严格土地用途管制。一方面,是基于稳定国家农业生产、保证国家粮食安全的考虑。耕地保护事关国家粮食安全,绝不能有半点闪失。因此,切实保护耕地仍旧是我国的基本国策,实行的是最严格的耕地保护制度。另一方面,则是出于保障农村生产关系和农民基本生存权利,维护农村社会稳定的目的考虑。放活的"适度"既体现在如何合理安排宅基地利用与农业生产之间的关系,又反映了农村社会的公共利益。因此,必须贯彻落实不得占用永久基本农田的红线规则。要严格控制新增宅基地,进一步规范农村宅基地管理制度,完善宅基地分配和农民用地建房管理,探索多种形式保障农村居民户有所居,坚决遏制农村乱占耕地建房问题。同时,要尽量盘活利用好存量地和闲置地,积极稳妥开展农村闲置宅基地和闲置住宅盘活利用工作,通过挖掘农村建设用地存量,提高土地集约节约利用效率。

二、宅基地流转中的农民权益法治保障要求

放活宅基地使用权和农民房屋是未来立法建设的趋势,而在此立法建构过程中,应当融入农民权益综合法治保障的基本要求。

(一)农民自主决策的基本要求

农民自主决策的基本要求,主要体现在农民宅基地流转行为的自主性和选择决策的最终性两个方面。宅基地流转行为多基于合同法律行为而展开,按照民法和合同法的基本原理,自主性表现为民事活动中的意思自治。宅基地流转中的农民自主决策作为基本要求,意味着农民作为宅基地流转的一方当事人,有权根据自己的判断来对宅基地流转过程中所涉及的磋商启动、协议内容确定、变更、修改等事项做出最终选择,包括流转对象和流转方式等方面的具体决策内容。比如:农民可以根据现行规定从合法的流转对象范围中选择最终能使己方利益得到最大化实现的交易相对人,并且有权排除外界不合法和不合理的强力干涉。但是在实践中,农民对宅基地流转的认知水平仍然处在较低的层次,加上自身法律知识、

专业经验、风险承受能力等方面存在不足,农民在此过程中常常处于被动地位。因此,宅基地流转法治保障要求的贯彻,需要立法对农民的被动现实局面给予充分观照。

在宅基地流转中贯彻农民的自主决策原则,应当从制度保护价值、权利实现机制、救济方式等方面为农民正当权益实现提供有效的途径和措施。一是农民是否存在着流转的自愿。也就是说,农民对于自身享有的宅基地使用权拥有流转的最终决定权,外界不能强迫甚至代替其做出流转的决策,农民完全可以根据自身的宅基地利用和利益实现需求来进行自主选择和安排。即便最终造成了宅基地被闲置的结果,外界也不能仅就该闲置事实而强迫农民退出宅基地。二是农民拥有选择如何流转的自愿。在法律允许的范围内,宅基地流转方式和对象等事项均应作为农民可以选择的内容。但是,也要避免农民过分追逐所谓的高收益而违法将宅基地流转给不具备资格条件的其他主体。如果发生此种情况,流转行为一旦被判定为无效,农民就需要将已获收益进行返还,因过错导致他人损失的还要承担赔偿责任。而在合法前提下进行的流转,农民可以与流转对象进一步约定违约责任和纠纷解决方式等事项。三是农民的这种自主性并非绝对的自主权。自主在某种程度上意味着充分的自由。但是在现代社会,当事人行为的自由度往往因受到国家法律和社会公序良俗的制约,而呈现出相对性。作为一种合法的宅基地流转法律行为,农民和流转对象之间的约定应当遵循民法以及其他法律、行政法规的规定,特别是不能违背这些规范性文件中的效力性强制性规定,否则将面临协议无效或者部分约定无效的法律后果。比如:涉及宅基地使用权的纠纷属于不动产纠纷,依法应由不动产所在地的法院专属管辖,当事人即便约定由其他法院管辖,也会因为排除了法定的专属管辖而使得该管辖协议归于无效。因此,基于宅基地制度本身特殊的立法目的和保障功能,对农民的自主性通过法律规定来做出特别限定是十分必要的。

(二)农民财产收益的分配要求

农民作为宅基地流转利益的最直接的关联者,其最大的担忧就在于宅基地流转所产生的增值收益应当如何分配。合理的收益分配机制是宅基地流转所涉各方权利主体进行流转的内在动力,也是宅基地流转制度建设的关键。宅基地流转收益分配涉及多方主体,主要有所有权主体(村集体)、使用权主体(农户)、地方政府以及流转对象等,其合理分配要求贯穿宅基地流转收益的收取、分配、管理和支出等多个环节,必须确保各方权利主体的利益实现。[1]

要确保流转收益在村集体与农户之间分配。第一,确定宅基地流转的主要收益内容,包括房屋收益和宅基地增值收益。农民房屋在流转过程中所产生的对价应当包括房屋收益,这部分收益是农民房屋所有权所产生的,可全部归入农民财产收入的范畴。但是,对于宅基地增值收益而言,由于所有权和使用权的分置安排,村集体经济组织代表行使所有权,使用权由农民行使,这部分收益应当考虑集体组织在其中的所有者份额,而不能由农民独享增值收益。反过来,宅基地增值收益也不能由集体组织独享。第二,确定宅基地增值收益分配中的所有权和使用权份额。如何确定所有权和使用权的具体份额是增值收益分配的关键。可以按照农民是否有偿取得宅基地为标准进行区别对待:如果农民是从集体无偿取得的宅基地使用权,集体组织则只能依托所有权取得其中一部分增值收益,具体份额可以参照村民会议或者村民代表大会事先议决的分配方案,也可以按照县级地方政府确定的指导性标准来执行;而如果农民是有偿取得的宅基地使用权,并且已经按照市场价格标准支付了土地使用费,那么,应当让农民取得宅基地增值的全部收益,集体组织因为事先取得了土地使用费作为对价,故而对于此次流转中的增值收益不应当再重复享有。第三,确定宅基地流转利益的使用安排。通常情况下,农民基于房屋所有权的绝对份额,应当享有宅基地增值收益的大部分,而集体组织只能享有少部分收益。集体经济组织代表所有权主体取得宅基地增值收益后,并不能自行决定其使用去向,而是应当交由村民会议或者村民代表大会,经过民主讨论和决策程序来决定宅基地流转增值收益的最终使用去向。实践中,这部分收益在遵循村级财务规范和公开透明的监督保障下,主要用于农村社会保障体系建设,特别是用于农民社会保险资金缺口的填补,在农民养老、医疗、最低生活保障以及村社集体廉租住房供给等方面提供必要的资金支持,还可以抽取部分收益资金用于农村基础设施建设、发展农村集体经济产业。第四,地方政府原则上

---

[1] 茆荣华.我国农村集体土地流转制度研究[M].北京:北京大学出版社,2010:180—181.

不参与宅基地流转增值收益的分配。不论是农民专享的房屋增值收益部分,还是宅基地增值收益中的集体和农民共享部分,地方政府都不应当参与其中的利益分配。虽然从更高层面来讲,地方政府作为主政一方的行政组织,对宅基地增值收益各方主体提供公共服务,也是收益增长的重要原因,而且宅基地流转收益在很大程度上得益于地方政府在基础设施建设、交通网线配套、环境污染治理等方面的投入。农民和集体所得的财产性收入,可以通过所得税收的方式来上缴部分收益给国家。地方政府作为宏观调控主体,不宜直接参与微观经济主体的宅基地流转收益分配中。

(三)宅基地流转后的住房保障

农民向他人流转自建房屋的直接后果就是将失去宅基地的使用权和再申请新宅基地的资格,这一制度现实使得宅基地流转之后农民的住房保障问题更加凸显。首先,农民并不像城镇居民那样拥有更加灵活的就业渠道和途径。农民转让宅基地及其房屋固然有着财产收入增长的需求,但通过转让行为获得的只是一笔一次性的经济收入。也许该笔收入的数额十分可观,但由于农民并不像城镇居民那样有着更加灵活的就业渠道,一旦其将承包地和宅基地流转出去之后可能面临生计难以为继的情况。农民职业化发展的路径又将其与农村土地进一步剥离。在农民的就业和居住等生计问题尚未得到根本性和制度性解决的情况下,如果贸然放开农民对宅基地的自由流转权利,不仅会导致农村出现土地食利阶层,更会诱导出现为了获取宅基地的一次性转让收益而彻底和农村斩断联系的新生代农民工。有些地方将进城转户的农民纳入城市住房保障体系的举措,在很大程度上缓解了农民进城置业购房的压力。其次,我国农村土地资源特别是耕地资源匮乏,保护耕地是土地用途管制的重中之重,这也限制了宅基地的供给增量。根据我国现行《土地管理法》的规定,农民将其唯一住房出卖、出租,会面临再申请宅基地不被批准的法律后果。这种"一户一宅"原则的坚持进一步证实了农村宅基地作为经济资源的稀缺性,是不能随意消耗和处置的。因而在农民并没有妥善解决居住和就业的前提下,基于农村社会稳定,现有的政策和法律也是不鼓励农民不计后果地对外转让唯一住房的。如果制度层面仅仅考虑到农民流转宅基地获取财产收益的现实需求,而未能从农民的就业和居住等层面免除其后顾之忧,农民的功利和短视行为将会催生大量非理性决策的结果。最后,宅基地流转的限制性与农村社会保障体系建设未能跟上息息相关。国家对农民宅基地流转权利做出限制,主要是考虑农村的居住保障问题。但宅基地流转的限制性也束缚了农民的流动性。在此前提下,农村土地资源配置效率不高,无法真正解放农村的生产力,制约了农村的经济发展。而农村的社会保障水平又直接与农村的经济发展水平正相关,农民的养老、医疗、最低生活保障等均依托于产业发展和资源要素所带来的增值收益。

(四)农村社会保障的托底效果

社会保障是现代国家的重要经济制度,对于国家和社会安定有着不可替代的积极作用,更是社会文明进步的主要标志。宅基地制度作为我国为农民设定的居住保障制度,本就蕴含了对农民基本生存和生活权利进行保底救济的社会保障功能。但在适度放活宅基地制度改革背景之下,农民对宅基地的财产性功能的期待更高,原有的居住保障功能和财产增收功能之间似乎呈现出此消彼长的关系。对于宅基地流转的放开并非放弃其原有的社会保障功能,而是在赋予宅基地更强的市场流转性和灵活性的基础上,强化并发挥其社会保障的托底效果。首先,农村社会保障已经成为国家治理体系和治理能力现代化的重要范畴。在我国经济社会和国家治理发展进入新时代的今天,"应当构建积极的社会保障体系并使之成为国家治理体系中的支柱性制度安排,赋予其自我修正的功能和与时俱进的品格,为支撑中等收入群体不断壮大、居民消费长盛不衰提供强有力的制度保障"[①]。其次,农民宅基地权利之中既有为了满足居住保障这一基本生存权要求而配置的资格权,又有为了实现其发展权内容的使用权和房屋所有权。但无论宅基地权利体系中的发展权配置要求如何膨胀,都不能掩盖甚至抹杀其中蕴含的生存权的基本保障需求,否则将会因为触动民生之根本而使得整个宅基地权利体系的正当性和合理性受到质疑。而且就世界范围来看,无论各国的社会保障待遇标准有多高,均无一例外地蕴含着托底型的民生基本保障内容。特别是西方福利国家的社

[①] 中国社会保障学会理论研究组.新时期社会保障与经济发展关系的再认识——第三届全国社会保障学术大会论要[J].社会保障评论,2017,1(02):3.

会保障体系都是建基于托底型民生保障制度,通过逐步扩大保障对象与范围,提高保障待遇和标准,强化保障责任与担当,方才形成了今天如此完备的社会保障体系。[1]最后,社会保障制度作为再分配的手段在农民宅基地权益实现中将发挥出更大的收入平衡作用。农民流转宅基地的目的是获得财产性收益,避免土地逐利目的而导致无序的投机主义泛滥,在农民宅基地上附加社会保障的托底作用,有助于抵消宅基地基于市场机制而产生的财产价值部分极度扩张所导致的对原有社会保障价值的过度侵蚀。同时,建立分层、分类的社会保障调节机制,尤其是加大对处在农村社会经济底层的农民的保障力度,从而形成与社会结构相逆的差序保障制度。[2]

三、宅基地使用权"适度放活"的制度化要求

除了在权能配置和流转方式上予以放开之外,与农民宅基地和房屋权利实现和运行相关的配套机制改革也应当一并纳入制度建设规划。按照当前有关政策,常住人口300万以下的城市全面取消落户限制,[3]意味着农民是否进城落户更多取决于主观的落户意愿和客观的经济能力。符合条件进城落户和已经进城落户的农民,应当享受和城镇居民同等的社会保障、劳动就业等权利,免除其后顾之忧,进而激励农民自愿有偿退出存量宅基地,促进宅基地盘活利用。

(一)建立宅基地放活市场化和社会化机制

宅基地在实践中的利用方式多元,具体包括:房屋出租、房屋出售、商铺出租、农房抵押、宅基地指标交易、宅基地私下流转等。[4]应当对不同的宅基地流转模式进行研判,建立长效机制。首先,推动宅基地流转范围扩大化。该措施推行可以分两个步骤:第一步,放开不同集体经济组织成员之间的流转;第二步,由主管部门牵头搭建农村宅基地使用权交易市场平台。当然,农村宅基地使用权交易机制的建立,是宅基地走向市场化的结果而并非过程。这是宅基地"适度放活"政策得

---

[1] 高和荣.论托底型民生[J].北京师范大学学报(社会科学版),2020(03):140-141.
[2] 张藕香.新时期农民分化的多维透视[M].北京:人民出版社,2018:343.
[3] 参见《国家发展改革委关于印发〈2020年新型城镇化建设和城乡融合发展重点任务〉的通知》(发改规划〔2020〕532号).
[4] 唐健,王庆宾,谭荣.宅基地制度改革绩效评价——基于全国5省土地政策实施监测[J].江汉论坛,2018(02):37-38.

以进行立法转化之后所确立的一项常态化运行机制。其主要内容就是实现市场化流转的规范化和制度化,通过建立在线交易机制,做好产权信息发布和推广,实行集中竞价和签约指导,规范流转的程序和审批机制,逐步允许宅基地相关财产权益在城镇和农村居民之间的自由流转。"由集体取得建设用地(宅基地)的出让价值,由房屋所有人取得房屋的市场交换价值。"[①]其次,建立市场化的宅基地权益实现机制。可以通过农民组建合作社的方式实现个体权益的集合行使,并且与集体经济组织联合发展,兼顾集体和个体的权益实现。集体经济组织还可以充分利用合作社的优势,依托股权合作机制形成本集体或更大范围的公共资金,实现集体与个体共享包括宅基地在内的土地增值收益。最后,建立"鉴证—登记"一体化的市场交易和价值评估机制。并在此基础上设置宅基地流转风险保证金制度,对于宅基地的规模化利用,向投资利用主体收取风险保证金,规避宅基地流转的市场风险,确保农民获得充分的增值收益。

(二)完善宅基地利用现实的双向审查机制

宅基地的利用现状既有合规利用,也存在着"法外"利用的事实,对此利用现实不宜一概强令退出,而是要通过重新确权登记的方式予以细致甄别。一方面,是对历史遗留问题的谨慎处理。对符合宅基地申请和取得条件的,办理权属证书,确定权属关系,如绍兴试点出台的《宅基地及房屋租赁使用权登记办法》,就曾对宅基地租赁权证书予以颁证;对不符合法律规定的利用现实,要根据占用事实形成的具体原因予以分别对待;对不属于农户过错而由于审批漏洞造成的占用事实,对其超标部分占用的经济投入部分进行充分协商,采取合理补偿方式予以退出。"一户一宅"和"面积法定"的要求通常存在于集体成员首次申请宅基地的情况下,对于发生在本集体成员之间的宅基地使用权转让和置换行为,是否适用该条规定也要进行甄别。因为在实践中是很难确保动态变化中的宅基地实际利用情况时刻都能与利用需求相匹配,不同农户家庭的人口数量存在差别,住房需求也有差异,如何做到需求匹配,是适度放活要求下集体经济组织运行机制建设中村民自治规范应当予以考虑设置的内容。事实上,对农民住房转让行为应当主要审查合同主体资格和标的物属性,是否属于生活居住,面积是否超标等。另一方面,

---

[①] 韩松.新农村建设中土地流转的现实问题及其对策[J].中国法学,2012(01):19.

是对现实存在的宅基地申请和利用需求的审查。根据现行《土地管理法》的规定，农户住宅建设由乡镇人民政府审批。如果将居住目的外化为客观的表现和行为，那么是否以居住建房为目的而申请，是农户取得宅基地使用权的主观要素。但是，这种主观要素又很难通过外观行为来加以判定，必须通过规则设定的方式明确具体化和客观化的外在行为和形式为其判定表征。集体经济组织基于所有权主体地位和事实上的宅基地分配权力，应当把好该审查流程的第一关。在涉及宅基地申请、使用（包括流转）、退出以及分配等农民切身利益问题时，还要严格遵循村、组集体的民主决策程序，必要时还要广泛征求当事人和相关利益主体的意见。

（三）细化宅基地依法自愿有偿的退出制度

宅基地流转、退出及用益物权保障等方面经过试点改革，最终确立了依法自愿有偿退出和盘活利用的基本原则。[1]但与此配套的细则性和程序性规定尚未形成制度共识，有待进一步确定和完善。

一是要细化宅基地自愿退出前提下的公平补偿规则。存量宅基地的退出，如果处置不当，不仅容易异化成为不尊重农民意愿的急功近利行为，还可能因为补偿标准过低、补偿金额不到位而损害农民合法权益，有违乡村振兴战略实施的初衷。因此，农民自愿退出宅基地是前提，特别是对于已经在城镇落户的农民，应充分尊重其意愿，不能强制其退出。对于不愿意退出宅基地的，如果确因集体公共建设需要，应当对原有宅基地予以征收转为国有或者集体建设用地，同样也要按照同地同权的标准予以补偿。虽然宅基地使用权系无偿取得，但是基于农民的合法建造行为，客观上使得宅基地的价值要素和范围得到了拓展，这种价值不仅体现在土地的稀缺性本身，还依托于房屋的使用功能和所有权价值而产生了可观的财产性增值收益。因而不能忽略农民对宅基地本身的价值投入，即便是在满足应当退出的法定情形时，也不能罔顾农民利益而强制其退出。此外，对于进城落户农民在本集体经济组织内部自愿有偿退出或转让宅基地的，可以采取多元化的自愿有偿方式。比如：可允许年老农民自愿将宅基地交还集体，经科学评估增值收

---

[1] 2019年8月26日全国人大常委会修正后的《土地管理法》明确规定："国家允许进城落户的农村村民依法自愿有偿退出宅基地，鼓励农村集体经济组织及其成员盘活利用闲置宅基地和闲置住宅。"自然资源部2020年3月30日发布的《土地管理法实施条例（修订草案）》（征求意见稿）也明确了按照国土空间规划和村庄规划科学划定宅基地范围，宅基地申请的程序，以及对宅基地自愿有偿退出和盘活利用的要求。

益后,置换为养老服务。

二是要完善依法自愿有偿退出的可适用规则。按照现行《土地管理法》的规定,进城落户农民可以根据个人意愿决定是否保留宅基地,但必须满足"依法+自愿+有偿"三项条件,同时对宅基地的盘活利用主体和对象也要有相应的限制。其中,依法、自愿、有偿是关键。退出或者不退出,均要尊重进城落户农民的意愿。然而,现行法律所确定的盘活利用方式实际上仅限于"内部转让""外部出租""有偿退出"。农民一旦选择退出宅基地,就意味着其不再具有申请宅基地的资格,虽然能够获得一笔经济补偿,但已经不再对宅基地享有任何权利,甚至还可能丧失集体经济组织成员资格。"有偿退出"是否能与盘活利用画上等号,以及盘活利用方式如何才能实现多元化,仍需相关细则规范予以明确。

三是在即将制定的土地管理或者宅基地使用条例中确定宅基地的盘活利用主体和方式时,应当做好综合性制度设计。首先,明确盘活主体和方式,鼓励村集体和农民盘活利用闲置宅基地和闲置住宅。可以考虑采取"概括+列举"的方式对盘活利用宅基地的具体经营方式和业务模式做出指引,明确可以通过自主经营、合作经营、委托经营等方式发展农家乐、民宿、乡村旅游等。其次,明确宅基地的债权性利用规则。特别是在物权体系尚未对宅基地使用权的权能做出突破规定的前提下,肯定利用的现实需求,根据合同规则赋予其效力。比如:城镇居民、工商资本等租赁农民房屋用于居住或者经营的,应设定租赁合同期限不超过二十年的要求。最后,强化盘活利用行为的规范引导。针对宅基地转让、退出等盘活利用方式制定示范合同,对依法签订的宅基地利用合同,督促办理宅基地使用权变更登记手续。

(四)逐步放开农村宅基地使用权抵押方式

宅基地使用权虽然在《民法典》中被列为禁止抵押的财产,但同时也留下了制度改造的可能性空间。如果未来立法做出相应的革新,可以通过在其他单行法律中创设规则的方式来对既定规范进行突破。当然这并非一蹴而就,而是需要在满足既有条件的前提下,分步骤、有节奏地推动该项工作逐步实现制度化和规范化。不论是正在研究起草的宅基地使用条例还是土地管理相关法律的修订方案,都不能忽略试点改革中放开宅基地使用权抵押的具体经验做法。当然,这些经验做法的立法转化还需要试点地区进一步理顺宅基地使用权抵押的运行和操作流程,特别是宅基地使用权抵押在设定、登记以及权利让与等方面与现行法律规定中既有的抵押财产存在着怎样的不同,有怎样的独特之处。各地的试点经验需要做出更加全面细致的总结和提炼,包括各地关于宅基地使用权、农村房屋抵押实践的得与失,制定针对宅基地使用权抵押的专门性管理办法,明确其抵押的程序、登记、管理措施,并确定相关的管理职能部门以及抵押权实现的方式等具体规则。

在对相应的抵押规则进行系统建构之前,还要着重做好三方面的工作:首先,要考虑到农民对其自有唯一住房设定抵押权后,抵押权实现的同时会使农民面临失去房屋的窘境。有鉴于此,应当对宅基地使用权的抵押设置相应的制度门槛和审批程序。比如:可在宅基地使用权设定抵押之前要求必须经过集体经济组织的认可,而集体经济组织在同意本次抵押行为之前,还要审查农民拟设定抵押的住房是否是其家庭所有的唯一住房。如果农民已在城市购置房屋,或者农民虽在该村仅有唯一住房,但其有证据证明可以通过其他途径解决居住问题。例如:在城市的成年子女能够为农村父母提供住房支持的情况下,集体经济组织经确认该农村父母的抵押申请系出于本人的真实意思表示,就应当予以认可。其次,要考虑到农民抵押的宅基地使用权价值可能会被严重低估,从而导致农民财产利益遭受损失的情况。集体经济组织还可以通过委托专业的价格评估机构来做出估价意见,以帮助抵押权设定当事人正确评估其市场价值,同时作为所有权主体,集体经济组织也可以通过此种方式来确保其最终的所有者权益。最后,要考虑到抵押权人主张实现抵押权的前提,主要是作为抵押人的农民已经陷入无法及时清偿贷款的状况。对于此种状况,集体经济组织作为宅基地所有权主体,基于稳定土地所有权关系的考虑,有权以同等价款的方式优先回购宅基地,从而为农民提供清偿贷款所需的资金,同时达到消灭抵押权的法律效果。当然,地方政府还可以通过设置专门的贷款损失保障机构的方式,对农民面临的贷款难以清偿、抵押权实现困难等问题做出妥善的处理。贷款损失保障专门机构通过对抵押物的收购,取得宅基地使用权的二次抵押权,帮助确无其他途径解决住房的农民缓解还贷资金短缺和期限紧迫的压力,还可以提供周转住房和展期帮助。

(五)宅基地"适度放活"下的"空心村"治理

作为当前我国"新三农"问题之一的"农村空心化"问题日益突出。[①]各地涌现的"空心村"多表现为双重空心状态,即:农村青壮年劳动力外流导致主干劳动力不足,加上村庄规划管理长期不规范、不合理导致村民多在村庄外围新建住宅而村庄中心区域破败不堪。"空心村"问题是乡村衰退的重要表现。作为解决"三农"问题的重要政策文件,2018年"中央一号文件"提出宅基地"三权分置"的改革方案,强调"适度放活"宅基地和农民房屋使用权。在此改革背景下,如何在"空心村"治理中融入宅基地"适度放活"的内涵要求,是乡村振兴和乡村治理工作中应当思考的现实课题。《民法典》第三百六十三条规定:"宅基地使用权的取得、行使和转让,适用土地管理的法律和国家有关规定。"在该条的引致授权下,实际上是将宅基地使用权的"适度放活"问题交给土地管理相关规定来解决。作为宅基地使用权"适度放活"制度建构的核心意旨,如何在土地管理制度框架内对作为宅基地使用权的用益物权附加特定的社会义务,推动权利体系的各自归位,也是"空心村"治理中不能回避的现实命题。

一方面,要构建农民利益表达和实现机制。乡村治理现代化是国家治理体系和治理能力现代化的重要组成部分。2019年6月23日,中共中央办公厅、国务院办公厅发布的《关于加强和改进乡村治理的指导意见》明确提出,到2035年,乡村治理体系和治理能力要基本实现现代化。我国宅基地"三权分置"所提出的"适度放活"改革措施是乡村治理现代化的应有之义。"空心村"治理中融入宅基地"适度放活"的政策要求,方可达到为乡村振兴和乡村治理赋能提质的效果。乡村治理要求尊重农民主体性、培育村庄公共性、增强内外协同性。[②]规划治理"空心村"的具体措施和方案,应当坚持多位一体和多元共治的思路整合各种治理资源。一是加强乡村治理的基层组织建设。具体包括基层党组织、村民自治组织、农村的社会组织和经济组织的建设。应在厘清基层政府与乡村边界,缩减政府直接干预乡村自治的范围,完善管理体制机制设计框架等方面做进一步的努力。二是增强农民权益自决的主体性。在农村空心化治理过程中农民的自身利益往往容易被忽

---

① 廖彩荣,陈美球.乡村振兴战略的理论逻辑、科学内涵与实现路径[J].农林经济管理学报,2017,16(06):796.
② 唐惠敏.中国乡村治理规则的现代性构建[J].理论导刊,2020(07):100.

视和边缘化,亟须建立农民自身利益的表达和参与机制。[①]这可以通过构建农民权益的代言组织来实现。但是,该代言组织并非行政任命,而是按照自治性和自愿性原则由农民自发组织的代言机制,主要功能就是在涉及农民权益重大事项时发挥集体决策和意见表达作用,使农民利益免受损害。三是建立集体权益实现机制。中央农办、农业农村部等11部门2019年9月4日联合发布的《关于开展农民合作社规范提升行动的若干意见》(中农发〔2019〕18号)对农民合作社参与乡村治理等工作明确了政策导向。该意见明确规定:"允许将财政资金量化到农村集体经济组织和农户后,以自愿出资的方式投入农民合作社,让农户共享发展收益。"因此,农民合作社本身既具有基层政治意义和自治属性,又具有经济权益自决功能;既可以实现个体权益的集合行使,又能与集体经济组织联合发展,兼顾集体和个体的权益实现。

另一方面,要完善制度建设和规范管理措施。"空心村"治理中还应当充分运用法治思维和治理手段。宅基地"适度放活"融入"空心村"治理,既需要立法层面明确"放活"的权利内容和边界,又要对宅基地和农民房屋使用权的流转范围和对象以及程序等做出细致安排,意味着"放活"必须在"适度"的范围之内。首先,要明确规定"放活"的用途范围。为吸引更多资金、技术和人才等要素流入农村市场,可将"放活"宅基地的用途限于"乡村旅游"和"养老产业",利用农村闲置房屋经营民宿、农庄、农家乐等,带动农村电商、农副产品加工等产业发展。其次,要严控宅基地审批程序和用地规模。对"一户多宅"问题,通过市场化手段进行回收,逐步形成农村宅基地退出补偿机制,严格贯彻落实"一户一宅"原则。最后,应在县级政府部门层级建立健全村庄建设和规划管理机构。尽快编制专项规划,设立专项资金,分期分批治理"空心村"。坚持依法依规,对资金拨付、工程建设、设备采购等实施全过程监管,科学布局农村集中建房安置范围。将土地整理与新农村建设相结合,开展农村居民点整理,实行城乡建设用地增减挂钩,合理配置土地资源。

[①] 易文彬.论农村空心化治理的多重逻辑[J].西南民族大学学报(人文社会科学版),2018,39(07):193.

第四节　宅基地"三权分置"的运行保障和救济机制

农民财产权益的实现有赖于现行制度对权利运行的规范和保障作用的发挥。2019年"中央一号文件"从保障农民对宅基地使用权的合理预期出发做出安排,不能用其他权利诱使农民放弃宅基地权利,强调不得以退出承包地和宅基地作为农民进城落户条件,以此作为底线要求来构筑农民权益实现的保障机制。

一、宅基地使用权流转和退出的法律保障机制

宅基地权利流转主要表现为流转和退出两个方面,这主要是从宅基地存量权益实现的角度进行考虑的。新申请宅基地主要受到土地管理法规和集体经济组织自治性管理性规范的约束,而存量宅基地则关涉实际的权利主体的价值和利益期待的实现程度,从存量权利蕴含利益期待的稳定性角度考虑,也应该有相应的法律保障机制。

（一）宅基地使用权流转保障机制

对宅基地使用权流转的保障需要考量两方面的内容。一方面,要完善多方利益的协调机制。宅基地存在着多方利益主体,既有农村居民,又有集体经济组织,甚至还会牵涉村委会、党支部以及与农村密切联系的各级基层政府机关等。另一方面,要妥善处理宅基地使用权流转中的供求关系。

协调宅基地的利用需求与供给间的法治平衡,可以从三个方面进行考虑:第一,宅基地"三权分置"将使用权明确为可流转性权利,保证了交易双方的权利供给和价值转换行为的合法性。第二,使用权的流转对象范围视流转的目的和用途,可以进一步扩大。第三,采取立法条文中加以列举的方式,明确规定利用宅基地的禁止性行为。

(二)宅基地使用权退出保障机制

首先,农民退出宅基地时的利益实现,是对农民财产权益保障的兜底性考量。一般来说,农民退出宅基地有三种情形:一是基于国家规划用地安排,需要对宅基地等集体土地进行征收。二是基于宅基地权利主体的绝对灭失,作为宅基地权利主体的农民死亡、被宣告失踪、宣告死亡且没有继承人。三是宅基地权利主体暂时缺位导致宅基地处于闲置状态。

其次,还要看到当前农民在退出宅基地问题上还存在着不同的选择。如果说在十年之前,中国绝大多数农民都对城市充满向往,那么,今天的农民并不像过去那样充满强烈的进城愿望,甚至有半数的农民并不愿意进城。[①]此种现状的产生主要有两个方面的原因:一方面,尽管城市在农民进城落户的政策上有所松动,但相应的配套措施还有待完善,特别是在就医、子女上学、养老保障等方面还存在着事实上的差异。另一方面,农民仍然对农村的生活习惯、人情理念、文化习俗等存在怀旧和不舍的心态。特别是对于一些中老年农民,其子女外出进城务工,或许已经在城市立足扎根,但是仍然不愿意进城与子女居住生活在一起。当然,对农民进城落户起到决定性作用的仍然是宅基地,宅基地一旦退出,转户进城的农民就会丧失集体经济组织成员身份,进而丧失在农村拥有宅基地的资格。

最后,在推动农村宅基地制度改革的同时,还要综合考虑与农民利益直接关联的其他配套体系的建设。按照我国现行社会保障制度,社会保障体系涵盖社会保险、社会救助、社会优抚和社会福利。其中,社会保险主要由养老、医疗、工伤、失业和生育五大险种构成,是对公民的基本保障。需要注意的是,不同的保障层次具有不同的责任主体,不能相互混淆,更不能简单地进行权利置换,否则将造成无可挽回的制度悲剧,故而要区分基本保障和补充保障。一方面,在基本保障制度完善方面,应在养老保险、社会保障、子女入学、购房补贴和职业培训等方面为农民提供更多的便利;另一方面,要做到统筹推进农村宅基地自愿有偿退出与进城务工农民市民化的有机结合。通过体系化的制度建构,充分调动现有的制度在市场资源配置、地方政府引导和村集体经济组织自治方面的合力,共同形成强劲的农村经济社会发展的制度保障,在市场、政府与社会三方共治格局中把握最佳平衡点。

[①] 浦江潮.尊重半数农民不想进城的权利[N].法制日报,2016-04-28(007).

(三)"适度放活"范围边界的确定

近年来的中央改革文件多次强调宅基地管理,而在《土地管理法》修正案中也体现了强化土地管控的理念。与此同时,中共中央、国务院于2019年4月15日发布的《中共中央、国务院关于建立健全城乡融合发展体制机制和政策体系的意见》再次申明"鼓励农村集体经济组织及其成员盘活利用闲置宅基地和闲置房屋"。因此,当务之急仍是立法层面确认"适度放活"的具体要求,明确放活的权能内容和边界,对宅基地和农民房屋使用权的流转范围和对象以及程序等做出细致的制度安排。2018年"中央一号文件"关于"适度放活"宅基地和农民房屋使用权,列举了几种典型违法行为并明确了禁止态度,作为宅基地"三权分置"所明确的底线要求。在后续细化规则的制定中应当予以充分考虑。一是禁止宅基地违规行为。宅基地改革的底线仍然是不能让城镇居民到农村去购买宅基地和农房,但是并不禁止其取得宅基地和农房的使用权。如何对城镇居民设置宅基地使用权取得的条件和范围,这正是"适度放活"所应考虑的制度内容。在关口设置上,应当对宅基地使用权申请和取得资格进行严格审查,严禁城镇居民到农村购买宅基地,严格禁止下乡利用农村宅基地建设别墅大院和私人会馆的行为。虽然如此,但是符合特定条件的,宅基地的利用主体仍然可以适当拓展到返乡下乡人员等非集体组织成员。① 二是保障农民土地权益。特别是不能借机强令农民退出宅基地,要对农民处分宅基地权益的意愿给予充分尊重。2019年"中央一号文件"强调:"坚持农村土地集体所有、不搞私有化,坚持农地农用、防止非农化,坚持保障农民土地权益、不得以退出承包地和宅基地作为农民进城落户条件,进一步深化农村土地制度改革。"三是严格土地用途管制。一方面是基于稳定国家农业生产、保证国家粮食安全的考虑,另一方面则是出于保障农村生产关系和农民基本生存权利,维护农村社会稳定的目的。放活的"适度"既体现在如何合理安排宅基地利用与农业生产之间的关系,又反映了农村社会的公共利益。因此,必须贯彻落实不得占用永久基本农田的红线规则,既要严格控制新增宅基地,又要尽量盘活利用好存量地和闲置地。

---

① 参见《国务院办公厅关于支持返乡下乡人员创业创新促进农村一二三产业融合发展的意见》(国办发〔2016〕84号)。

二、宅基地权利实现的救济和保障机制

宅基地"三权分置"作为农村土地制度改革的重要方面,应当纳入到农村的权利体系当中,除了从实体权利方面进行配套之外,还要通过程序性的权利救济机制来确保农民权益真正落到实处。在权益遭受侵害之时,能够通过明确、及时和有效的救济方式和程序来维护权益受损者的利益,避免更大的利益损害后果。我国当前的权利救济机制,实际上又被称为纠纷解决机制,其建立的事实逻辑遵循的是损害救济的必要性,以及维护社会和谐稳定的目的与纠纷本身具有法律上的可化解性。在这种逻辑之下,权利救济的首要功能就是化解纠纷,至于当事人的权益实现是否能够最终恢复到受损前的状态,或者受损者主观上是否认为其获得了有效的救济,则是退居其次的第二性的问题。按照权利救济理论,以救济力量来源不同进行划分,救济机制通常被划分为私力(自力)救济、公力救济和社会救济。这种划分对于宅基地权利实现的救济机制建设同样具有理论指导意义。

(一)宅基地权利救济机制建设的必要性

不可否认,宅基地权利属于公法和私法交融性质,体现为公法管控和私权实现的双重特点,使得其权利救济机制建设也呈现出独特性。在其救济机制建设的必要性方面,有着独特的价值功能和政策目的考量。首先,宅基地权利横跨公法和私法领域,既具有公法上的土地用途管制要求,又有社会法意义上的居住权利和社会保障的内容,同时对于农民而言还存在着市场变现和财产权利的价值期待。其次,宅基地权利作为受到广泛社会关注的基层制度运行逻辑,深刻影响农村基层自治组织的权力运行和公共决策目标的实现。其所指向的宅基地闲置和"空心村"的现实问题,无一不令农村自治组织和基层政府感到棘手,这已经成为农村社会治理的普遍性和公共性问题,并且已经构成了"相对于一定空间、一定层面上的社会公众来说是不理想的、不规范的、不能令人满意的某种社会状态"[1]。最后,宅基地作为农民退守农村的最后生活屏障,是其晚年生活的底线寄托。宅基地所承载的居住保障和财产权利是农民生存权的范畴,涉及农民生存权益的侵害纠纷应得到及时、公平和有效的解决。

---

[1] 胡宁生.现代公共政策学——公共政策的整体透视[M].北京:中央编译出版社,2007:197.

(二)宅基地权利救济机制构成主要内容

宅基地救济机制建设可以借鉴农村土地承包经营权的救济机制来做出相应安排,从救济途径、范围和程序等方面着手构建相应的制度体系。

一是多元化救济方式的完善。一旦出现纠纷,当事人可以及时行使自力救济,此时的当事人当然是第一位的救济主体。对于公力救济主体而言,主导行政救济的土地行政主管部门和主导司法救济的人民法院,是我国当前处理宅基地权利纠纷的法定救济主体,并且在现行法律框架下,有着严格的纠纷解决权限配置和程序启动要求。这种公力救济的主体权威性和公信力很高,但在纠纷处理的灵活性、便捷性和期限性方面并不占优势。尽管这些也是需要予以完善和解决的内容,但笔者认为当务之急是如何确定社会救济主体。因为这涉及当前我国所倡导的多元化纠纷解决机制建设要求中所提出的,要广泛吸纳社会主体参与多元化、多渠道纠纷解决机制,充分发挥其制度优势。特别是对于调解和仲裁救济方式,要充分发挥便民、及时和公正的优势,探索宅基地纠纷的多元化解制度。在宅基地流转、置换、退出等引发的纠纷之中,应当尊重当事人意思自治,构建自愿调解以及选择性仲裁制度和仲裁裁决终局制度等。特别是仲裁机制设计方面,可以考虑以仲裁协议来确定仲裁还是诉讼管辖,并且通过"一裁终局"的协议安排来确定仲裁裁决的终局性。法院仅需要对这种终局裁决是否存在着有证据证明足以推翻裁决的程序性和实体性违法行为进行形式审查,如果否定裁决的一方当事人无法提供相应的证据,法院可直接确认该裁决的终局效力。

二是建立宅基地权利纠纷的起诉支持机制。首先,明确支持起诉的主体范围。根据我国诉讼法的相关规定,农业主管部门和土地主管部门可以作为行政主管机关发挥其对农民起诉支持主体的作用。检察机关在涉及公共利益时,也能作为法律监督机关和公益诉讼起诉主体来发挥其应有的制度功能。而社会组织方面,农民所参加的农民协会或者其他具有公益性质的社会组织,也可以作为农民起诉的支持主体,提供与其业务范围和专业技能相关的法律政策咨询、诉讼策略指导等帮助。其次,明确支持起诉的条件和范围。这种条件通常限于农民处在特殊情况下,面临权益受损的局面,而其本身又无法通过自身能力和条件去实施起诉行为,或者在遭受外来力量的挟制和干涉的情况下,难以独自行使起诉权利的时候,支持起诉机制此时就可以发挥其应有的作用。最后,完善法律援助制度。扩大法律援助的对象范围,可以考虑将涉及宅基地使用权等具有财产性的权利纠纷纳入援助案件范围。可以探索法律援助机构与工会、妇联、残联等社会团体的协调联动,为存在孤寡、残疾等问题的农民提供法律援助,对因为宅基地退出、置换、征收等环节中牵涉的农民就业、养老等权益问题提供法律咨询和服务帮助,充分发挥法律援助对农民权益实现的救济和保障作用。

三是建立代位诉讼制度。农民作为集体经济组织成员,其基于成员身份与集体经济组织之间存在着共同的利益内容。代位诉讼正是基于农民在农村集体经济组织之中的社团成员关系所设计的一种诉讼机制。所谓代位,即起诉主体本身并非实体权利主体,但是基于其与实体权利主体之间的特殊关系,而代替真正的实体权利主体提起诉讼,并使其诉讼结果归于实体权利主体。在代位诉讼中,代位起诉者享有全部诉讼权利,这一点应区别于委托代理制度。在代位诉讼中,代位起诉者与实体权利者之间并非委托代理关系,而是基于特定的法律事实而发生的客观诉讼关系。当集体经济组织在所有者权利受到侵害而又怠于诉讼的情形下,农民可以代位提起诉讼来保护集体土地权益。这与公司法之中的股东代位诉讼虽有一定的相似性,但是起诉的依据和条件存在着本质不同。集体经济组织作为《民法典》所确认的特别法人,农民作为其成员,有权代位提起诉讼,通过维护集体所有者权益的诉讼路径达到维护自身宅基地权益的目的。

结　语

乡村振兴已经被我国《乡村振兴促进法》在法律上明确为一项国家战略,进一步彰显了国家对于乡村振兴的决心和信心。宅基地"三权分置"作为乡村振兴战略实施的重要抓手,同时作为与农民切身利益关联性最为紧密的一项制度改革,为农民财产权益实现开辟了新的路径。但是,从改革试点到政策落地,最终被确认为具有普遍性和国家强制性的正式法律规范,尚需理论和实践的深度研究,待制度运行得到实践检验和确认后方可进行立法转化。"探究宅基地'三权分置'的政策内涵,在确保该项改革举措的政策目标得以实现的前提下,将宅基地'三权分置'的政策表述转换为'法言法语',并构建相应的法律制度保障其有序实施,是以法治方式深化农村土地制度改革的必然要求。"[1]但是,农民财产权利体系的构建和制度保障,不应当止步于完成文本意义上的规则设定,更是在于经济交往中形成良好有序的交易惯例和法治理念。通过法治化建构,为农民财产权益实现和宅基地"三权分置"改革保驾护航。在宅基地分配、利用和流转中恪守市场经济的交易规则,使得农村和城市一样获得同等的市场准入资格和交易机会。在此前提下,作为农民财产利益关键载体的宅基地权利才能保有持久的市场生机和活力,才能在市场化改革和交易机制完善中为农民创造源源不断的经济资源和财富机会。

值得注意的是,乡村振兴战略实施也为城乡协同发展和缩小城乡差距带来了崛起发展的新契机。宅基地的保障性功能正在逐步向财产性功能扩张,因此实行

---

[1] 宋志红.宅基地"三权分置"的法律内涵和制度设计[J].法学评论,2018,36(04):142.

"三权分置"制度改革对宅基地进行权能重构,应当建构明确的财产权益类型及内容,确立农民的权利主体地位,通过立法完善农民权益的实现与保障机制。[①]以此为基本目标,农民作为农村社会的主体,其对改革发展中所催生的新的权益构成和利用方式的追求将会更加强烈。受到农民结构发展的影响,这种需求也会逐渐呈现出层次化和差异性特点。而当前宅基地制度改革经历多年,仍未取得实质性突破,虽然也与理论争论和实践探索不够充分有关,但更多取决于农民财产权益实现的期待。日趋复杂的农民结构和权益诉求使得宅基地制度改革进入更为艰难的深水区,需要直面的将是诸多细节性规则设置和制度供给难题。唯有始终坚持农民在"三农"改革中的主体性价值,有针对性地总结宅基地制度改革和探索经验,方可促成现行制度与农民财产权益实现目标之间的最优匹配,进而达到立法转化的成熟条件。

基于已有的研究结论,笔者在此重申本书一以贯之地坚持的三个主要观点:第一,发源于中国历史传统的宅基地制度,是具有中国特色的制度存在,不能从根本属性上施加颠覆性的改变。第二,必须立足农民权益实现的基本立场,从农民根本性利益出发,赋予宅基地使用权和农民房屋使用权以"适度放活"的市场变现能力,适度拓宽流转范围、方式和对象等,使宅基地真正发挥出增加农民财产收入的制度功能。第三,宅基地的基础社会保障功能仍然在于对农民居住权利的基准保障,这一制度秉性将会得到长期的贯彻和坚持,短期之内不能因片面追求对宅基地的扩权赋能,而让宅基地权利体系陷入根本性的崩塌。

2020年6月,中央全面深化改革委员会第十四次会议审议通过《深化农村宅基地制度改革试点方案》提出"积极探索落实宅基地集体所有权、保障宅基地农户资格权和农民房屋财产权、适度放活宅基地和农民房屋使用权的具体路径和办法"。这意味着我国宅基地"三权分置"改革即将迎来新一轮的制度建设高潮。打破现行宅基地使用权既是身份性居住保障权又是物权性财产权的"两权复合"结构,从而实现宅基地资格权独立成权并承载农民居住保障功能,以及宅基地使用权转型纯化为典型用益物权并承载资产功能。坚持宅基地权利的生存权和发展权保障路径法治化,完善相应的具体实施细则和规范,让农民宅基地权利的流转、

---

① 陈丹.宅基地"三权分置"下农民财产权益的实现路径[J].农村经济,2020(07):54-62.

退出、置换等系列处置行为获得确定性和合法性肯定,不仅为农民权益实现的稳定性和持续性提供了制度保障,更为农业和农村发展所需的资金、技术等社会资源的持续性投入以及农村社会的稳定发展提供了不竭动力。

参考文献

[1] 托克维尔.论美国的民主(上卷)[M].董果良,译.北京:商务印书馆,1988.

[2] 亚里士多德.政治学[M].吴寿彭,译.北京:商务印书馆,2006.

[3] 波斯纳.法律的经济分析(第七版)[M].蒋兆康,译.2版.北京:法律出版社,2012.

[4] 边沁.道德与立法原理导论[M].时殷弘,译.北京:商务印书馆,2000.

[5] 米尔恩.人的权利与人的多样性——人权哲学[M].夏勇,张志铭,译.北京:中国大百科全书出版社,1995.

[6] 蔡晓卫.新型城镇化下农民权利体系的重构[J].江西社会科学,2014,34(11):188-192.

[7] 陈胜祥.制度嵌入的逻辑——农村宅基地制度试点改革"余江模式"解析[M].北京:经济管理出版社,2017.

[8] 陈小君.宅基地使用权的制度困局与破解之维[J].法学研究,2019,41(03):48-72.

[9] 陈振,罗遥,欧名豪.宅基地"三权分置":基本内涵、功能价值与实现路径[J].农村经济,2018(11):40-46.

[10] 狄亚娜,宋宗宇.宅基地使用权的现实困境与制度变革——基于三省(市)法院2004~2013年428件裁判文书的数据分析[J].农村经济,2016(05):10-16.

[11] 翟国强.经济权利保障的宪法逻辑[J].中国社会科学,2019(12):100-120+201-202.

[12] 丁德昌.农民发展权法治保障研究[M].北京:中国政法大学出版社,2015.

[13] 董新辉.新中国70年宅基地使用权流转:制度变迁、现实困境、改革方向[J].中国农村经济,2019(06):2-27.

[14] 董祚继."三权分置"——农村宅基地制度的重大创新[J].中国土地,2018(03):4-9.

[15] 杜焱强,王亚星,陈利根.中国宅基地制度变迁:历史演变、多重逻辑与变迁特征[J].经济社会体制比较,2020(05):90-99.

[16] 高富平.中国物权法:制度设计和创新[M].北京:中国人民大学出版社,2005.

[17] 高海.宅基地"三权分置"的法律表达——以《德清办法》为主要分析样本[J].现代法学,2020,42(03):112-125.

[18] 高圣平.农村宅基地制度:从管制、赋权到盘活[J].农业经济问题,2019(01):60-72.

[19] 耿卓.农民土地财产权保护的观念转变及其立法回应——以农村集体经济有效实现为视角[J].法学研究,2014,36(05):98-113.

[20] 韩立达,李勇,韩冬.农村土地制度改革研究[M].北京:中国经济出版社,2011.

[21] 韩清怀.农村宅基地使用权制度研究[M].北京:中国政法大学出版社,2015.

[22] 韩松.宅基地立法政策与宅基地使用权制度改革[J].法学研究,2019,41(06):70-92.

[23] 韩文龙,朱杰.宅基地使用权抵押贷款:实践模式与治理机制[J].社会科学研究,2020(06):38-46.

[24] 郝维华.清代财产权利的观念与实践[M].北京:法律出版社,2011.

[25] 黄忠.地票交易的地役权属性论[J].法学,2013(06):15-25.

[26] 黄宗智.长江三角洲小农家庭与乡村发展[M].北京:中华书局,2000.

[27] 江帆,李苑玉.宅基地"三权分置"的利益衡量与权利配置——以使用权为中心[J].农村经济,2019(12):57-65.

[28] 江平,木拉提.中国民法典集体所有权的理解与适用[J].政法论坛,2021,39(02):3-9.

[29] 姜绍静,罗泮.空心村问题研究进展与成果综述[J].中国人口·资源与环境,2014,24(06):51-58.

[30] 靳相木,王海燕,王永梅,等.宅基地"三权分置"的逻辑起点、政策要义及入法路径[J].中国土地科学,2019,33(05):9-14.

[31] 康金莉.改革开放以来中国农民权利:变迁与重构[J].武汉大学学报(人文科学版),2017,70(04):61-68.

[32] 李凤章.宅基地使用权流转应采用"退出—出让"模式[J].政治与法律,2020(09):110-123.

[33] 刘云生.中国不动产法研究(第6卷)[M].北京:法律出版社,2021.

[34] 厉以宁.资本主义的起源[M].北京:商务印书馆,2003.

[35] 梁丹辉.城镇化背景下农村宅基地整理问题研究[M].北京:中国农业科学技术出版社,2017.

[36] 梁发超,林彩云.经济发达地区宅基地有偿退出的运行机制、模式比较与路径优化[J].中国农村观察,2021(03):34-47.

[37] 刘广栋,程久苗.1949年以来中国农村土地制度变迁的理论和实践[J].中国农村观察,2007(02):70-80.

[38] 刘国栋.论宅基地三权分置政策中农户资格权的法律表达[J].法律科学(西北政法大学学报),2019,37(01):192-200.

[39] 刘国臻,陈年冰.论土地权利发展的三大轨迹及其启示[J].学术研究,2013(02):52-58+159.

[40] 刘俊.土地权利沉思录[M].北京:法律出版社,2009.

[41] 刘锐.土地、财产与治理:农村宅基地制度变迁研究[M].武汉:华中科技大学出版社,2017.

[42] 刘圣欢,杨砚池.农村宅基地"三权分置"的权利结构与实施路径——基于大理市银桥镇农村宅基地制度改革试点[J].华中师范大学学报(人文社会科学版),2018,57(05):45-54.

[43] 刘守英.城乡中国的土地问题[J].北京大学学报(哲学社会科学版),2018,55(03):79-93.

[44] 刘双良.宅基地"三权分置"的权能构造及实现路径[J].甘肃社会科学,2018(05):228-235.

[45] 刘天利.城镇化背景下宅基地使用权制度改革的法律困境与对策[J].西安财经学院学报,2017,30(06):100-106.

[46] 刘同君,张慧.论农民权利发展的价值逻辑——以我国新型城镇化为视野[J].法学,2014(12):150-160.

[47] 刘英博.当代中国农民土地权利的实现机制研究[M].北京:人民出版社,2017.

[48] 刘兆军.人权理念下的农民土地权利保护[J].中国土地科学,2010,24(07):18-22.

[49] 刘震宇,王崇敏.我国农村宅基地管理的法治化构造[J].当代法学,2016,30(05):59-66.

[50] 龙圣锦,陶弈成.农村宅基地使用权抵押的权属障碍与破解路径[J].现代经济探讨,2018(11):42-50.

[51] 罗必良.科斯定理:反思与拓展——兼论中国农地流转制度改革与选择[J].经济研究,2017,52(11):178-193.

[52] 毛毅坚.农村宅基地法律实务与裁判规则[M].北京:人民法院出版社,2019.

[53] 茆荣华.我国农村集体土地流转制度研究[M].北京:北京大学出版社,2010.

[54] 梅祥,时显群.新时期我国农村群体性事件的特点、原因及对策[J].中国行政管理,2010(06):76-79.

[55] 孟勤国.物权法开禁农村宅基地交易之辩[J].法学评论,2005(04):25-30.

[56] 祁全明.农村闲置宅基地治理法律问题研究[M].北京:法律出版社,2018.

[57] 屈茂辉.农村集体经济组织法人制度研究[J].政法论坛,2018,36(02):28-40.

[58] 任中秀.农村宅基地使用权制度研究[M].济南:山东大学出版社,2012.

[59] 史尚宽.物权法论[M].北京:中国政法大学出版社,2000:187.

[60] 史卫民.农村发展与农民土地权益法律保障研究[M].北京:中国社会科学出版社,2015.

[61] 宋才发.农民宅基地所有权及使用权的法律探讨[J].中南民族大学学报(人文社会科学版),2012,32(04):100-104.

[62] 宋志红.乡村振兴背景下的宅基地权利制度重构[J].法学研究,2019,41(03):73-92.

[63] 宋志红.宅基地"三权分置"的法律内涵和制度设计[J].法学评论,2018,36(04):142-153.

[64] 宋宗宇,何贞斌,陈丹.农村土地经营权的确定化及其制度构建[J].农村经济,2015(07):19-24.

[65] 苏艳英.三权分置下农地权利体系构建研究[M].北京:知识产权出版社,2019.

[66] 孙建伟.城乡统筹背景下宅基地置换法律问题实证研究:以上海市为例[M].北京:知识产权出版社,2018.

[67] 孙宪忠.中国农村土地权利研究[M].北京:中国人民大学出版社,2006.

[68] 田逸飘,廖望科."三权分置"背景下农村宅基地相关主体性关系变化与重构[J].农业经济,2020(03):89-91.

[69] 王家福,黄明川.土地法的理论与实践[M].北京:人民日报出版社,1991.

[70] 王兆林,骆东奇.宅基地"三权分置"中农民分享退地增值收益研究[M].北京:科学出版社,2019.

[71] 韦彩玲.权益保障视域下宅基地退出政策研究[M].北京:知识产权出版社,2020.

[72] 魏振瀛.民法[M].5版.北京:北京大学出版社,2013.

[73] 温世扬,梅维佳.宅基地"三权分置"的法律意蕴与制度实现[J].法学,2018(09):53-62.

[74] 吴九兴,周楠.农村宅基地制度改革对农民财产性收入的影响研究[J].土地经济研究,2018(02):62-75.

[75] 吴礼宁,韩兴华,高建军.新型城镇化与农民权利保障[M].北京:法律出版社,2015.

[76] 吴昭军.农村集体经济组织"代表集体行使所有权"的法权关系界定[J].农业经济问题,2019(07):37-46.

[77] 吴志刚.基本权利:保障农民土地权益的新视角[J].中国土地科学,2012,26(11):9-14+39.

[78] 夏勇.走向权利的时代(修订本)[M].北京:中国政法大学出版社,2000.

[79] 向勇.宅基地三权分置的立法意旨[J].农业经济问题,2019(04):10-17.

[80] 谢怀栻.论民事权利体系[J].法学研究,1996(02):67-76.

[81] 谢家银.农村宅基地使用权抵押面临的现实困境及路径选择[J].广西社会科学,2016(05):90-94.

[82] 徐忠国,卓跃飞,吴次芳.农村宅基地三权分置的经济解释与法理演绎[J].中国土地科学,2018,32(08):16-22.

[83] 杨遂全.论宅基地资格权确权及其法理依据——以财产属性为视角[J].中国土地科学,2020,34(06):35-40.

[84] 姚昭杰,刘国臻.我国土地权利法律制度发展趋向研究——以土地发展权为例[M].广州:中山大学出版社,2016.

[85] 尹田.物权法理论评析与思考[M].北京:中国人民大学出版社,2008.

[86] 喻文莉.转型期宅基地使用权制度研究[M].北京:法律出版社,2011.

[87] 张克俊,付宗平."三权分置"下适度放活宅基地使用权探析[J].农业经济问题,2020(05):28-38.

[88] 张藕香.新时期农民分化的多维透视[M].北京:人民出版社,2018.

[89] 张庆华.土地物权疑难法律问题解析[M].北京:法律出版社,2007.

[90] 张文显,姚建宗.权利时代的理论景象[J].法制与社会发展,2005(05):5-17.

[91] 张先贵.中国语境下土地发展权内容之法理释明——立足于"新型权利"背景下的深思[J].法律科学(西北政法大学学报),2019,37(01):154-168.

[92] 张勇.宅基地"三权分置"改革:"三权"关系、政策内涵及实现路径[J].西北农林科技大学学报(社会科学版),2020,20(02):61-68.

[93] 张友连.最高人民法院公共政策创制功能研究[M].北京:法律出版社,2010.

[94] 赵万一.中国农民权利的制度重构及其实现途径[J].中国法学,2012(03):5-17.

[95] 赵振宇,等.乡村振兴与城乡融合发展:主体投入及土地制度保障[M].杭州:浙江大学出版社,2020.

[96] 郑尚元.宅基地使用权性质及农民居住权利之保障[J].中国法学,2014(02):142-157.

后　记

本书的写作灵感和思路主要来自我所主持的湖南省社会科学成果评审委员会课题"宅基地'三权分置'下农民权益实现的法治路径研究"。但严格来说，我最早接触宅基地制度改革的相关论题，应当是2014年我在重庆市高级人民法院工作期间，曾作为主要执笔人，参加了时任重庆市高级人民法院副院长陈彬教授所主持的全国法院司法统计分析重大优秀课题"农村宅基地使用权法律问题实证研究"，以及重庆市高级人民法院专职审判委员会委员唐亚林专委所主持的重庆市法学会法学研究重大优秀课题"宅基地使用权的制度变革与裁判路径"等课题项目。从那时起，我就对宅基地制度改革及其司法适用中的关联性理论课题和实践问题产生了浓厚的兴趣，并在之后的理论研究和实务工作中持续关注。

后来，我从法院系统辞去公职，到湘潭大学法学院担任专任教师，在完成教学任务之余，有了更多的时间从事宅基地制度改革及其基础理论方面的研究。恰逢2018年"中央一号文件"明确提出宅基地"三权分置"的改革政策，我便结合自己前期的研究，以宅基地"三权分置"相关论题申报科研项目，开展基础性研究工作。所幸的是，在学界同仁和我所在法学院同事的支持和帮助下，我申报的相关课题顺利获批立项，随后陆续发表了一些前期论文成果。这些研究成果，使得本书的写作思路更加清晰。在经历多次修改之后，书稿最终得以成形。

为此，我要特别感谢重庆大学建筑与房地产法研究中心主任宋宗宇教授。宋老师是我的博士导师，在本书写作过程中我曾多次向宋老师求助请教。如果没有宋老师多年来的学术引领和关键时刻给予的精辟点拨，就没有本书在谋篇布局、观点凝练等方面的合理呈现。

我还要感谢湘潭大学法学院经济法学硕士研究生李旭红、夏张涵、谢飞、何天宇、邱桂花等。他们都是我所指导的研究生，同时也是本书研究所依托的相关课题项目的主要参与者，他们在本书写作所需的文献资料、案例素材、访谈记录整理等方面做了大量的基础性工作。李旭红同学还曾利用暑期社会实践的机会前往试点改革地区湖南省浏阳市的多个村庄和职能部门进行实地调研和走访,取得大量的一手调研素材和访谈记录,为本书提供了丰富的研究样本和扎实的实践论据。在此基础上,李旭红同学撰写完成了自己的硕士学位论文《三权分置改革下"适度放活"宅基地使用权法律问题研究》,并于2021年5月顺利通过了评审和答辩。在此,我对他们参与相关课题研究工作所做出的贡献一并表达感谢,更为他们在科研训练过程中逐步养成严谨、规范和踏实的学术素养以及从中收获的个人成长,感到十分欣慰。

  本书既是我多年来持续关注的宅基地制度改革问题的研究心得和观点的综合,也是近些年来党和国家关于宅基地制度改革政策发展演变的镜像缩影。当然,其中的一些论述和观点可能还存在着不够严谨和成熟的地方,在本书定稿并付诸出版社出版时,我的内心是忐忑不安和诚惶诚恐的。真诚希望本书能够获得更多理论界和实务界专家学者的批评和指正。

陈 丹

2021年6月10日